Collection **marabout service**

Du même auteur:

Les religions du monde entier (MU 491).

Les mythologies du monde entier (MU 470)

VLADIMIR GRIGORIEFF

Philo de base

MARABOUT

Sommaire

Préambule

D'où venons-nous? Qui sommes-nous? Où allons-nous? (l'abbé Moreux).
Et encore : *Que puis-je savoir? Que dois-je faire? Que m'est-il permis d'espérer?* (Kant).

Voilà bien de ces questions philosophiques que tout homme, qu'il soit philosophe reconnu ou penseur à ses heures, se pose, et auxquelles certains essayent de répondre que ce soit sous forme de systèmes philosophiques, sous forme de pensées plus ou moins élaborées, ou même sous forme de boutades énigmatiques ou de traits humoristiques. Ainsi de Pierre Dac qui répond aux trois questions de l'Abbé Moreux : «Je viens de chez moi. Je suis moi. Je retourne chez moi».

Bien sûr on dira que le philosophe en sait plus long que le commun des mortels sur ces questions. Reste à se demander si en savoir beaucoup plus long est en savoir beaucoup plus, au point de connaître le tout de la réponse. Or, on ne connaît le tout de la réponse que quand il n'y a plus de question, mais cela n'arrive jamais, car toute réponse soulève de nouvelles questions, sans parler du fait qu'il y a aussi entre les réponses un «état de guerre» qui fait que les unes s'opposent aux autres et qu'il n'y a personne pour trancher absolument.

Pas étonnant dans ces conditions que beaucoup de bons esprits, qui sont pourtant «récupérés» comme philosophes dans l'enseignement scolaire et/ou universitaire, ne tiennent pas la philosophie en haute estime. Ainsi Pascal (l'auteur célèbre des «Pensées») : «se moquer de la philosophie c'est vraiment philosopher». Ou Montaigne (l'auteur des «Essais») : «nul n'est excepté de dire des sottises... l'important c'est de ne pas le dire avec sérieux». Ou encore Voltaire («si tout n'est pas bien, tout est passable») qui n'a pas manqué de tirer à boulets rouges, et sur le philosophe : «quand un homme parle à un autre homme qui ne le comprend pas et que le premier qui parle ne comprend plus, c'est de la métaphysique!», et sur la philosophie : «la philosophie est le roman de l'âme; il n'est point aussi amusant que celui des mille et une nuits».

Et pourtant, malgré ce trop plein de «sérieux», malgré ce jargon, qui de spécialisé — ce qu'il doit être et peut rester — devient ésotérique et incompréhensible, la philosophie n'est-elle pas essentiellement cet «amour de la sagesse» dont parle le vieux Pythagore?

Et s'il est vrai, comme le dit Shakespeare, qu'«il y a plus de choses sur terre et dans le ciel que dans toute la philosophie», comme le dit Russel «la philosophie tire sa valeur de son incertitude même». D'ailleurs, comme l'énonce très clairement Kant : «on ne peut apprendre la philosophie; on ne peut qu'apprendre à philosopher». Ou encore Jaspers : «faire de la philosophie, c'est être en route; les questions, en philosophie, sont plus essentielles que les réponses».

Si, comme le dit Bergson, «la règle de la science est celle qui a été posée par Bacon : obéir pour commander», «le philosophe n'obéit ni ne commande. Il cherche à sympathiser».

Et, «c'est proprement avoir les yeux fermés sans tâcher jamais de les ouvrir que de vivre sans philosophie» (Descartes), même si «les très grandes questions sont celles sur qui le premier venu n'a pas plus qu'un autre chance de déraisonner» (Jean Rostand).

Tout ceci pour dire qu'au fond tout quiconque réfléchit, se pose de grandes et graves questions, essaye de penser par soi-même de façon conséquente tout en écoutant ce que d'autres disent et pensent, philosophe comme M. Jourdain fait de la prose, et d'autant plus qu'il s'éloignerait de l'empire des passions, de la rumeur publique, des pensées toutes faites et des intimidations du bon ordre. Le bon sens populaire ne s'y est pas trompé, qui donne du philosophe à celui dont il reconnaît la sagesse, le caractère raisonnable, la sérénité, obtenus par la réflexion et une discipline de vie fondées sur des principes. Il n'en est pas moins vrai que ce bon sens populaire, jamais à court de se contredire, verra tout aussi bien dans le philosophe un coupeur de cheveux en quatre.

S'il est vrai qu'une œuvre a besoin, pour exister, de son public, un auteur de son lecteur — sans cette connivence a priori il est impossible que ce qui est créé par un auteur soit recréé par son lecteur — l'auteur et son lecteur sont deux personnes bien distinctes et différentes. Si, pour l'auteur d'une œuvre philosophique et son lecteur, la connivence est dans la mutuelle capacité de philosopher, il n'empêche bien sûr que Kant est un grand philosophe et la plupart de ses lecteurs des êtres raisonnables capables, moyennant réflexion et effort, de philosopher avec lui, grâce à lui, en s'appuyant sur lui, fût-ce pour mieux prendre leurs distances.

Confucius le disait déjà : « étudier sans réfléchir, ne sert à rien ; mais, réfléchir sans étudier est très périlleux ».

D'où les limites de ce guide que nous présentons au lecteur, et qui n'est certainement pas un ouvrage d'étude, pas tout à fait un ouvrage de réflexion au sens plein puisqu'il y manque l'étude, mais en quelque sorte une dégustation rapide de l'une et de l'autre. Une visite guidée mais non guindée dans le royaume de la philosophie et des philosophes. Nous y ferons connaissance avec ces philosophes, théologiens, penseurs qui sont les princes de ce royaume où nul ne règne à vrai dire. Nous essayerons de donner de leur vie, du moins des plus importants et mieux connus, une notice qui ne soit pas trop « nécrologique », de leur œuvre une idée qui ne soit pas trop fausse ou fade. Nous les ferons parler eux-mêmes à coup de citations qui ne sont pas toutes mortes au champ d'honneur des hommages convenus et passe-partout, sans pour autant nous leurrer sur la portée de celles-ci que, pressés, nous aurions tort de prendre pour un raccourci.

Nous essayerons, chemin faisant, de dire quelque chose des « couples » contraires : idéalisme/matérialisme, réalisme/idéalisme, monothéisme/panthéisme, dogmatisme/libre-examinisme, etc... De débroussailler aussi et de baliser certaines questions, comme par exemple : déterminisme/liberté ; athéisme-fidéisme-agnosticisme ; coutumes-mœurs-morale-éthique ; monarchie, oligarchie, aristocratie, démocratie ; exotérisme, esotérisme, etc...

Et s'il nous faut un bâton pour notre randonnée, en est-il de meilleur que celui de Galilée qui, heurtant le sol, affirmait avec raison : « et pourtant elle tourne ». Contre toutes les orthodoxies.

Le miracle grec

Il y a de ces petites phrases qui font rêver et en lesquelles se résume pour beaucoup ce qu'il reste d'une instruction dite obligatoire : l'Egypte est un don du Nil, le miracle grec. Il y eut d'autres «miracles» sans doute, mais pour l'Occident que nous sommes, et que le monde rencontre,envie et repousse, c'est bien là le début d'une longue histoire. Celle de la pensée à se dégager de l'emprise des mythes et des dieux, à poser tous les problèmes sur le plan rationnel, à inventer une philosophie éthique et une science politique.

Comment le monde a-t-il été créé, comment se poursuit-il ?

Qu'en est-il de la justice et de l'ordre dans la cité ?

Et tout se passe comme si, déjà, dès le début, un même scénario se mettait en place qui reprendrait, mutatis mutandis, tout au cours de l'histoire.

Dans le premier temps un bouillonnement de mythes, d'images, de représentations, comme une sorte de coup de force dogmatique qui, à défaut de prouver, affirme. Et ce sont les **présocratiques** avec leurs cosmogonies et leur obéissance aux décrets arbitraires des dieux dont tout est signe.

Dans un second temps, le refus de ces grandes envolées

qui affirment plus qu'elles ne prouvent, et un repli sur soi, sur l'homme, qui devient «la mesure de toutes choses». La certitude est impossible, tout est relatif, la nature n'est pas connaissable, il n'y a de loi que de convention, le caprice et la volonté de puissance y ont part. Et ce sont les **sophistes** avec leur scepticisme intellectuel et leur subjectivisme moral.

Puis, dans un troisième temps, vient celui qui dépasse à la fois le dogmatisme des uns et le nihilisme des autres pour, dialectiquement, fonder une connaissance par la science et surtout s'efforcer de donner une base solide à l'éthique, tant il est vrai que les discussions stériles sur la morale sont plus dommageables à l'homme que les discussions spéculatives sur la nature. Et c'est **Socrate** qui, fils de la sage-femme, «accouche» les esprits en les conduisant à trouver eux-mêmes les vérités qu'ils portent en eux (*maïeutique* est le nom de cette méthode), dans le même temps qu'il «ironise», disant le faux pour qu'on devine le vrai.

Aux alentours du Ve siècle avant Jésus-Christ, au moment où en Inde naît avec Siddharta Gautama (surnommé Bouddha, ce qui veut dire l'Eveillé) le bouddhisme, et en Chine avec Kong Tzeu (Maître Kong, latinisé en Confucius) le confucianisme, et où en Babylonie et dans le royaume de Juda la loi de Moïse et les appels des Prophètes fortifient la vocation propre d'un petit peuple singulier, le miracle grec marque pour nous, dans le bassin méditerranéen, cette «mer grecque», l'âge classique de «notre» philosophie dont la plupart des questions, sinon des réponses, sont aujourd'hui encore les nôtres.

Les présocratiques

Pour la plupart des philosophes présocratiques, nous ne disposons que de témoignages sur leurs opinions, et, très rarement et de façon toujours lacunaire, de textes propres.

Pythagore *VIe s.*

Né à Samos (île grecque de la mer Egée), il aurait vécu à Crotone (Italie du Sud).

Personnage quasi légendaire, dont on ne sait avec certitude pratiquement rien. Il n'a rien écrit. Il passait pour astronome et on lui attribue la démonstration du théorème qui porte son nom (**théorème du carré de l'hypoténuse**).

Il croyait en la **métempsycose** (une même âme peut animer successivement plusieurs corps) et voyait dans les nombres le principe de toutes choses, les lois de l'univers.

Il eut de nombreux disciples et de nombreuses associations, suivant une discipline de vie très ascétique, s'inspirèrent de sa doctrine. On parle donc, dans les témoignages que nous avons, beaucoup plus des Pythagoriciens que de Pythagore lui-même.

Citons le début et la fin des *Vers d'Or* (en tout deux pages) qui ne sont certainement pas de lui, mais qui traduisent l'enseignement moral donné dans les cercles et instituts pythagoriciens.

> *Tout d'abord vénère les dieux, selon le rang qui leur est attribué; respecte ta parole et honore les nobles héros et les génies souterrains; tu accompliras, ce faisant, ce que prescrivent les lois...*
> *Si tu négliges ton corps pour t'envoler jusqu'aux hauteurs libres de l'éther, tu seras un dieu immortel,*

incorruptible et tu cesseras d'être exposé à la mort.

■ *Pour les Pythagoriciens* **le monde semble bien être partagé en deux régions :** la région **céleste** où les corps formés d'éther (le cinquième élément = la quintessence) sont incorruptibles, et la région **terrestre** où tout est sujet au changement, à la corruption, à la naissance, à la mort.

L'Ecole ionienne

«Ce qu'a laissé l'école (ionienne) ([1]) en résultats positifs : peu de chose, on pourrait presque dire : rien. Ce qu'elle a ébauché et légué comme esprit, méthode, pensée : tout; l'Ionie a fondé une science qui est devenue notre science occidentale, notre civilisation intellectuelle. Elle est la première réalisation du miracle grec et elle en est la clef.» (M.A.Rey, *la Jeunesse de la Science grecque*, cité dans *les Penseurs grecs avant Socrate* de Jean Voilquin, p. 45).

THALÈS DE MILET ([2]) *VIe s. av. J.C*

Contemporain de Solon et de Crésus.

Sa doctrine est un **premier essai de «philosophie de la nature»**. Il n'existe pour lui qu'une seule substance, **l'eau**, dont procède tout aussi bien la terre, l'air, le feu que tout ce qui vit.

Aristote le considère comme le premier philosophe ionien et Cicéron dit de lui dans *De la Nature des dieux :*

> *Thalès de Milet, qui, le premier, a traité ces questions, dit que l'eau est l'origine des choses et que le dieu, c'est l'intelligence qui fait tout avec l'eau.*

([1]) Voir notices explicatives en fin de volume

ANAXIMANDRE *610-546*

Pour lui, la seule substance primordiale est **la matière infinie et éternelle** capable de toujours produire des êtres nouveaux. Il serait un précurseur du **transformisme** (on passe d'une espèce à l'autre par transformations successives).

> *L'infini est le principe et l'élément des êtres.*
> (rapporté par Simplicius)
> *Anaximandre : les premiers animaux naquirent de l'humide et enfermés dans une écorce épineuse; avec le temps, ils montèrent sur le rivage, l'écorce se déchira et, en peu de temps, ils changèrent de vie.*
> (rapporté par Aétius)

ANAXIMÈNE *550-480*

Peut-être le disciple d'Anaximandre. Pour lui, c'est **l'air** qui est la substance primordiale et principale

> *L'air est le principe de toute chose; toute chose en provient, toute chose y retourne. De même que notre âme, qui est de l'air, nous maintient, de même le souffle (= air) entoure le monde entier.* (Aétius)

Héraclite d'Ephèse [3] *576-480*

Surnommé l'Obscur en raison du caractère énigmatique de ses formules concises et parfois même sibyllines. Plus occupé de théologie et de morale que de cosmologie, il semble avoir été informé de la pensée mythique égyptienne et peut-être même initié aux mystères (enseignement réservé à quelques privilégiés([4])) de celle-ci.

Sa conception de **la guerre, mère de tout** (*polemos pater pantôn*) et de l'union des contraires grâce à la discorde, peut être mise en parallèle avec la lutte que se livrent dans la mythologie égyptienne Horus, dieu solaire, et Seth, dieu du «désordre nécessaire». Il serait ainsi l'introducteur d'une tradition de mystères et de mysticisme dans la philosophie grecque.

Pour lui c'est **le feu** qui est le principe primordial et qui est l'«échangeur» de tous les mouvements qui, finalement, se compensent. Il est l'auteur de cette formule souvent citée «**panta rhei**» (tout s'écoule), formule on ne peut plus mobile, qu'on aurait tort de ramener prosaïquement à un «tout passe, tout lasse, tout casse», car il l'entendait dans un sens dialectique et non pessimiste.

Parmi les penseurs modernes, Hégel l'admira et reconnut en avoir été inspiré.

Fragments d'Héraclite

Livre composé au début de l'ère chrétienne avec des citations éparses d'Aristote, de Diogène Laërce, de Plutarque et d'autres. L'œuvre originale dont ces citations sont tirées : *De la Nature*, est perdue.

Nous nous baignons et nous ne nous baignons pas dans le même fleuve. Et les âmes s'exhalent de l'humide. (12)

La guerre ([5]) est le père de toutes choses et le roi de toutes choses; de quelques-uns elle fait des dieux, de quelques-uns des hommes; des uns des esclaves; des autres des hommes libres. (53)

Dieu est jour et nuit, hiver et été, surabondance et famine. Mais il prend des formes variées, tout de même que le feu quand il est mélangé d'aromates et qu'il est nommé suivant le parfum de chacun d'eux. (67)

Ce qui est en nous est toujours un, et le même : vie et mort, veille et sommeil, jeunesse et vieillesse; car le changement de l'un donne l'autre, et réciproquement. (88)

On ne peut pas descendre deux fois dans le même fleuve. (91)

Pour Dieu, tout est beau et bon et juste; les hommes tiennent certaines choses pour justes et d'autres pour injustes. (102)

Il n'en vaudrait pas mieux pour les hommes qu'arrivât ce qu'ils désirent. (110)

A tous les hommes, il est accordé de se connaître eux-mêmes et de faire preuve de sagesse. (116) ([6])

L'homme ivre titube et se laisse conduire par un jeune enfant; c'est qu'il ne sait où il va et que son âme est humide. (117)

La nature aime à se dérober à nos yeux. (123)

Le froid devient chaud, le chaud froid, l'humide sec et le sec humide. (126)

Ce monde-ci, le même pour tous les êtres, aucun des dieux ni des hommes ne l'a créé; mais il a toujours été et il est, et il sera un feu toujours vivant, s'allumant avec mesure et s'éteignant avec mesure. (30)

Pour les âmes, mourir c'est se changer en eau; pour l'eau, mourir c'est devenir terre; mais de la terre vient l'eau, et de l'eau vient l'âme. (36)

La sagesse consiste en une seule chose, à connaître la pensée qui gouverne tout et partout. (41)

Quel est leur esprit ou leur compréhension? ils font confiance à des aèdes de carrefour et prennent comme maître la foule, car ils ne savent pas que la majorité des hommes est mauvaise, qu'il n'y a de bon qu'une minorité. (104)

Le Temps est un enfant qui joue au trictrac : royauté d'un enfant! (56)

Anaxagore

500-428

Né en Ionie, il aurait enseigné une trentaine d'années à Athènes où la philosophie commence à s'implanter. Socrate aurait peut-être suivi son enseignement. Individualiste, il se désintéresse des affaires publiques, affirmant que «le ciel est sa patrie et la contemplation des astres sa mission». Accusé d'athéisme (impiété) à cause de son affirmation que les astres étaient des masses incandescentes, alors que le consensus populaire y voyait des dieux, il regagna l'Ionie où il mourut.

La force organisatrice qui crée-ordonne le monde à partir des substances, il l'appelle **Nous** (prononcer : nousse), c.à.d. l'intelligence.

Rien ne se perd, rien ne se crée, mais tout est soumis à la puissance ordonnatrice du Nous.

Fragments

Comment du non-cheveu le cheveu proviendrait-il et la chair de ce qui n'est pas chair?

En tout, il y a une parcelle du tout, sauf du Nous. Dans certaines choses on trouve aussi du Nous.

Et lorsque le Nous commença à mouvoir les choses, il y eut séparation dans tout ce qui se trouvait en mouvement; et dans la mesure où le Nous le mit en mouvement, tout fut séparé. La révolution de ces choses en mouvement et séparées accentua encore leur séparation.

Tout ce qui est mélangé, et séparé, et distinct, tout a été connu du Nous. De quelle façon tout doit être et de quelle façon tout a été et n'est pas maintenant, de quelle façon tout est, c'est le Nous qui l'a mis en ordre.

Les Hellènes parlent mal quand ils disent : naître et mourir. Car rien ne naît ni ne périt, mais des choses déjà existantes se combinent, puis se séparent de nouveau. Pour parler juste, il faudrait donc appeler le commencement des choses une composition et leur fin une désagrégation.

L'Ecole éléate (7)

XÉNOPHANE DE COLOPHON *VIe s.*

Fondateur de l'Ecole d'Elée. Né à Colophon en Asie Mineure (Ionie) au nord de Milet. Voyage en Italie du Sud (Grande Grèce) et en Grèce. Il eut, vraisemblablement, des contacts avec les cercles pythagoriciens et eut, sans doute, connaissance des doctrines égyptiennes. Très critique et caustique à l'égard du polythéisme, son monothéisme est de forme panthéistique. Il dénonça le caractère anthropomorphique et immoral de la représentation des dieux chez Homère.

Il annonce, déjà, en quelque sorte, les Sophistes et Socrate par plus d'un trait de sa critique et sa **tentative**, première en date, **de démythologisation.**

Fragments

Il n'y a qu'un seul dieu, maître souverain des dieux et des hommes, qui ne ressemble aux mortels ni par le corps ni par la pensée. (De la Nature).

C'est de la terre et de l'eau que tous nous naissons. (De la Nature).

Oui, si les bœufs et les chevaux et les lions avaient des mains et pouvaient, avec leurs mains, peindre et produire des œuvres comme les hommes, les chevaux peindraient des figures de dieux pareilles à des chevaux, et les bœufs pareilles à des bœufs; bref, des images analogues à celles de toutes les espèces animales. (Silles = parodies railleuses).

Les dieux n'ont pas révélé toutes choses aux hommes dès le commencement; mais en cherchant, ceux-ci trouvent avec le temps ce qui est le meilleur.

Il n'y a jamais eu et il n'y aura jamais d'homme qui ait une connaissance certaine des dieux et de tout ce dont je parle. Si même, par hasard, il lui arrivait de dire la parfaite vérité, il ne le saurait pas lui-même. Tous s'appuient sur l'apparence (opinion).

PARMÉNIDE *515-450*

Aurait peut-être rencontré le jeune Socrate, aurait peut-être été un élève de Xénophane. Il combattit la philosophie matérialiste des Ioniens et se moque du perpétuel devenir et mobilisme d'Héraclite.

Il nous reste quelque 150 vers de son œuvre *De la Nature*, rédigée en hexamètres.

Il est célèbre pour avoir proclamé que «**l'Etre est et le Non-Etre n'est pas**». Si bien que l'Etre ne connaît ni mouvement, ni changement, ni devenir, ni non plus temps et espace.

Il y a, chez Parménide, une rigidité intellectuelle telle que ne pouvant (ou ne voulant) penser le Devenir, il semble bien que nous soyons dans une voie sans issue. Peut-être est-ce E. Gilson qui montre le mieux qu'en prenant ainsi parti pour l'Etre on ne peut pas ne pas évacuer l'existence : «La doctrine de Parménide aboutit à opposer l'être à l'existence : ce qui est n'existe pas ou, si l'on veut attribuer l'existence au devenir du monde sensible, ce qui *existe* n'*est* pas» (*L'être et l'essence* p. 24).

Pour Aristote les prémisses de Parménide étant fausses, ses conclusions ne sont pas valables. Quant à Platon il commettra le premier des «parricides» philosophiques en prenant le contre-pied de l'affirmation parménidienne.

Fragments

Tu ne réussiras pas à couper l'Etre de sa continuité avec l'Etre, de sorte que il ne se dissipe au-dehors, ni il ne se rassemble.

Il n'est pas possible que l'Etre soit infini; en effet, il ne lui manque rien et, s'il était infini, il manquerait de tout.

Puisque donc il a une limite extrême, l'Etre est complet, il ressemble à la masse d'une sphère bien arrondie, s'équilibrant partout elle-même.

ZÉNON D'ELÉE *489-460*

Elève de Parménide. Aristote le tient pour le **père de la dialectique** (raisonnement à partir d'opinions, par opposition à démonstration, raisonnement sur des propositions vraies).

Il est surtout célèbre pour ses **apories** (difficultés d'ordre rationnel paraissant sans issue) qui «prouvent» que **le mouvement est impensable** puisque tout mobile doit parcourir d'abord la moitié de son trajet, puis la moitié de ce qui reste, et ainsi, de moitié restante en moitié qui reste, indéfiniment. La distance totale ne peut donc, en théorie, être jamais parcourue!

Tout espace comme tout temps étant toujours indéfiniment divisible par deux (dichotomie), le mouvement et le multiple sont impensables et ne «sont» pas.

Les deux exemples les plus célèbres sont, d'une part, celui de la flèche qui n'atteindra jamais la cible puisque la distance étant toujours divisible par deux (100 m, 50 m, 25 m, 12,5 m… à l'infini) il y a toujours un reste; et, d'autre part, celui d'Achille aux pieds légers qui ne pourra jamais rattraper une tortue, puisque l'espace étant divisible à l'infini la tortue conserve toujours sur lui une avance, même si elle n'est qu'infinitésimale.

Par ces paradoxes Zénon « prouve » que le mouvement et le multiple sont impensables d'autant que ceux qui les défendent admettent une division à l'infini.

Les raisonnements de Zénon sont faux mais la démonstration rigoureuse n'en est pas si aisée pour autant. Heureusement, en réalité, Achille rattrape bien la tortue et la flèche atteint la cible. Ne le devraient-ils pas?

> *Quant à penser que celui qui est en avant (la tortue) ne sera pas rattrapé, c'est faux; en effet, tant qu'il est en avant, il n'est pas rattrapé; mais cependant il est rattrapé, pour peu que l'on accorde que c'est une ligne finie qui est parcourue. (Aristote,* Physique*).*

> *Le raisonnement (de Zénon) prétend que la flèche, en train d'être transportée, est en état de station. C'est la conséquence de la supposition que le temps est composé d'instants; si l'on refuse cette hypothèse, plus de syllogisme. (id.).*

Empédocle d'Agrigente (8) *484-424*

« C'est la figure la plus bariolée de la philosophie ancienne », dit Nietzsche. Ingénieur, hygiéniste, philosophe, thaumaturge, poète, mage et prophète, il fut tout cela.

Une tradition raconte qu'il mourut en se jetant dans le cratère de l'Etna comme pour sceller et purifier sa vie dans la mort par le feu et devancer ainsi sa prochaine réincarnation (métempsycose). G. Bachelard appelle même «complexe d'Empédocle» cette «rêverie» et force d'attirance qu'aurait le feu pour certains, comme il en est de l'eau, de l'air (du vide) pour d'autres.

La terre, l'eau, l'air et le feu — qu'il est le premier à distinguer comme les «racines de tout» — sont pour lui les quatre personnages du drame cosmique que deux forces motrices, **la Haine et l'Amour**, animent*. Le cycle de cette confrontation tragique se déroule en quatre actes, puis recommence, éternellement.

1er acte : l'empire de l'Amour (période pleine)
2e acte : de l'Amour à la Haine (période de transition)
3e acte : l'empire de la Haine (période pleine)
4e acte : de la Haine à l'Amour (période de transition)
L'âge d'or est ainsi celui qui fut au début du second acte et dont le souvenir hante et poursuit les meilleurs. L'homme, comme tout être mélangé, n'existe ou ne ré-existe qu'aux actes deux et quatre, car dans les périodes pleines (actes un et trois) l'être composé, mélangé, ne pourrait exister.

Même si Empédocle répond au «comment» la Haine parvient à triompher de la force de l'Amour tourbillonnant — qui la maintient aux limites de la Sphère (plénitude de l'Etre) — il ne dit pas d'où vient la Haine ni le «pourquoi» de sa nécessité cruelle. Sa vision grandiose ne s'en inscrit pas moins tout entière dans cette **dialectique de l'Etre et du Devenir**, de l'Etre et de l'Existence, dont la question reste toujours, comme on dit, à l'ordre du jour.

Empédocle décrit l'homme comme un microcosme (petit monde) au sein du macrocosme (grand monde) qu'est l'univers. Le sang ne devait pas être répandu, d'où son interdiction de toute alimentation carnée et sa substitution, lors des sacrifices, du taureau vivant par sa statue faite de farine et de miel.

Fragments

Quand les éléments mélangés viennent à la lumière du jour

* La Haine doit être entendue ici comme principe de séparation, opposée à l'Amour, principe d'union.

sous la forme d'un homme, ou d'une bête sauvage, ou d'une plante, ou d'un oiseau, alors on dit qu'il y a naissance; quand ils se séparent, on emploie le mot de mort douloureuse. Mais ce nom ne se justifie pas, et pourtant moi aussi je suis en ce point la coutume. (De la Nature, 9).

L'Amour et la Haine de même qu'ils étaient auparavant,
De même ils seront, et jamais, je pense,
Le temps infini ne sera vide de ce couple.
...
Tantôt tout s'unifie grâce à l'Amour,
Tantôt, à nouveau, chaque élément se sépare, emporté par la force hostile de la Haine. (16-17)

Ce combat des deux forces est rendu manifeste par l'ensemble des parties du corps humain : tantôt l'Amour les rassemble en un Tout, quand s'épanouit la fleur de la vie; tantôt, au contraire, séparées par les funestes Discordes, elles errent chacune de leur côté, aux confins de la vie et de la mort. (20)

Et du fait que tout se réunissait, la Haine se trouvait reléguée aux dernières limites. (36)

Car je fus, pendant un temps, garçon et fille, arbre et oiseau, et poisson muet dans la mer. (117) (Purifications).

(A l'âge d'or)... on ne faisait pas couler sur l'autel le sang pur des taureaux; les hommes d'alors regardaient comme la pire abomination d'arracher la vie à un être et d'en dévorer les nobles membres. (128)

Ne cesserez-vous jamais le douloureux carnage? Ne voyez-vous pas que c'est vous-mêmes que vous égorgez stupidement? (136)

Hélas! pourquoi un jour impitoyable ne m'a-t-il pas fait disparaître, avant que mes lèvres aient connu l'acte criminel de la nourriture? (139)

Fixé dans l'épaisse enveloppe de l'Harmonie
Le Sphaïros (la sphère de l'Etre) est joyeux dans sa révolution solitaire.
Il n'y a ni discordes ni luttes indécentes dans ses membres
Mais lui est égal en tous sens, semblable à lui-même et absolument sans limites,
Circulaire Sphaïros, joyeux dans sa révolution solitaire.
Car on ne voit pas deux branches s'élancer à partir de son dos, il n'a pas de pieds, pas de genoux agiles, pas d'organes génitaux,
Mais il est sphérique, en tout sens égal à lui-même. (27-29)

L'école atomique

DÉMOCRITE D'ABDÈRE (9) *460-370*

Il connut la philosophie de Pythagore, celle des Eléates, ses contemporains ainsi que celle de Protagoras, son compatriote. Surnommé la Sagesse (Sophia), la légende le représente souriant (de la folie des hommes). Il aurait écrit de nombreux ouvrages composant un ensemble bien divisé en parties autonomes.

Il est avec Leucippe, son contemporain, dont il est impossible de le séparer, le **fondateur de l'atomisme**. Cet atomisme ancien n'a rien à voir avec la science expérimentale moderne, mais est une tentative «géométriquement» très belle de penser autrement le monde que selon les catégories de l'Etre parménidien ou du Devenir héraclitéen, comme du couple Amour-Haine d'Empédocle ou le *Nous* d'Anaxagore.

■ Selon Démocrite l'univers est indéfini, c'est-à-dire non-créé. La **nécessité** (*ananké*) seule, inexplicable et inexpliquée, a agencé tout ce qui est, fut et sera. **La nature n'est faite que du mouvement des atomes**, ces éléments tellement petits qu'il sont invisibles, et par ailleurs, insécables, indivisibles, solides, pleins et éternels, dont les agencements divers sont multiples et éphémères.

■ **Les atomistes reconnaissent donc le changement**, le mouvement, la diversité, la multiplicité, tout en conservant l'exigence d'immutabilité et de permanence qui caractérisent l'Etre parménidien, mais qu'ils appliquent aux atomes, «ces petits êtres pleins». Tout se passe comme si pour les atomistes le réel, ce sont ces êtres indivisibles et éternels (les atomes) qui se meuvent dans le vide (non-être qui existe, sans quoi le mouvement serait impossible si tout était plein) et dont la réunion produit mécaniquement génération et vie éphémère, et dont la séparation produit la corruption et la mort.

■ Il y a chez Démocrite un tout **premier essai d'explication matérialiste du monde**, qui, quoique aujourd'hui périmé, est rigoureux dans son principe. Car, même si l'atomisme est, avec sa théorie des atomes, un dogmatisme spéculatif, il n'empêche qu'il s'agit là d'une hypothèse, d'un modèle quasi géométrique, presque scientifique, ne recourant ni au finalisme, ni au mythologique, ni au théologique, et qui comme tel donne sa chance à la raison.

■ Il fut aussi **un moraliste plein de bon sens** et de modération, prônant le calme et la frugalité, mais non insensible au plaisir et aux fêtes. Epicure et Lucrèce, que nous verrons plus loin, s'inscrivent dans sa filiation.

Fragments

De la réalité nous ne saisissons rien d'absolument vrai, mais seulement ce qui arrive fortuitement, conformément aux dispositions momentanées de notre corps et aux influences qui nous atteignent ou nous heurtent.

Il y a deux formes de connaissance : l'une véritable, l'autre obscure. A la connaissance obscure appartiennent : la vue, l'ouïe, l'odeur, le goût, le toucher. La véritable connaissance est toute différente. Quand la première se révèle incapable de voir le plus petit, ou d'entendre, ou de sentir, ou de goûter, ou de toucher et qu'il faut pousser ses recherches sur ce qui est plus difficilement perceptible à cause de sa finesse, alors intervient la connaissance véritable qui, elle, possède un moyen de connaître plus fin. (Sur la logique).

Pensées

Le devoir, c'est de retenir l'homme injuste; à tout le moins de ne pas s'associer à son injustice.

La haine entre parents est beaucoup plus redoutable qu'entre étrangers.

N'aimer personne c'est à mon avis, n'être aimé par personne.

En réalité nous ne savons rien, car la vérité est au fond de l'abîme.

Une vie sans fêtes est une longue route sans hôtellerie.

Sage est celui qui ne s'afflige pas de ce qui lui manque et se satisfait de ce qu'il possède.

La guerre civile nuit aux deux partis; vainqueurs et vaincus y trouvent également leur perte.

(Démocrite, exprimant sa méfiance contre les impressions des sens dans cette phrase) : La couleur n'existe que par convention; de même le doux, de même l'amer, (suppose

que les sens ripostent à la raison) : Pauvre raison, qui prends chez nous tes arguments et t'en sers pour nous calomnier. Ta victoire est ton échec !

L'acte sexuel est une courte apoplexie : l'homme sort de l'homme, s'en détache et s'en sépare comme sous l'effet d'un coup.

Pour quiconque a besoin d'assurer sa descendance, le mieux, me semble-t-il est d'adopter le fils d'un de ses amis. On aura un enfant tel qu'on le désire. On peut le choisir d'après ses propres goûts... Si l'on a soi-même un enfant, on est menacé des pires dangers. Force est bien de le garder tel que l'a fait la nature.

Les Sophistes
ou la puissance de la parole

Contrairement à ce qui se passe en Grèce d'Asie et en Grande Grèce où domine la philosophie spéculative, que nous venons de voir, les Athéniens, eux, s'intéressent surtout à la parole comme lieu privilégié des relations humaines.

Toutes ces doctrines sur l'origine unique, sur l'Infini, l'Etre, leur paraissaient discussions oiseuses, fruits d'une curiosité à la limite malsaine. Eux, occupés comme ils l'étaient des conflits dans la Cité et entre les Cités, préoccupés de problèmes sociaux et politiques concrets, étaient bien plus intéressés aux pouvoirs et prestiges sociaux de la parole qu'au pouvoir spéculatif de la pensée. Prudence («rien de trop»), modération («connais-toi toi-même», c'est-à-dire tes limites), opportunisme («sache saisir l'occasion»), telle était la philosophie pragmatique de cette Cité qui allait devenir la métropole de la raison.

Pas étonnant au fond — dans ces conditions — que naisse alors une classe de professeurs en réussite sociale, enseignant — moyennant rétributions (et substantielles!) — l'usage averti de la parole et des connaissances qu'elle implique. Et ce furent ces intellectuels d'un nouveau type, au nom qui ne fut jamais péjoratif avant les critiques et condamnations de Socrate et de Platon : les sophistes.

Et pour ces sophistes, au fond les plus athéniens des Athéniens, à quoi bon ces dogmatismes spéculatifs que rien ne prouve, à quoi bon aussi cet «être qui est» et ce «non-être qui n'est pas», dont paradoxalement le sens pourrait bien être : tout est permis, toute opinion est permise, puisque aussi bien : ou bien elle *est* ou bien elle *n'est pas*. Nul ne peut reprocher à quelqu'un de dire ce qui n'est pas (vrai, juste, sensé...) puisque ce qui n'est pas n'est pas. l'erreur ne pouvant être nommée, puisqu'elle n'est pas, qu'importe à la limite ce qu'on dit, ce qu'on fait.

Avec les sophistes, **la philosophie devient «métier»**, certes un métier plus noble que le métier manuel, traditionnellement méprisé dans cette société «esclavagiste», mais métier soumis à la loi de l'offre et de la demande, et non pur désintéressement, tour d'ivoire ou science réservée à quelques initiés.

Certes aussi, il est relativement facile avec la langue, «la meilleure et la pire des choses», de feindre un savoir qu'on n'a pas et de faire paraître vrai, le faux, pour peu que l'on sache embobiner son client ou le faire vaciller dans ses certitudes mal assises. D'où l'ambiguïté même de la position du sophiste qui, quoique ouvert à tous et à tout, universel dans son principe de service et d'éducation, et critique à l'égard de toute philosophie spéculative difficilement communicable et universalisable, vise une réussite et une persuasion point trop regardantes quant aux moyens utilisés.

Néanmoins, ce sont eux qui ont soumis l'outil même de leur métier et de leur prestige, c'est-à-dire la parole, à un tel examen critique qu'ils en ont codifié l'usage, selon lois et règles, et furent ainsi — par cela même — **les précurseurs de la logique**, cette «orthologie».

Par ailleurs, leur métier étant précisément de traiter des

problèmes moraux ou politiques de la Cité et des individus, ils furent ceux qui dénoncèrent le caractère antinaturel et artificiel de tant de lois et déniaisèrent tout pouvoir sur sa pratique même, mais en même temps découvraient dans les lois cette volonté humaine de se donner un ordre pour combattre la sauvagerie et la violence naturelles.

Leurs écrits ont presque tous disparu. Heureusement que nous avons les témoignages de Platon et d'Aristote. Malheureusement, ceux-ci étaient leurs adversaires, point nécessairement objectifs.

Il existe toujours un «moment sophiste» lorsqu'un dogmatisme trop pesant sauve l'homme malgré lui. Hier, J.J. Rousseau, aujourd'hui Sartre, sont certes par bien des côtés leurs nouveaux et illustres confrères.

PROTAGORAS D'ABDÈRE *490-420*

Compatriote de Démocrite, ami d'Euripide, un des grands tragiques athéniens et de Péricles, le grand homme d'Etat athénien, il fut un grand éducateur. Une tradition rapporte que son agnosticisme ([10]) lui valut d'être exilé d'Athènes. Son maître-livre porte le beau titre de *Discours démolisseurs* (ou parfois, plus banalement, de Vérité). On a conservé quelques autres titres qui seraient peut-être des sections d'un ouvrage plus vaste *Antilogies* (ou *Arguments pour et contre*) : sur tout sujet, il y a toujours deux arguments opposés. Platon le critique abondamment dans le «Théétète».

Fragments

L'homme est la mesure de toutes choses, de celles qui existent et de leur nature; de celles qui ne sont pas et de l'explication de leur non-existence.

Sur les dieux, je ne puis rien dire, ni qu'ils soient, ni qu'ils ne soient pas : bien des choses empêchent de le savoir, d'abord l'obscurité de la question, ensuite la brièveté de la vie humaine.

GORGIAS DE LEONTION *483-374*

Né en Sicile, il aurait été l'élève d'Empédocle.

Orateur doué et improvisateur célèbre, il devint immensément riche. Il fut un styliste baroque qui impressionna vivement les Athéniens quand ils le virent arriver dans leur ville à l'âge de cinquante-cinq ans. Il y mourut d'ailleurs plus que centenaire.

Détail piquant de sa force persuasive : il se vantait de convaincre les patients récalcitrants de son frère médecin qui refusaient d'absorber la potion prescrite ou se dérobaient au bistouri.

Il nous reste de lui deux abrégés tardifs d'un surprenant traité « Du Non-Etre », dont nous citons le début, et qui est un bon modèle ([11]) de ce que l'on entend généralement par « sophisme » (raisonnement faux qui a une apparence de vérité, parfois, mais non pas toujours, dans l'intention de tromper).

> *Dans son livre intitulé : « Sur le Non-Etre ou sur la Nature », Gorgias établit successivement trois principes : l'un, le premier, qu'il n'y a rien, le second que, s'il y a quelque chose, ce quelque chose est inconnaissable à l'homme ; le troisième, que, même si ce quelque chose est connaissable, il ne peut être ni divulgué ni communiqué à autrui.*
>
> Sextus Empiricus([12]), *Contre les mathématiciens*

D'autres sophistes, plus ou moins célèbres, sont connus

dont il serait fastidieux et inutile, pour les besoins de notre visite, de faire ici recension. Signalons tout de même **Prodicos de Céos** (470-399) qui s'intéressa tout particulièrement à la précision dans l'usage des mots et de la distinction entre synonymes, et **Hippias d'Elis**, qui fut véritablement un homme-orchestre de la sophistique et dont Platon n'a pas du tout flatté le portrait dans deux dialogues qui portent son nom.

Socrate *470-399*

Que n'a-t-on pas écrit sur lui qui n'a rien écrit. Il ne nous est connu que par divers témoignages, dont le plus important est celui de son disciple, et maître à son tour, le « divin Platon », qui le fait dialoguer dans presque toute son œuvre.

Omniprésence de Socrate dans l'œuvre de Platon, car tout se passe comme si c'est parce que Socrate a existé que Platon ne peut pas ne pas se référer à lui ni dire ce que Socrate a dit ou dirait. Comme si le « démon » de Socrate ([13]) s'était, pour Platon, incarné en Socrate. Comme si Socrate était devenu le « démon » de Platon son « bon génie », au plus intime de sa conscience.

Plusieurs auteurs ont dressé un parallèle entre la vie et la mort de Socrate et celles de Jésus, et fait de Socrate cette « âme naturellement chrétienne » qui annonce, aux conditions de l'époque, celle du maître qui viendra. On pourrait poursuivre ce parallèle par celui de Platon et de Paul, en ce sens que si le Platon socratique n'avait pas existé sans Socrate, le Paul chrétien n'aurait pas existé sans Jésus.

Mais qu'il y ait entre le platonisme et Socrate (savoir que nous ne savons pas pour mieux faire ce qu'il faut : le bien, le bon, le juste), comme entre le paulinisme et Jésus (la Bonne Nouvelle du salut par les Béatitudes ([14])), une différence dont il faut tenir un compte critique, sans le pousser trop loin, c'est l'évidence même.

C'est dire autrement combien nous échappent, malgré tout, autant Socrate que Jésus, dont ce que nous savons passe par d'autres, mais dont la parole vivante, comme un germe non-écrit, est toujours au-delà de tout témoignage qui n'en est que le support imparfait.

Né à Athènes, d'un père artisan-sculpteur et d'une mère sage-femme, Socrate ne quitta sa ville natale que pour accomplir son service militaire. Il s'y montra «philosophe aux armées», perdu dans ses réflexions des heures durant, frugal au besoin, bon buveur aussi mais sans ivresse, solide gaillard dont l'assurance tranquille et prudente évite qu'on s'y pique. Bref, citoyen en armes et pas du tout guerrier.

De sa formation intellectuelle on ne connaît pas grand-chose. Il fut, semble-t-il, curieux de tout et sans doute des théories spéculatives sur la Nature des «philosophes d'Outre-Mer» (présocratiques ([15]) de la Grèce d'Asie-Ionie et de la Grande Grèce-Italie du Sud), comme des techniques de la parole des sophistes.

Connut-il des déceptions, des crises? Fut-il pour ses premiers disciples, un maître comme beaucoup d'autres? Nous n'en savons rien. Toujours est-il que lorsque **l'oracle de Delphes** consulté par un de ses disciples, le désigna comme le plus sage et le plus savant des hommes, cette désignation qui le stupéfia (on l'eut été à moins) marque un tournant dans sa vie. Désormais il ira par les rues, par les places, questionnant tout un chacun, jeune ou vieux, esclave, artisan ou notable ([16]).

Chacun croit savoir quelque chose puisque, comme on dirait dans le jargon familier d'aujourd'hui, «il fonctionne». Mais Socrate est l'empêcheur de fonctionner en rond. Il interpelle son vis-à-vis du moment et en quelque sorte le force à avouer : 1° qu'il croit savoir (mais ne sait pas); 2° qu'il ne sait pas qu'il ne sait pas. Tout se passe comme si Socrate pâtissait en commun avec son interlocuteur du fait de ne pas savoir, mais que, contrairement à ce dernier qui «croit» savoir, lui, **Socrate, «sait» qu'il ne sait pas**, et donc ne peut pas ne pas chercher, ne pas se poser de questions sur tout.

On n'a pas beaucoup de peine à imaginer Socrate, cet homme que la nature n'avait pas extérieurement gâté, à tel point que sa laideur ([17]) est légendaire et qu'on le représente souvent tel un Silène, un satyre jouisseur et plutôt rigolard, prenant plaisir à dégonfler les certitudes naïves de son interlocuteur, en rue l'arrêtant, avec ironie, d'une question qui aurait pu être : où cours-tu ainsi toi qui sais où tu cours ?

Plus d'un de ceux qu'il interpelait a dû l'envoyer promener, mais non sans être dérangé, plus tard, par sa question. On ne sortait pas indemne de ses interrogations, de sa **maïeutique** (art d'accoucher les esprits de la vérité qui est en eux). D'abord on était comme paralysé par la force démolissante de ce «poisson-torpille» qu'est Socrate, et puis réveillé par la morsure féconde de ce «taon» qu'il est tout autant. Tout se passe comme s'il fallait d'abord s'engoncer dans cet aveu d'ignorance qui paralyse, pour ensuite se libérer sous le dard d'une inquiétude en quête de conscience et de souverain bien.

Certes, le bonhomme Socrate n'était pas commode et sa façon d'entrer en relation pouvait, aux yeux de beaucoup, passer pour de l'arrogance ou de la provocation, même chez ces méridionaux qu'enchantent la parole et les joutes verbales. Nul n'aime recevoir de leçon, cela n'est pas nouveau, et tout homme est plus vite humilié qu'il ne veut bien l'admettre quand celui qui «sait» qu'il ne sait pas, sait de par cela même plus (mieux) que celui qui «croit» savoir.

Déjà quand Socrate-soldat «circulait sur la glace plus aisément que les autres avec leurs chaussons», «les soldats le regardaient en-dessous, convaincus que son intention était de les humilier» (Platon, *Le Banquet*).

Quant à ses démêlés avec le «pouvoir», son ironie mordante, si elle devait mettre les rieurs de son côté, renforçait sans nul doute le désir de vengeance de ceux qu'elle atteignait.

Toutes ses fréquentations, en outre, n'étaient pas recommandables aux yeux des «bons citoyens». Plusieurs de ses amis, en effet, étaient compagnons de la dive bouteille, et Alcibiade, qui le poursuivait de ses avances, et Critias, qui fut l'un des Trente Tyrans, ([18]) n'avaient pas bonne presse, même s'il est vrai que tant qu'ils suivirent l'enseignement de Socrate celui-ci parvint à brider leurs passions.

Enfin, le fait d'enseigner les jeunes, que son enseignement rendait sans doute moins dociles aux «raisons d'Etat» et aux «valeurs-fétiches» de la Cité, ne devait pas être vu d'un très bon œil par les gardiens sourcilleux de l'«ordre moral».

Aussi n'est-il peut-être pas tellement étonnant que, les circonstances aidant ([19]), trois bons citoyens (un riche tanneur, un poétereau, un orateur) le dénoncèrent comme introducteur de divinités nouvelles et corrupteur de la jeunesse, et réclamèrent sa mort comme châtiment. Car, au fond, Socrate était coupable du plus inexpiable des péchés, celui de lèse-autorité, lui qui remplaçait, selon la belle formule de J. Brun, «l'évidence de l'autorité par l'autorité de l'évidence», la «justice» de la force par la force de la justice, lui que son non-conformisme (tout comme sa laideur et son ironie) désignait comme par avance en tant que bouc émissaire potentiel. L'heure où il le devint pour de vrai, Socrate avait soixante-dix ans. Il n'est pas interdit de penser qu'il «dérangeait» depuis fort longtemps.

Le procès de Socrate

Cela n'est pas pour surprendre : devant le Tribunal, Socrate se défend lui-même et refuse le secours d'un avocat.

Le procès se déroula en trois temps et Socrate parla donc trois fois. Nous ne pouvons entrer ici dans les détails, aussi nous renvoyons le lecteur à *l'Apologie de Socrate* de Platon, merveilleux texte que tout homme ami de la sagesse se doit d'avoir lu (et de relire).

Tout de même, en bref, soulignons les points chauds et forts du procès.

Acte 1

Socrate accuse ses accusateurs de le calomnier, car, loin de corrompre la jeunesse, il l'éduque; loin d'être celui qui introduit de nouveaux dieux, il est celui qui rappelle aux Athéniens que Dieu, et non l'homme, est la mesure de toutes choses.

Socrate est déclaré coupable à une confortable majorité

des voix (plus de cinq cents juges participent au procès, sans compter le public). Quant au châtiment requis par l'accusateur, il est permis à Socrate de faire une contre-proposition.

Acte 2

Socrate déclare que pour s'être conduit avec les Athéniens comme il s'est conduit, il ne mérite pas moins que d être nourri au prytanée ([20]) aux frais de l'Etat. Quant à la contre-proposition qu'on attend de lui pour la peine qu'il mérite, puisqu'il a été déclaré coupable, il la fixe à une petite somme qui représente toute sa fortune.

Sa réponse apparaît aux juges comme un outrage à magistrat, et il est alors condamné à mort, à une majorité beaucoup plus grande que celle qui vota sa culpabilité.

Acte 3

Socrate dit adieu à ses juges, en les mettant en garde : *« Ceux qui cherchent à décrire notre ville vont vous reprocher d'avoir fait mourir Socrate, un sage; car ils diront, pour vous faire honte, que j'étais un sage, bien que je ne le sois pas.*

...Je vous prédis donc, à vous, juges, qui me faites mourir, que vous aurez à subir, aussitôt après ma mort, un châtiment beaucoup plus pénible, par Zeus, que celui que vous m'infligez en me tuant. Vous venez de me condamner dans l'espoir que vous serez quittes de rendre compte de votre vie; or, c'est tout le contraire qui vous arrivera, je vous l'affirme. Vous verrez croître le nombre de ces enquêteurs, que j'ai retenus jusqu'à présent, sans que vous vous en aperceviez. Car si vous croyez qu'en tuant les gens, vous empêcherez qu'on vous reproche de vivre mal, vous êtes dans l'erreur. Cette façon de se débarrasser des censeurs n'est ni très efficace, ni honorable; la plus belle et la plus facile, c'est, au lieu de fermer la bouche aux autres, de travailler à se rendre aussi parfait que possible ». (*Apologie de Socrate*, Platon).

Socrate resta en prison trente jours, aucune condamnation à mort ne pouvant être exécutée tant que le vaisseau sacré parti pour Délos, l'île sacrée d'Apollon, n'était revenu.

Il aurait pu fuir, et non seulement il ne l'a pas voulu, mais dans un des plus beaux passages du *Criton* (Platon), passage qu'on appelle «prosopopée des lois» ([21]), et qui serait à citer en entier, Socrate fait dire aux lois :

> *«Si tu pars aujourd'hui pour l'autre monde, tu partiras condamné injustement, non par nous, les lois, mais par les hommes. Si, au contraire, tu t'évades après avoir si vilainement répondu à l'injustice par l'injustice, au mal par le mal, après avoir violé les accords et les contrats qui te liaient à nous, après avoir fait du mal à ceux à qui tu devais le moins en faire, à tes amis, à ta patrie, à nous, alors nous serons fâchés contre toi durant ta vie et là-bas, nos sœurs, les lois de l'Hadès ([22]), ne t'accueilleront pas favorablement sachant que tu as tenté de nous détruire, autant qu'il dépendait de toi. Allons, ne te laisse pas gagner aux propositions de Criton; écoute-nous plutôt».* (Platon, *Criton*).

Après avoir consacré ses derniers moments à s'entretenir avec ses amis de l'immortalité de l'âme ([23]), Socrate but la ciguë, avant même la fin du jour qui devait voir le terme de sa vie, et mourut calmement, prononçant ces dernières paroles : «Criton, nous sommes débiteurs d'Asclépios([24]) pour un coq ; eh bien ! payez ma dette, pensez-y». (Platon, *Phédon*).

«Je cherche»

Ne nous y trompons pas, Socrate n'est ni un sceptique, pour qui il est impossible de décider du vrai et du faux, ni un révolutionnaire, pour qui seulement ce qui sera demain vaut, ni un sophiste, pour qui l'habile savoir de la parole est le moteur persuasif de la réussite sociale ; non, Socrate est l'homme qui cherche. «Je cherche», dit-il constamment à ceux qui prétendent avoir trouvé.

■ Avouant qu'il ne «sait» pas et essayant de le faire avouer à chacun, il ne nie pas pour autant tout savoir pratique permettant, par exemple, d'être cordonnier, ou sage-femme, mais à ses yeux **nul ne «sait» qu'il ne sait pas** quand il parle du courage, du respect, de la justice, du bien, du bon.

Socrate, lui, «sait» qu'il ne sait pas et c'est pourquoi il cherche. Et il voudrait que l'autre — chacun et tous — cherche lui aussi. Le **dialogue** n'a d'autre prétention que d'amener l'autre à reconnaître qu'il ne sait pas, qu'il ne connaît pas la réponse, et donc à chercher par lui-même, en lui-même, en son âme et conscience. Chacun ayant mission d'éveiller l'autre, comme espoir d'être éveillé par lui.

Socrate n'enseigne pas, car il ne sait pas, il ne possède pas la vérité, celle-ci n'étant pas un (s)avoir transmissible, mais il démolit les fausses certitudes de qui croit savoir et le rend ainsi disponible à la recherche. Bien sûr, priver quelqu'un de ses fausses certitudes, c'est à la fois le libérer pour la recherche, le questionnement, la quête d'une science du bien, la réflexion, mais c'est aussi le priver de ce qui, jusqu'alors, lui était assurance, certitude, béquille, le priver en quelque sorte des bénéfices secondaires de sa maladie ignorante d'elle-même : la tranquille suffisance de qui croit savoir, le conformisme secourable.

Le conformiste ne cherche plus car il croit savoir ce qu'il en est et ce qu'il faut. Seul celui qui sait ne pas savoir cherche. Dans cette quête est toute la dynamique du socratisme.

Et c'est bien dans ce premier aveu que réside la difficulté majeure, car il n'est pas tellement facile de démolir les certitudes de qui croit savoir et que cela arrange, ni de parler à qui tient à rester sourd pour obéir aux passions qui l'emportent, ou aux certitudes dogmatiques qui l'emprisonnent.

L'humanité de l'homme, pour Socrate, est d'abord et avant tout un savoir-être plutôt qu'un savoir-faire. Il s'agit non de vivre mieux, mais de vivre «meilleur», non de savoir l'inessentiel, mais de chercher, par le dialogue, le meilleur.

■ **Il faut d'abord savoir que l'on vit mal pour chercher à vivre « meilleur »**. Savoir qu'on ne sait pas, c'est reconnaître le mal vivre. Chercher à vivre meilleur, tout est là.

Y aurait-il alors quelque certitude à laquelle s'adosser pour chercher ? Y aurait-il une « science du bien » qui pourrait nous y aider ? Il semble que si c'est de cette science-là que nous avons le plus besoin — et que nous devons chercher — elle n'est pas pour autant un savoir que l'on pourrait enseigner et apprendre. Tout se passe comme si Socrate inventait en quelque sorte une « éthique négative », comme il y a une « théologie négative » ([25]), une éthique jamais achevée, jamais détaillée, classée, ordonnée, et qu'il n'y aurait qu'à suivre comme un mode d'emploi pharmaceutique ou comme un plan de montage ; non cela, mais bien une intention, une visée, qui, bien qu'elle s'appuye sur ce qui, dans les mœurs et les lois, est déjà déposé, ne s'en contente pas comme d'un acquis définitif. Une éthique négative plus sûre de ce qu'elle dit n'être pas le bien, le bon, le juste, que sûre de le désigner une fois pour toutes. Une éthique selon les exigences de laquelle nul ne se dira jamais vertueux mais « ami de la vertu » ([26]). Une vertu dont tout le savoir est qu'il y a cette parole pensante circulant entre les hommes comme réflexion, comme outil de l'injonction delphique du **« connais-toi toi-même »**. L'homme est capable de dialogue, il serait coupable d'en non-user ou d'en mésuser. L'homme est comptable de cette parole-pensante, apte au dialogue, de son âme apte au bien auquel elle aspire ; il serait coupable d'en mal user. Cette aspiration de notre âme vers le bien, c'est cela qui nous requiert. Le dialogue, de par la relation même qu'il établit, atteste le secours mutuel que nous nous devons, d'âme à âme, pour que cesse la guerre des discours et la violence entre hommes.

Aristote « récupère » en quelque sorte Socrate, l'appréciant d'avoir « inventé » les définitions universelles et le discours inductif ([27a]), mais à dire vrai Socrate n'est ni un logicien ni un scientifique, et, s'il démolit les certitudes irréfléchies de son interlocuteur, c'est pour etablir avec lui un accord (fût-il provisoire) sur quelque chose de plus clair, de plus pertinent. La méthode utilisée, le dialogue, relevant plus de l'art de la réflexion que du «classement» scientifique. La Cité a besoin du philosophe pour réfléchir, car sans lui elle serait le lieu d'un pur «laissez faire» désolant et injuste, d'un pur «laissez parler» pour ne rien dire qui vaille.

■ Si, comme le dit Socrate, **«nul n'est méchant volontairement»** (Platon, *Timée*), c'est bien parce qu'une âme réellement éclairée par la science du bien — science à laquelle le dialogue questionnant peut initier, sans qu'il ne s'agisse à proprement parler d'une réponse, mais plutôt d'une quête inachevée — ne pourrait vouloir le mal. Faire le mal, c'est ne pas savoir ce qu'est le bien.

Une volonté non éclairée n'est pas une volonté, mais une passion, un désir, une envie, c'est-à-dire un aveuglement, un esclavage. **Vouloir, c'est vouloir le bien.** Vouloir le bien au point de préférer subir l'injustice plutôt que de la commettre ; car, si celui qui commet l'injustice à proprement parler ne sait pas ce qu'il fait, ce qu'il veut, celui qui refuse de la commettre sait ce qu'il veut et veut ce qu'il sait, et le juste triomphe toujours de l'injuste car il sait ce qu'est le bien que l'autre ne sait pas encore.

Quoi qu'il en soit de telle ou telle faiblesse de l'homme-Socrate, de sa «froideur» à l'égard de sa femme, du conformisme de certaines de ses opinions, comme de son radicalisme civique, à la limite quelque peu suicidaire, il est et il restera infiniment plus que lui-même : un exemple, que nul n'imite, sauf à devenir soi-même un homme de conscience et de dialogue.

NB. Notre présentation de Socrate ne serait pas complète si nous ne signalions aussi que Socrate ne fait pas l'unanimité autour de sa personne et de l'exemple qu'il incarne. Laissons-là les moqueries et les charges dont il fut l'objet de la part d'Aristophane et d'autres. ([27b]) Celles-ci ne peuvent tout au plus que l'égratigner.

Plus graves au fond sont celles qui le jugent «faiseur d'embarras» qui n'a, tout compte fait, pas volé ce qui lui est arrivé, et qui réduisent son radicalisme moral à une sorte de vedettariat dont, par un effet de boomerang, il a reçu le contre-coup. A vouloir rendre les autres meilleurs, que n'a-t-il pu sauver sa peau? Au fond, pour le peu de neuf qu'il a dit, était-ce la peine d'ameuter toute la ville? D'ailleurs, à tout prendre, ce neuf n'était-il pas un remède pire que le mal qu'il prétendait soigner? Est-il courage plus imbécile que celui qui déboussole toute une Cité? N'a-t-on pas eu raison, selon les lois de la Cité, de le juger criminel?

Bien sûr, ceux qui disent cela, et bien d'autres choses, ne sont pas philosophes et de beaucoup, mais leurs questions, malgré tout, font partie du dossier. Avoir raison, être innocent, ne va jamais de soi. Et pour les imbéciles, mais pour les autres aussi.

Platon *427-347*

Platon naquit dans une famille aristocratique. Les deux événements intellectuels qui marquèrent sa première jeunesse furent les leçons de Cratyle ([28]) et, surtout, sa rencontre avec Socrate. Le jeune Platon avait alors vingt ans, le maître soixante-trois.

Rappelons qu'il vécut à une époque de crise de la Grèce antique — celle de la guerre du Péloponèse qui opposa Athènes à Sparte, puis celle de la tyrannie des Trente — et que le rétablissement de la démocratie athénienne n'empêcha pas, dix ans après la mort de Platon, la fin de l'indépendance des cités grecques, soumises au vainqueur macédonien (Philippe II). Rappelons aussi qu'il apprit, étant malade — ce qui explique son absence au procès — l'inique condamnation de son maître Socrate, ce qui le détourna à jamais de la carrière politique, mais non d'une vocation d'éducateur politique.

Platon suivit pendant huit ans les «leçons» de Socrate. A la mort de celui-ci, par crainte d'ennuis possibles en sa qualité de disciple de Socrate, il se réfugia à Mégare (50 km à l'ouest d'Athènes). De là il partit pour un long voyage en Egypte et en Cyrénaïque (Libye). Rentré à Athènes, il composa ses premiers «Dialogues». A l'âge de quarante ans, il se rendit en Sicile (Grande Grèce) où régnait, en maître absolu de l'île, Denys I, l'Ancien. Il se prit d'amitié pour le jeune Dion, beau-frère de Denys. Mais Denys — pour on ne sait exactement quelle raison, mais sans doute voyait-il d'un mauvais œil l'ascendant de Platon sur Dion qui se piquait de philosophie et d'admiration pour les philosophes — le renvoya de Syracuse.

Platon rentra à Athènes en 387, après une traversée où il faillit perdre la vie et en tout cas la liberté (il fut vendu comme esclave, mais racheté). Il revint, enrichi d'expérience politique et de science mathématique, engrangée auprès des cercles pythagoriciens de la Grande Grèce. Il acheta alors en ville un gymnase ([29]) et y fonde une école, l'Académie, en quelque sorte la première école de philosophie ou mini-université, avec un règlement, et qui comportait des logements destinés aux étudiants, et, bien sûr, des salles de cours et une bibliothèque. C'est de cette époque que date une deuxième série de ses «Dialogues».

Vingt ans plus tard, en 367, Denys II succède à son père. Dion, son ami du premier voyage à Syracuse, invite Platon à venir en Sicile saisir l'opportunité qui se présente de convertir ce jeune prince, peu expérimenté dans les affaires publiques, à son idéal politique. Ravi, Platon se hâte. Il est fort bien accueilli à Syracuse et Denys semble l'écouter. Sa déception n'en est que plus amère. Rendu soupçonneux tant à l'égard de Platon, qu'à l'égard de Dion, en lesquels il voit des rivaux possibles, Denys exile Dion et retient Platon prisonnier quelque temps, pour enfin le libérer avec promesses de les rappeler bientôt l'un et l'autre.

Nouveau retour de Platon à Athènes où, pendant six ans, il compose ses «Dialogues» les plus difficiles.

En 361 reprise du même scénario. Denys invite Platon qui, malgré son âge, soixante-cinq ans, et cédant à de multiples sollicitations, entreprend son troisième voyage en Sicile. L'échec, cette fois, fut total et tragique. Dion, que malgré ses engagements Denys non seulement ne rappelle pas mais bafoue, et dans son honneur (Denys marie la femme de Dion au gouverneur de Syracuse!), et dans ses biens (il les confisque), s'empare de Syracuse par surprise et y installe une dictature qui se termine, trois ans plus tard, par son assassinat des mains de son «ami» Callippe, Athénien, élève du Lycée!

Quant à Platon il ne fallut pas moins que l'intervention d'Archytas ([30]), pour qu'il obtînt la permission de repartir. L'assassinat de Denys indigna et désespéra Platon, sans pour autant lui faire perdre confiance dans son idéal politique et ses méthodes d'éducateur.

Il mourut à Athènes pendant qu'il écrivait «Les Lois», œuvre donc inachevée, mais — telle quelle — le plus long de ses «Dialogues», dans lequel il décrit la meilleure cité possible, puisque la parfaite n'existe sans doute que dans le royaume des Idées.

Autant il nous a été exceptionnellement possible de présenter Socrate en quelques pages sans trop faire mentir ni son exemplarité, ni sa méthode, autant il nous sera impossible de présenter Platon dont l'œuvre abondante, diversifiée et articulée, appelle l'étude et donc le commentaire. Certes, une introduction est toujours «faisable» pour autant que la science de celui qui la propose soit gage d'intérêt et que place lui soit laissée pour prendre les chemins et cheminements qu'il faut. N'ayant, pour notre part, ni compétence, ni place (heureusement!), nous nous bornerons à essayer de dire à grands traits quelque chose qui ne soit pas trop «répréhensible» et à laisser parler quelques textes. C'est la rançon de ce livre qui n'est, peut-être, ni fait ni à faire, mais dont nous prenons le risque avec celui qui nous lit.

«Nul n'entre ici s'il n'est géomètre»

Au linteau de la porte d'entrée de l'Académie était cet avertissement : «Nul n'entre ici s'il n'est géomètre». C'est dire l'importance qu'attachait Platon aux mathématiques en tant que discipline préparatoire (propédeutique), nous apprenant à nous dégager des choses immédiatement sensibles pour considérer des rapports intelligibles, nous éloigner du «concret» pour appréhender «l'abstrait». C'est par cette discipline des mathématiques que nous devenons aptes à élaborer une construction, qu'on appelle hypothético-déductive, c'est-à-dire une théorie qui reconstruit déductivement (selon des règles logiques) un donné à partir d'hypothèses.

□ Par exemple : à partir du théorème que la somme des angles d'un triangle vaut deux droits, on *déduit* que la somme des angles d'un polygone vaut autant de fois deux

droits qu'il a de côtés moins deux.
□ Comme plus généralement : à partir d'une hypothèse (axiome, postulat, définition) indémontrée, on déduit logiquement une théorie, un système, une construction. ([31])

C'est grâce à cette méthode qu'il est possible de mesurer, compter, peser, et de rendre le réel intelligible et donc objectif.

Mais les mathématiques ne sont que le «prélude de l'air qu'il faut apprendre».

«Au terme du monde intelligible est l'idée du Bien»

Pour Platon, comme pour Socrate, **l'opinion** est vide de sens, elle ne traduit que l'intérêt, le désir, le caprice. Il faut lui substituer **le concept** (l'idée). La parole est l'outil de la justesse et de la justice dont on mésuse en en faisant l'outil de l'opinion.

Grâce à la dialectique — cette entreprise critique radicale — le philosphe — ce spécialiste compétent — fait de la parole le seul usage qui soit conforme : ordonner le réel, harmoniser les rapports entre les hommes en les rendant intelligibles. Sans justesse dans le raisonnement, il ne saurait y avoir justice entre les hommes. Etre juste, c'est en quelque sorte connaître avec justesse et agir avec justice. L'Etat sera alors géométriquement harmonieux quand chacun, selon sa compétence-complexion, occupera la place et la fonction qui lui reviennent : ouvrier, soldat, administrateur.

Cette division tripartite reproduit d'ailleurs celle de l'âme, et de même que la justice privée harmonise les trois parties de l'âme (concupiscence, cœur, esprit), la justice sociale harmonise les trois classes de l'Etat-cité.

*L'homme juste ne permet pas qu'aucune partie de lui-même fasse rien qui lui soit étranger, ni que les trois principes de son âme empiètent sur leurs fonctions respectives; il établit au contraire un ordre véritable dans son intérieur, il se commande lui-même, il se discipline, il devient ami de lui-même, il harmonise les trois parties de son âme absolument comme les trois termes de l'échelle musicale, le plus élevé, le plus bas, le moyen, et tous les tons intermédiaires qui peuvent exister, il lie ensemble tous ces éléments et devient un de multiple qu'il était, il est tempérant et plein d'harmonie et dès lors dans tout ce qu'il entreprend, soit qu'il travaille à s'enrichir, soit qu'il soigne son corps, soit qu'il s'occupe de politique, soit qu'il traite avec des particuliers, il juge et nomme toujours juste et belle l'action qui maintient et contribue à réaliser cet état d'âme et il tient pour sagesse la science qui inspire cette action; au contraire, il appelle injuste l'action qui détruit cet état, et ignorance l'opinion qui inspire cette action. (*République, *livre IV).*

S'il nous faut d'abord apprendre à mesurer, à nous éloigner des impressions sensibles pour appréhender l'intelligible, l'idée, l'objectif, l'essence, cela ne saurait suffire, car, nous devons non seulement baliser *horizontalement*, d'idée séparée (concept) en idée séparée, tout le champ de l'intelligible, mais encore, *verticalement*, par cette discussion raisonnée qui n'est autre que le dialogue dialectique, nous élever jusqu'à **l'Idée de toutes les idées**, c'est-à-dire le principe premier, le Bien, auquel toutes les idées participent, avec lequel elles sont en relation nécessaire. Une fois ce mouvement ascendant opéré et le Bien reconnu comme ce soleil qui d'évidence éclaire et «nourrit» tout, nous pourrons «redescendre» et ordonner rationnellement le monde, la cité, l'individu, selon une géométrie harmonieuse.

Au terme du monde intelligible est l'idée du Bien, difficile à voir, mais qu'on ne peut voir sans conclure qu'elle est universellement la cause de toutes les choses bonnes et belles, elle qui a engendré, dans le monde visible, la lumière et le souverain de la lumière, étant elle-même souveraine dans le monde intelligible, dispensatrice de vérité et d'intelligence : c'est elle qu'il faut voir si l'on veut agir sagement, soit dans la vie privée, soit dans le vie publique. (La République, *livre VII).*

Les mythes

D'une part il y a **le sensible,** d'autre part **l'intelligible.**

Jadis. il y avait le monde intelligible, pur et immuable, d'une part, et une sorte de «chaos», impur et changeant (mais qui n'était pas encore à proprement parler le monde sensible), d'autre part.

Le Dieu ordonna au Démiurge ([32]) d'organiser ce chaos en prenant pour modèle le monde intelligible, pur monde des Idées ou Essences. De cette création est née notre monde sensible mixte (pas exactement un mélange) en quelque sorte de «chaos» et d'«idée». Et d'une certaine façon, de même que le Démiurge n'est pas parvenu à «copier» le monde intelligible, mais s'est inspiré de lui pour donner forme au matériau brut du chaos, de même notre savoir ne parvient pas à copier le monde intelligible, mais s'inspire de lui pour fabriquer ses concepts, sa vision.

Et dans cette fabrication, un rôle non négligeable est dévolu à la métaphore, à la comparaison, au mythe qui sert en quelque sorte de moyen terme pour, d'une part, traduire au non-philosophe la clarté entr'aperçue par le philosophe, et pour, d'autre part, permettre au philosophe de dire métaphoriquement ce qu'il ne parviendrait pas à dire autrement.

Le célèbre *mythe de la Caverne* illustre bien cette situation. Nous sommes comme des prisonniers plongés dans une semi-obscurité où nous ne distinguons que des ombres. Le premier qui parvient à se libérer de ses chaînes (= le philosophe) et contemple au dehors la lumière du Soleil-

Bien en est durablement ébloui. Mais quand il redescend auprès de ses compagnons d'infortune, l'obscurité retrouvée le désarçonne et le gêne à la fois. Comment évoquer pour les autres et avec eux ce qui l'a ébloui ? Comment, replongé dans l'obscurité, retrouver l'appui de ce qui l'a ébloui ?

Le mythe tend à exprimer l'inexprimable, il sert d'appui au saut de l'âme dans la vision intellectuelle.

Il y a chez Platon quantité de mythes pour « expliquer » le monde, l'âme, l'homme, l'amour, la mort. Ils sont pleins de poésie, de grandeur et de charme. Leur lecture et ce qu'ils donnent à entrevcir n'est pas le moindre attrait littéraire et philosophique de l'œuvre de Platon.

L'Etat le meilleur possible

Comme nous l'avons déjà évoqué, tout le platonisme pourrait se résumer dans l'effort que fait le philosophe, face à la crise majeure de son temps : la guerre des opinions et la violence entre hommes, pour construire dialectiquement une **utopie** qui serait la juste mesure à partir de laquelle une harmonisation prendrait sens et réalité.

Un mythe vient servir de moyen terme pour expliquer d'où nous venons, vers où nous allons.

Au temps de l'âge d'or, à l'époque de Cronos ([33]) tout était tempéré et l'inspiration divine présidait à l'harmonie générale : tout était transparent et tout marchait dans le bon sens. Puis, survint le retrait du Dieu, et le temps de Zeus, fils de Cronos, et l'homme abandonné à son animalité et ne recevant plus des dieux qu'une aide de départ (don du feu et de l'industrie), se trouva seul au sein de la nature déchue, et seul en son rapport à l'autre. La connivence de l'homme avec la nature et avec les autres hommes était rompue, et l'homme se trouva alors dans la nécessaire obligation, sous peine de périr, de substituer à cette **connivence** une **connaissance**. Il lui fallait essayer, par le détour théorique, de reconstruire un chemin qui tende

— même s'il sait ne pouvoir y aboutir parfaitement — à constituer une harmonie de second rang.

Il fut un temps où les sociétés patriarcales surent limiter les dégâts en reconstituant une harmonie, toujours de second rang, sur base de quelques éléments, avec un minimum de parole et sans écriture. Auto-limitées et s'auto-limitant, ces sociétés harmonisaient («géométrisaient») peu d'éléments. Mais aujourd'hui que la «civilisation» accroît de par elle-même et le nombre des hommes, et le nombre de leurs désirs, et le nombre de leurs opinions, le détour théorique de la connaissance (**construction de concepts de justesse et de justice**). s'impose comme unique solution de faire échec à la guerre des discours et à la violence entre les hommes.

Voici ce que dit Platon dans une de ses Lettres qui nous sont conservées.

> *...Finalement je compris que tous les Etats actuels sont mal gouvernés, car leur législation est à peu près incurable sans d'énergiques préparatifs joints à d'heureuses circonstances. Je fus alors amené à louer la vraie philosophie et à proclamer que, à sa lumière seule, on peut reconnaître où est la justice dans la vie publique et dans la vie privée. Donc, les maux ne cesseront pas pour les humains avant que la race des purs et authentiques philosophes n'arrive au pouvoir ou que les chefs des cités, par une grâce divine, ne se mettent à philosopher véritablement. (Platon,* Lettre VII, *traduction L. Robin).*

La solution que préconise Platon est peut-être aujourd'hui moins sûre que son verdict, mais il n'en reste pas moins que vingt-cinq siècles après, et son projet et son analyse n'ont rien perdu de leur pertinence.

Les œuvres de Platon

Nous avons de lui vingt-huit Dialogues, dont deux sont de véritables traités, et quelques lettres.

On pourrait dire que *La République* servait quasi de «manuel» aux élèves de l'Académie et que *Les Lois*, son dernier dialogue, inachevé mais le plus long, exprime le dernier «état» de sa pensée quant aux compromis nécessaires entre la pure théorie (vision) et le meilleur Etat possible étant donné l'imperfection humaine.

On a l'habitude de classer ses œuvres en trois groupes, correspondant à la fois à sa biographie (jeunesse, maturité, «troisième âge») et aux «étapes» de sa pensée.

1° Les dialogues de jeunesse ou dialogues socratiques dont les plus importants sont :
— *l'Apologie de Socrate* : l'histoire du procès de Socrate et des trois discours qu'il tint devant ses juges.
— *Criton* : dialogue sur le devoir. C'est dans ce dialogue que figure la célèbre prosopopée des Lois qui dissuadent Socrate de fuir pour échapper à une mort injuste.
— *Gorgias* : critique d'une rhétorique qui ne se fonde pas sur la justice.
— *Menon* ou *Sur la vertu*. Où il est dit, entre autres, que la connaissance est réminiscence de ce que notre âme a appris au cours des vies antérieures.
Dans ces Dialogues critiques, la méthode utilisée est la «maïeutique» (art d'accoucher les esprits de la vérité qui est en eux) et l'ironie (feindre ignorer pour amener l'autre à deviner le vrai, c'est-à-dire qu'il ne sait pas mais croit savoir). Par cette méthode, le problème est posé, les opinions (nécessairement fausses) sont ébranlées sinon détruites, mais il n'y a pas apport de solution positive.

2° Les dialogues de la maturité dans lesquels Platon exprime, légitime et articule son apport original positif : la théorie des Idées ou des Formes intelligibles. Signalons au moins :
— *Phèdre* ou *De la Beauté* : l'âme y est comparée à un

char ailé tiré par deux chevaux qui symbolisent les tensions mêmes du conducteur : le cheval blanc et noble aspire au ciel, le cheval noir et massif est attiré par la terre.
— *Phédon* : sur l'immortalité de l'âme et la mort de Socrate.
— *Le Banquet* : dialogue sur le Beau et l'Amour, sur l'accomplissement que représente la montée qui part de l'amour des corps pour aboutir à l'amour des esprits (dialectique ascendante de l'amour).
— *La République* (X livres) : de la justice et de l'organisation de l'Etat harmonieux idéal. Dans ce dialogue se trouve le saisissant tableau des transformations par lesquelles le gouvernement des meilleurs (aristocratie) se dégrade en timocratie ou régime militaire, celui-ci en oligarchie (gouvernement de quelques-uns), celle-ci en démocratie (gouvernement du peuple), et finalement en tyrannie (gouvernement usurpé d'un seul).

3° **Les derniers dialogues** dans lesquels Platon en même temps qu'il rend mieux compte de la participation des choses sensibles aux Idées — donne, dans les *Lois*, la théorie (vision) du compromis auquel il se résoud quant à l'Etat le meilleur possible.

— *Le Sophiste* } Dialogues sur l'Etre et le Non-Etre,
— *Parménide* } sur l'Un et le Multiple.

Dialogues d'une technicité et d'une subtilité redoutables; ils sont les plus difficiles de son œuvre.
— *Le Politique* ou *De la royauté*. Dialogue intermédiaire entre la Cité idéale de *La république* et la Cité la meilleure possible des *Lois*. C'est dans ce dialogue que figure l'admirable mythe de l'âge d'or.
— *Timée. De la nature*. Explication de la formation de l'univers, de l'âme et du corps. Cosmologie et anthropologie.
— *Les Lois* ou *De la législation* : le meilleur Etat possible, étant donné, d'une part, la Cité idéale (dont le modèle se trouve dans *La république*) et, d'autre part, les nécessités et faiblesses de l'heure.

NB. Qu'on puisse critiquer la pensée de Platon sur tel ou tel point, ou même en bloc, qui n'en conviendrait. Qu'on puisse l'annexer ou la récupérer, cela s'est vu aussi. Qu'aux hommes d'aujourd'hui son recours aux mythes puisse apparaître comme folle imagination abracadabrante d'un autre âge, après tout pourquoi pas?

Que Platon n'ait pas réussi à convertir Denys à sa vision du meilleur Etat possible, ni être éducateur de quelque prince que ce soit, ne prouve aucunement qu'il ait eu tort d'essayer, ou — encore moins — que sa vision et ses talents d'éducateur ne valaient rien.

Vingt-quatre siècles après sa mort, ils sont encore nombreux ceux qui sont preneurs du projet qui fut le sien : que chaque chose ait (et soit à) sa place, selon la justesse et la justice, l'une se réglant sur l'autre. Et qui ont de ce fait contracté envers lui une dette immense et incontournable, ne resterait-il rien d'autre de sa démarche — ce qui est loin d'être le cas.

Mais qu'en est-il de ceux qui ne sont pas preneurs, et qui, sans pour autant céder au caprice violent ou banal du moment, à la manière du tyranneau ou du tyran, refusent un tel projet comme «idéaliste», réducteur, totalitaire, bourgeois ou que sais-je encore, et qui n'acceptent de parole que celle qui, «par-delà le Bien et le Mal» (Nietzsche) ou «par-delà l'Etat» (Marx), vise à libérer l'homme du Dieu (ou des dieux) qu'il se donne?

Pour ceux-là, sans doute, la philosophie a depuis longtemps cessé d'exister, quoique la philosophie bonne mère les considère toujours comme ses enfants.

Nous n'avons évidemment pas la prétention de trancher, mais simplement d'ajouter ce début de réflexion iconoclaste au dossier, et de Platon, et, partant, de la philosophie.

Aristote *384-322*

Nicomaque, le père d'Aristote, était le médecin particulier et l'ami du roi de Macédoine. Ceci peut sans doute expliquer en partie l'intérêt d'Aristote pour les sciences biologiques.

Il perdit très jeune ses parents et fut confié à la tutelle d'un oncle dont, par reconnaissance, il adopta plus tard le fils.

A dix-sept ans, il partit pour Athènes où il s'inscrivit à l'Académie de Platon. Pendant vingt ans il y travailla, recevant et discutant l'enseignement de son maître, dans le même temps qu'il poursuivait sa propre recherche. On prétend que Platon l'aurait surnommé *Nous*, c.à.d. Intelligence, tellement était remarquable sa vivacité d'esprit.

Pendant longtemps Aristote fut de Platon le disciple fervent. D'après certains fragments de dialogues conservés, on peut constater qu'il écrivait à la manière du maître et qu'il renchérissait même sur le sentiment religieux de ce dernier.

On a de lui ce fragment de jeunesse d'un accent tel qu'il l'apparente à Job : «La meilleure de toutes les choses est de ne pas naître et la mort est préférable à la vie» (*Eudème*, fragment 6).

Dans un autre fragment, il compare l'union de l'âme au corps au supplice qu'infligeaient à leurs victimes certains brigands «liant étroitement face à face le vivant et le mort».

A la mort de Platon (348), Aristote quitta l'Académie et fonda une école à Axos ([34]) où il resta trois ans.

Après la mort de sa première femme, il eut une union durable avec une femme de sa ville natale ; elle lui donna un fils, qu'il appela du nom de son père : Nicomaque. C'est pour ce fils qu'il écrivit plus tard l'*Ethique à Nicomaque*.

Ayant quitté Axos, il ouvrit une autre école à Mytilène,

dans l'île de Lesbos.

En 342 il fut invité par Philippe, roi de Macédoine, à être le précepteur du jeune Alexandre, âgé alors de treize ans. D'avoir approché de si près le roi, dont il devint l'intime, d'avoir été le précepteur de son fils, et d'avoir côtoyé cette cour brillante, eut certainement une influence sur ses idées politiques. Sept ans plus tard, Alexandre, âgé de vingt ans, succéda à son père, et Aristote quitta la cour de Macédoine.

De retour à Athènes, il y fonda en 335, a près de cinquante ans, son Lycée.

Les cours qu'il y donnait étaient différents selon le public auquel ils étaient destinés. Cours ésotériques, limités au cercle des élèves du Lycée, cours exotériques destinés à un auditoire plus large.

On raconte qu'il aimait se promener dans les allées entourant l'Ecole, d'où le nom de péripatéticiens (les «promeneurs») donné aux élèves du Lycée qui ne pouvaient faire autrement que de déambuler avec le maître, et le nom de péripatéticienne donné à l'Ecole ([35]).

Ami d'Alexandre ([36]), Aristote rêvait d'une unification de la Grèce, fût-ce sous la férule macédonienne. Les «nationalistes» grecs, dirigés par Démosthène, lui en voulaient de ce qu'ils considéraient comme une trahison. A la mort d'Alexandre (323) on porta contre Aristote, pour le disqualifier, l'accusation habituelle et passe-partout d'impiété, telle qu'on l'avait, soixante ans plus tôt, portée contre Socrate.

Aristote quitta Athènes sur-le-champ pour éviter, dit-il, que les Athéniens ne péchassent deux fois contre la philosophie.

Retiré à Chalcis petite ville de la péninsule chalcidique, près de la Macédoine, il y mourut l'année suivante d'une maladie d'estomac dont il souffrait depuis longtemps.

L'ami de Platon

Dans une vie d'Aristote une sentence lui fait dire : «Platon m'est cher, mais plus encore m'est chère la vérité»

(*Amicus Platon sed magis amica veritas*).

Il s'agit en vérité d'une interprétation exagérée, mais devenue légendaire, d'un passage d'Aristote qui, dans l'*Ethique à Nicomaque*, dit ceci :... «l'amour de la vérité parle plus fort que les considérations d'ordre privé, spécialement lorsqu'on fait profession de philosophe». Le respect, évidemment, n'implique aucunement quelque suivisme que ce soit. Et, on pourrait même prétendre à bon droit, qu'un respect exagéré fige indûment ce que le vrai respect commande : être fidèle à l'élan, à la méthode de qui vous inspire plutôt que de s'arrêter là où il s'est arrêté.

Aristote. comme tout grand créateur, a retenu de son maître Platon ce qui était l'essentiel de sa motivation : bien connaître pour mieux agir, et a poursuivi de sa recherche ce qu'il estimait pouvoir poursuivre, et transformé de celle-ci ce qu'il estimait devoir transformer. Nous ne pouvons ici examiner cela en détail.

Nous n'insisterons que sur un point qui nous semble le plus fondamental : l'abandon, par Aristote, de la théroie des Idées (réalités invisibles auxquelles le sensible participe), et son remplacement par une **théorie de l'immanence**, dans le monde sensible lui-même, des formes intelligibles.

«Les choses les plus hautes et les plus difficiles»

Le rôle du philosophe, selon Aristote, consiste à la fois à connaître les choses de notre univers mouvant et changeant et à tenir un discours sur l'être. A la fois viser à tout savoir de l'univers dans lequel nous vivons et qui possède son autonomie propre, et à la fois savoir le tout de ce qui est pensable de l'être.

Dans le classement des œuvres d'Aristote qu'on doit à Andronicos de Rhodes, les œuvres traitant du Premier Moteur, de Dieu, des causes, font suite aux œuvres sur la nature (la physique). C'est pourquoi leur a été donné le nom collectif de **métaphysique** («après la physique»; le préfixe grec *meta* signifiant, entre autres : après).

Ce terme est évidemment ambigu car cet «après la physique» peut être entendu soit comme «post-physique») c.à.d. prolongement en plus abstrait de celle-ci, soit comme «trans-physique», c.à.d. au-delà, au-dessus de la physique.

Nous ne pouvons ici faire plus que de signaler que, de toute façon, la partie de la métaphysique qui traite de Dieu ne peut-être que «transphysique» et que celle qui traite de l'être commun ne peut être que «post-physique», et que l'articulation qui pourrait exister entre les deux problématiques n'est ni évidente ni nécessairement possible. Essayons, pour notre part, de présenter en quelques mots cette science de l'être sans trop errer.

■ Pour Aristote, **toute chose est une substance** (l'être qui subsiste, le «substantif») au sein de laquelle se trouvent unies matière et forme. La substance est une chose concrète, qui existe en soi, qui subsiste sous les changements qu'elle subit, qui est séparée des autres substances, qui reçoit des attributs, mais n'est attribut d'aucune autre substance. Par exemple : la substance Socrate «reçoit» des attributs «essentiels» comme : humain, raisonnable, mortel, ou «accidentels» comme : grec, grand, laid, mais de nulle chose on ne dira qu'elle est Socrate. De même, la substance (la chose concrète) cette table-ci peut recevoir tel ou tel attribut (grande, belle, longue...) mais ne servira d'attribut pour nulle chose.

Car la **forme** est ce qui détermine la **matière** à être telle substance et non une autre. Si la forme est la première cause de la substance et la matière la seconde, Aristote ajoute encore deux autres causes : la **cause efficiente** (ce par quoi quelque chose est ce qu'elle est), et la **cause finale** (ce en vue de quoi quelque chose est). Mais, en fait, on peut dire sans trop se tromper que ces deux causes, l'efficiente et la finale, sont déjà contenues dans la forme qui détermine la matière et permet d'opérer le passage **de la puissance à l'acte**. La puissance étant entendue comme ce que la forme permet que le devenir, le changement réalise, actualise. Ainsi, un pommier passe pleinement de la puissance à l'acte en donnant des pommes, une femme en enfantant, un animal capable de raison en devenant un être vertueux.

■ Mais, selon Aristote, pour que ces changements en qualité et en quantité, ce **devenir**, ce mouvement soient possibles, il faut qu'ils aient leur origine, leur principe, leur source, en un **Premier Moteur**, en un **Acte Pur**, en Dieu.

Ce Premier Moteur est cet Etre suprême qui est au principe des choses, même s'il est clair, pour Aristote comme pour les philosophes grecs en général, que la matière est éternelle. Il est ce Premier Moteur, le principe immobile du mouvement auquel d'ailleurs se subordonnent les astres, comme êtres éternels. Il est Acte Pur car pleinement réalisé, sans puissance (au sens déjà vu d'aptitude au changement), sans devenir. Il fait l'objet d'une science à part : la théologie, comme partie de la métaphysique dans sa problématique «trans-physique». Autrement dit, il est au-delà de la nature, de la physique, des phénomènes mesurables, qualifiables, objets d'expérimentation. Mais, tout se passe comme si, ayant reconnu sa nécessité, le Dieu d'Aristote et des philosophes, comme dit Pascal, n'intervenait plus en rien dans notre monde sublunaire, dont la science physique rend compte. Ce Dieu était à ce point abstrait qu'il n'a pas du tout «gêné» Aristote dans sa philosophie morale immanente, ni ne l'a empêché d'être un vrai savant au savoir encyclopédique tel qu'il fera autorité jusqu'à Descartes. «Aristote l'a dit» a longtemps servi, sinon de preuve, à tout le moins d'argument d'autorité et de compétence, à quoi il fut longtemps, à tort évidemment, difficile de répliquer.

Le père de la logique

Le terme de logique fut inventé plus tard par les Stoïciens. Aristote, lui, parlait d'**organon**, c'est-à-dire instrument, outil, organe. Et, à proprement parler, la logique n'est pas une science au sens habituel de ce terme, mais une manière générale de traiter les choses, une technique du discours correct. A l'heure actuelle, on pourrait dire que les spécialistes de la logique, les logiciens, ne sont pas des philosophes mais des spécialistes d'une discipline de plus en plus formelle.

Avant que de pouvoir fonctionner, la logique se doit de reconnaître le langage et ce qu'il tend à réaliser tout d'abord : nommer, classer, définir, attribuer un caractère (attribut, prédicat) au sujet.

■ **Les prédicats** les plus généraux sont les dix **catégories** que relève Aristote.

En voici le tableau avec un exemple.

1. Qu'est-ce que ? = *substance*	Aristote	Les 4 catégories fondamentales
2. De quelle nature ? = *qualité*	philosophe, mortel,...	
3. Combien ? = *quantité*	1, 75 m, 73 kg	
4. Par rapport à quoi ? = *relation*	ami de Platon, fils de Nicomaque	
5. Où ? = *lieu*	au Lycée, à Athènes...	
6. Quand ? = *temps*	à 9 h du matin, le soir...	
7. Dans quelle position ? = *situation*	se promenant, dormant...	
8. Qu'a-t-il ? = *possession*	riche, vêtu d'une tunique...	
9. Que fait-il ? = *action*	parlant, critiquant...	
10. Que reçoit-il ? = *passion*	accusé d'impiété, supportant la douleur...	

Ces catégories générales une fois reconnues, il faut encore s'interroger sur la véracité ou la fausseté réelle des propositions (phrases) attribuant telle « qualité » à tel sujet.

Par exemple, s'il est exact de dire : tous les hommes sont mortels parce que mortel peut se dire de chaque homme, il est faux de dire l'inverse : tous les mortels sont des hommes, parce que « homme » ne peut se dire que de quelques mortels et non de tous.

■ Par ailleurs, il convient de **classer les différents types de propositions**
1. *universelle positive* (symbole A) : tous les hommes sont mortels
2. *universelle négative* (symbole E) : aucun homme n'est immortel
3. *particulière positive* (symbole I) : quelques hommes sont blancs
4. *particulière négative* (symbole O) : quelques hommes ne sont pas blancs

□ Remarque : la proposition *singulière* (Socrate est mortel) est assimilée à une proposition universelle positive (A), car l'attribut (prédicat) épuise tout ce qui est dit du sujet. C'est en quelque sorte, comme si on disait « tout Socrate » est mortel.

■ Ce qui nous amène à dire un mot de ce qu'est **la compréhension et l'extension d'un concept** (idée).

1. La compréhension est le contenu d'une idée. Soit l'idée « homme » qui contient les éléments suivants : être, vivant, sensible, raisonnable. Ou l'idée « animal » qui contient ces mêmes éléments sauf : raisonnable. Donc, en compréhension, l'idée homme est plus riche que l'idée animal.

De même, en compréhension l'idée Socrate est plus riche que l'idée homme puisqu'elle contient encore d'autres éléments essentiels ou accidentels : philosophe, athénien, grec, laid,...

2. L'extension est l'ensemble des sujets auxquels le contenu d'une idée peut être attribuée
Ainsi, l'idée homme convient et aux Français et aux Russes, et aux noirs et aux blancs, et à Pierre et à Paul. Donc, en extension, l'idée homme convient à tel homme singulier, comme à tout groupe particulier.

De ceci il découle :
a) que l'on peut classer les idées, les concepts. Par exemple, le concept animal est plus étendu (a une extension

plus grande) que le concept homme. Ainsi le concept homme est une espèce qui est contenue dans le concept animal qui lui est un genre ;
b) qu'au plus l'idée est compréhensive au moins elle est étendue. Ainsi, l'idée Français est plus compréhensive que l'idée homme, puisque s'appliquant à moins de sujets, tandis que l'idée femme est plus extensive que l'idée Français puisque s'appliquant à plus de sujets.

Quant à l'idée singulière (Pierre, cette table-ci) elle est évidemment plus restreinte en extension, puisque se limitant à un seul individu, à un seul sujet, mais elle équivaut à une idée universelle (tous). En effet, puisque l'idée universelle s'applique à tous les sujets auxquels elle convient sans en excepter aucun (tous les hommes sont mortels et non quelques-uns), elle s'applique de même à un sujet auquel elle convient et qui parce que unique, singulier, l'épuise (Socrate est mortel=«tout Socrate» est mortel, et non une partie ou la moitié).

■ Ceci pose : l'idée (le concept), les catégories, les propositions, on peut établir **un modèle de raisonnement correct**, celui qui déduit logiquement une proposition conclusive à partir de deux propositions prémisses.

Il y a bien sûr d'autres modes de raisonnement (l'induction, par exemple ([37]) ; en outre, le mode de raisonnement dont nous allons parler est plus riche que ce que nous allons en dire, sans parler de ce que la logique formelle moderne a apporté comme précision et comme rigueur.

Il n'empêche que c'est à Aristote que revient la paternité de ce mode de raisonnement (**le syllogisme**) qui nous permet de nous rendre compte que souvent nous affirmons plus que ce que nous pouvons rigoureusement déduire, que nous généralisons donc abusivement, et que nos raisonnements pèchent souvent par ambiguïté et par enchaînement indu. Ne serait-ce que pour cela, il vaut la peine d'en dire quelques mots en précisant bien qu'il y a sophisme dès que nous péchons contre une des règles du syllogisme.

Le syllogisme catégorique*

Un syllogisme se compose de trois termes et de trois propositions.

■ Trois termes :
□ *le grand terme* (T)
a la plus grande extension
est appelé majeur
se trouve dans la première proposition appelée majeure
et dans la conclusion
□ *le petit terme* (t)
a la plus petite extension
est appelé mineur
se trouve dans la deuxième proposition appelée mineure et
dans la conclusion
□ *le moyen terme* (M)
se trouve en rapport avec le majeur dans la majeure
se trouve en rapport avec le mineur dans la mineure
ne se trouve jamais dans la conclusion

Dans un syllogisme, il s'agit de mettre ces trois termes en relation de telle façon que le moyen terme, commun à la première et à la deuxième proposition, disparaisse dans la conclusion et qu'on puisse ainsi établir entre le petit terme (mineur) et le grand terme (majeur) une relation correctement déduite.

■ Les trois propositions sont donc la **majeure** et la **mineure**, qu'on appelle *prémisses*, et la troisième qu'on appelle **conclusion.**

A. Le moyen terme est sujet dans la majeure et prédicat dans la mineure

*Tout homme est mortel**
Or Pierre est un homme
Donc Pierre est mortel

Dans le cas de cette première figure, la conclusion sera toujours une proposition de type A,E,I,O. C'est pourquoi cette figure, par rapport aux deux suivantes, est la plus productive.

* Nous laissons de côté le syllogisme hypothétique.
* La formulation : tous les hommes sont mortels, est équivalente.

□ Remarque : si une des premisses est fausse la conclusion sera fausse évidemment mais le raisonnement aura l'air correct. Il s'agit là d'un **sophisme**. Par exemple :

Tous les Russes sont roux
Or Vania est russe
donc Vania est roux

La déduction est formellement correcte mais la conclusion est fausse car la majeure est fausse : tous les Russes ne sont pas roux, car au fond, roux est un attribut accidentel et non pas essentiel.

De même : tous les savants sont fous, or Pierre est un savant, donc Pierre est fou, est aussi un sophisme puisque fou est un attribut accidentel qui n'est pas essentiel au concept de savant. Bien sûr, si tous les savants étaient par essence fous... mais cela se saurait !

Il s'agit là de deux exemples de sophismes par généralisation abusive. Mais si l'on disait : quelques savants sont fous (proposition acceptable), on ne saurait rien en déduire quant à Pierre qui pourrait appartenir aussi bien à la fraction des savants fous qu'à celle des savants qui ne le sont pas. De même pour Vania, si quelques Russes sont roux (proposition acceptable) on ne pourrait rien en déduire quant à lui.

B. Le moyen terme est prédicat dans les deux prémisses

La conclusion, dans ce type de figure, sera toujours une proposition négative universelle (E) ou particulière (O).

Toute baleine est un mammifère
Or nul poisson n'est un mammifère
Donc aucun poisson n'est une baleine

C. Le moyen terme est sujet dans les deux prémisses

La conclusion dans ce type de figure, sera toujours une proposition particulière positive (I) ou négative (O).

Tous les oiseaux volent
Tous les oiseaux sont des animaux
Donc quelques animaux volent

Dans ce type de syllogisme, une prémisse fausse n'entraîne pas pour autant un sophisme. Exemple :

Tous les oiseaux sont migrateurs
Tous les oiseaux sont des animaux
Quelques animaux sont migrateurs

La conclusion est valide malgré que la majeure soit fausse.

■ Le dilemme

En passant, disons un mot d'un type de raisonnement qu'on n'a que trop tendance à confondre avec une alternative simple.

Une alternative est un système de deux propositions dont, si l'une est fausse l'autre est vraie, et réciproquement.

Exemples : ou bien la terre tourne autour du soleil, ou bien le soleil tourne autour de la terre. Ou bien Dreyfus est coupable, ou bien l'Etat-Major est coupable.

Par extension, une alternative est tout choix entre deux possibilités. Tu as le choix : ou bien tu restes à la maison, ou bien tu viens au cinéma avec moi.

L'usage récent d'appeler alternative toute solution de rechange est une erreur, source d'ambiguïté. En effet, il y a une alternative signifie qu'il y a un choix entre deux possibilités, tandis que dans ce sens fautif cela signifie qu'il y a une unique solution de rechange.

Mais revenons au dilemme, qui se dit d'une alternative telle que, quelle que soit l'option retenue, la conclusion sera identique.

Ou bien tu te trompes, ou bien tu n'as pas étudié.
Si tu te trompes, c'est que tu n'as pas assez étudié.
Si tu n'as pas étudié ta mauvaise réponse s'explique.
Mais dans les deux cas, tu mérites zéro.

Que ce type de raisonnement soit le plus captieux, le plus sophistiqué, une anecdote célèbre l'illustre de façon amusante.

Protagoras, le sophiste, très sûr des mérites garantis de son enseignement, avait convenu avec un de ses élèves, trop pauvre pour payer les leçons qu'il lui donnait, que ce dernier le rembourserait avec les gains de son premier procès qu'il ne pouvait que gagner. Mais si par malheur il le perdait, signe que les leçons reçues ne lui avaient pas été profitables, il ne lui devait plus rien. Comme son élève tardait à exercer son métier d'avocat pour le rembourser, Protagoras lui fit un procès et exposa devant les juges le dilemme suivant :

> *Soit mon élève gagne son procès, soit il le perd.*
> *S'il le gagne, il doit me payer en fonction de nos conventions.*
> *S'il le perd, il doit me payer en fonction de votre verdict.*
> *Dans les deux cas, il doit me payer.*

A quoi son élève répondit par un même dilemme :

> *Soit je gagne mon procès, soit je le perds*
> *Si je le gagne, je ne dois rien payer du fait de votre verdict.*
> *Si je le perds, je ne dois rien payer du fait de nos conventions à Protagoras et à moi.*
> *Dans les deux cas, je ne dois rien payer.*

Tout joue ici sur le cas non prévu d'un procès dans lequel seraient impliqués les deux protagonistes, et sur le fait que chacun tire argument à son profit soit de la convention, soit du jugement.

« Une hirondelle ne fait pas le printemps »

Si, comme le dit Aristote, avec ce bon sens de l'observateur consciencieux, « le fait de vivre doit être posé comme une sorte de connaissance » (*Ethique à Eudème*), du moins pour l'homme, ce vivant dont la « forme » est d'être raisonnable, une théorie du bonheur humain, privé et social, s'avère comme au principe même de sa moralité.

Si plaisir et peine ne peuvent constituer le critère de la moralité de nos actions — quoique le plaisir nous pousse à rechercher ce qui le produit, et la peine à nous écarter de ce qui l'entraîne — c'est parce qu'ils sont trop tributaires de ce qui survient et passe. Ils sont donc inessentiels.

■ Que **le bonheur** soit un bien (ce qui est bon, comme ce qu'on a de bon), et non un moment de plaisir, c'est ce qu'exprime Aristote dans cette phrase dont le début est passé en proverbe :

> *Une hirondelle ne fait pas le printemps, non plus qu'une seule journée de soleil; de même ce n'est ni un seul jour ni un court intervalle de temps qui font la félicité et le bonheur. (*Ethique à Nicomaque*).*

■ Certes, le **plaisir** procède d'« une perfection de l'acte », et comme tel n'est séparable ni du bonheur ni de la vertu, mais en fait le plaisir s'ajoute « comme la beauté pour qui est dans la fleur de l'âge ». Autrement dit, le plaisir passe, tandis que le bonheur reste comme un imperdable bien, un (s)avoir acquis qui ne peut nous être ôté, tant que nous sommes en vie, puisqu'il est ce que nous sommes (devenus).

Savant, musicien, artisan, éducateur, notre imperdable bonheur est le talent que nous sommes et que nous avons parfois le plaisir d'exercer.

■ La **vertu** est ainsi la rencontre d'une faculté, d'une disposition naturelle, et de l'habitude volontaire bonne.

Il s'agit donc de bien accomplir, de bien faire passer de la puissance à l'acte, ce plus qui est en nous, ce talent, cette faculté que nous avons par disposition naturelle ; en quelque sorte de devenir ce que nous sommes quand nous sommes raisonnables.

Mais l'homme peut mésuser de cette disposition naturelle au bien, au bonheur, par mauvaise volonté, par mauvaise habitude.

> *« Celui qui a lancé une pierre ne peut plus la reprendre; et cependant il dépendait de lui de la lancer ou de la laisser tomber, car le mouvement initial était en lui. Il en est de même pour l'homme injuste et le débauché qui pouvaient, au début, éviter de devenir tels : aussi le sont-ils volontairement; mais une fois qu'ils le sont devenus, ils ne peuvent plus ne pas l'être. (*Ethique à Nicomaque*).*

Il est encore une autre façon de mésuser de cette disposition naturelle au bien, en agissant par excès ou par défaut, c'est-à-dire en ne respectant pas la mesure, le **juste milieu**.

Aristote considère que la vertu est un bien s'écartant de ce qui le vicierait, ou par excès, ou par défaut. Ainsi, le courage est le juste milieu entre la témérité qui le vicie par excès (c'est un courage sans prudence) et la lâcheté qui le vicie par défaut (c'est un courage sans générosité ou sans fermeté). De même, on peut montrer que la tempérance est le juste milieu entre la débauche et l'insensibilité, la libéralité un juste milieu entre prodigalité et avarice.

En somme, le juste milieu serait cet élan vers le meilleur possible qui tienne compte et des passions (qui font partie de notre nature) et de la raison (sa part la plus haute) qui les doit diriger et en faire bon usage, comme aussi des différences qui existent entre les êtres et les situations.

C'est ainsi que la justice, vertu par excellence, établit entre les êtres un «juste milieu» proportionnel. En effet, dans l'injustice l'un a trop et l'autre trop peu (ou pas du tout). Pour réparer cette situation, il faut se garder d'une vision «égalitariste» (la même chose pour chacun) et considérer la justice selon sa fonction distributive : à chacun selon ses mérites et ses besoins propres (celui qui travaille plus a droit à plus de biens; les besoins alimentaires d'un bébé ne sont pas les mêmes que ceux d'un travailleur).

De même pour les peines qu'il s'agit de proportionner aux torts commis et à l'intention de mal faire, et non d'appliquer mécaniquement. C'est au fond **l'équité**, cette règle de plomb malléable, qui épouse la courbure du mur pierreux, qui doit tempérer ce qu'aurait de trop rigide une justice absolue. Comme le disait Cicéron : «à suprême justice, suprême injustice» (*summum jus, summa injuria*). Bien sûr, l'équité n'est pas supérieure à la justice absolue en tant que telle, mais supérieure à toute justice qui prétendrait se prononcer en termes absolus.

C'est dire d'une autre façon que cette justice absolue étant toujours difficile à établir, et qu'une trop grande rigueur risquant de dépasser la mesure, le juste milieu, il vaut mieux, en définitive, courir le risque d'être victime d'une injustice que celui de la commettre.

*L'action injuste comporte deux extrêmes : l'un d'eux, le moindre, consiste à subir l'injustice; l'autre, le plus grave, à la commettre. (*Ethique de Nicomaque*).*

Subir l'injustice plutôt que de la commettre, voilà le garde-fou de toute justice; proportionner les mérites, les besoins et les peines, voilà son fonctionnement selon la règle souple de l'équité.

Nous attelant à cette tâche d'acquérir par réflexion de bonnes habitudes volontaires (vertus), nous atteindrons alors un bonheur tranquille qui sera à la mesure même de ce qu'il y a de plus divin en nous : notre faculté de connaître, méditer, contempler.

*Plus notre faculté de contempler se développe, plus se développent nos possibilités de bonheur et cela, non par accident, mais en vertu même de la nature de la contemplation. Celle-ci est précieuse par elle-même, si bien que le bonheur, pourrait-on dire, est une espèce de contemplation. (*Ethique de Nicomaque*).*

«L'homme est par nature un animal politique»

*Les hommes ne s'associent pas en vue de la seule existence matérielle, mais plutôt en vue de la vie heureuse, car autrement une collectivité d'esclaves ou d'animaux serait un Etat, alors qu'en réalité c'est là une chose impossible, parce que ces êtres n'ont aucune participation au bonheur ni à la vie fondée sur une volonté libre. (*La Politique*).*

L'Etat, c'est la communauté du bien-vivre et pour les familles et pour les groupements de familles, en vue d'une vie parfaite et qui se suffise à elle-même. (id.)

Fidèle à sa démarche du juste milieu, écartant à la fois l'excès et le manque, Aristote recherche dans la politique quel pourrait bien être le gouvernement le meilleur, étant posé ce bien-vivre commun qui en est la raison d'être. Il en vient à délimiter les trois formes pures de gouvernement : **le monarchique** (le pouvoir est confié à un seul), **l'aristocratique** (à une minorité de meilleurs), **le républicain** (au plus grand nombre).

Aucun de ces régimes n'est préférable en soi, car des considérations de caractère national, de climat, d'étendue, interviennent dans le choix à faire. Néanmoins, ces trois formes de gouvernement ne sont bonnes que pour autant que le bien commun en reste la raison d'être, et que nul excès ou manque n'en vicie l'exercice. Ainsi, une monarchie qui perdrait de vue le bien commun se dégrade en tyrannie, comme une aristocratie se corrompt en oligarchie, et une république en démocratie hostile aux riches.

Si la préférence d'Aristote, tout compte fait, va à la république c'est parce qu'elle représente en quelque sorte le modèle même du juste milieu, une sorte d'égalité relative, une construction équitable.

En passant, remarquons tout de même que les relations entre le mari et la femme, le père et les enfants, le maître et l'esclave, relations qui constituent en quelque sorte un champ que l'Etat ordonne mais ne produit pas, même si elles nous semblent aujourd'hui injustes à plus d'un titre, n'en étaient pas moins accordées aux possibilités économiques de l'époque (comme le disait Aristote, les navettes ne tissent pas d'elles-mêmes) et en tout cas tempérées par l'équité. C'est peut-être ce qu'on pourrait tirer, à juste titre, de ce texte d'Aristote :

> *Il existe une certaine communauté d'intérêt et d'amitié entre maître et esclave, quand leur position respective est due à la volonté de la nature ; mais s'il n'en a pas été ainsi, et que leurs rapports reposent sur la loi et la violence, c'est tout le contraire qui a lieu. (*La Politique*).*

Le Poétique

Nous ne pouvons achever ce survol de l'œuvre d'Aristote sans signaler au moins son «manifeste esthétique» : *Le Poétique*, qui ne nous est pas parvenu en son entier.

Toute œuvre artistique est pour Aristote une «imitation» de la réalité sensible dont elle saisit la «forme», une re-création de la vie, de l'acte. C'est dire autrement que l'œuvre ne vaut que pour autant que la forme qu'elle imite soit bien rendue, recréée selon un art de faire dont Aristote dégage les lois et dont, quelques siècles plus tard, le théâtre classique français s'inspirera avec ses trois unités de temps, de lieu et d'action.

C'est d'ailleurs pour cette raison d'unité essentielle qu'Aristote peut dire :

> *La poésie est plus philosophique et d'un caractère plus élevé que l'histoire; car la poésie raconte plutôt le général, l'histoire, le particulier.*

Pour l'essentiel, quoique avec d'autres mots, en parle-t-on différemment aujourd'hui?

C'est aussi en vertu de cela que l'art, et singulièrement la tragédie, art par excellence pour Aristote, est capable de produire la «purification» (*catharsis*) de nos passions, au lieu de les attiser ou de les susciter comme pensait Platon.

L'interprétation la plus probable de la *catharsis* est que celle-ci purifie nos passions en leur permettant de s'exprimer sur le mode de l'imaginaire. On peut de même tenter d'y voir encore un «juste milieu» qui s'écarte tout autant de la sublimation (purification sans sensibilité) que de la sentimentalité (purification sans réflexion) pour s'élever vers ce qui n'est ni une moyenne, ni un «milieu» mais en quelque sorte une contemplation sereine et désintéressée, encore une fois le «juste milieu».

Les œuvres d'Aristote

L'œuvre d'Aristote ([38]) se compose en gros d'une petite quarantaine de titres que l'on pourrait classer comme suit :

1. *Organon* (instrument), désigne l'ensemble des traités logiques (6 titres).
2. *Œuvres sur la Nature* (Physique, Traité du Ciel, Histoire des Animaux... une vingtaine de titres parmi lesquels il y a même un petit traité sur l'interprétation des songes).
3. *Métaphysique* (un titre mais 14 livres).
4. *Œuvres sur l'éthique* (Ethique à Nicomaque, Ethique à Eudème, Grande Morale).
5. *La Politique*
6. *Le Poétique, La Rhétorique*.

Les cyniques ou les « Philosophes-chiens »

Le terme de cynique vient du mot grec *kuôn*, chien, animal qui non seulement mange, défèque et s'accouple avec une « simplicité animale » que n'entrave aucune convention sociale de bienséance, mais encore aboie et mord.

Métaphoriquement, le Cynique aboie contre l'hypocrisie et le snobisme de tous les puissants, et mord à belles dents les baudruches tant de la superstition et du conformisme, que de la prétendue science et du plaisir.

Le Cynique ne s'encombre pas d'un bagage inutile, il se libère de toute cette démangeaison folle de richesses, honneurs, plaisir, science. Il se suffit à soi-même, mesurant son appétit à l'immédiateté de la satisfaction la plus simple. En cela, il annonce déjà la frugalité épicurienne et l'impassibilité stoïcienne.

Cheveux longs, s'il en a, barbu, couvert été comme hiver de bure, à la fois vêtement et couverture, n'ayant pour se défendre et s'aider qu'un bâton, portant besace où contenir le strict nécessaire, le Cynique se porte lui-même en marchant où ses pas le conduisent, car rien ne le retient, ni femme, ni enfants, et encore moins la patrie dont les lois l'indiffèrent, lui, le cosmopolite. Pourquoi d'ailleurs irait-il perdre sa sagesse pour se rendre utile aux sots et participer à leurs folies, alors qu'ils sont esclaves de leurs passions et des fadaises qui farcissent leur âme, esclavage intérieur pire que tout autre.

Le Cynique se suffit à lui-même, accepte librement la nécessité naturelle qu'il assume avec sérénité, et ne se considère philosophe que pour autant qu'il puisse converser avec soi-même.

S'il lui faut un patron, il n'en voit qu'un seul dont le courage lui plaise et mérite qu'on s'en inspire : Hercule, ce dieu bâtard, élevé à la dure, dont tout l'effort tendit à libérer les pauvres gens de la tyrannie des puissants et de celle de forces encore indomptées.

Contre le faux-semblant de la culture, les désordres de la société, les mystifications en cascade qu'elles entraînent, le Cynique ne cessera d'«aboyer». **Pour une vie authentiquement naturelle, libre, individualiste, frugale, ascétique, cosmopolite**, le Cynique ne cessera de témoigner par sa vie même.

Antisthène *444-365*

Né de père grec et de mère «barbare» (Thrace), il était «demi-grec» ou si l'on préfère Athénien, d'origine moins «limpide» que celle d'autres, nés de deux parents grecs. Le racisme imbécile (mais tout racisme est toujours imbécile) de ceux qui lui reprochaient de n'être pas «bien né» leur valut cette réponse narquoise : «vous n'êtes pas plus nobles que les escargots» (tout aussi autochtones que vous!).

Son scepticisme est ultra-radical puisque, en dehors de la **tautologie** A=A (l'homme est homme, le bon est bon), on ne peut rien dire. On ne peut donc que nommer les choses, puisque les définir reviendrait à leur attribuer un prédicat (A=B. Par exemple : l'homme est un animal raisonnable).

Antisthène rejette donc toute dialectique, toute logique autre que tautologique, toute physique. Seule l'éthique qui s'occupe des actes est légitime, non pas l'étude et le discours.

L'éthique consiste pour lui en **la sagesse vertueuse** de qui se déclare citoyen du monde (l'homme est homme, c'est-à-dire de nulle part), se contente de peu puisqu'il n'a besoin que de peu, s'étant libéré des passions, des richesses, des honneurs. Il peine pour s'en libérer, mais cet effort même est la vertu. Totalement libéré, il accomplit le tout de la vertu. Epinglons une maxime et une anecdote.

La vertu est avare de mots; le vice, lui, bavarde sans fin.

On lui demandait ce qu'il enseignerait à son fils. Antisthène répondit : « La philosophie, s'il doit vivre en compagnie des dieux, la rhétorique, s'il vit avec les hommes.

Diogène, le cynique *413-327*

Connu sous le sobriquet de *chien*. Si Socrate était un taon qui pique, Diogène est un chien qui aboie et mord. Corinthe où il mourut éleva en son honneur une colonne surmontée d'un chien.

Venu à Athènes à la suite de la peine d'exil qui frappa son père, banquier mais faux-monnayeur ([39]), Diogène devint le disciple d'Antisthène malgré les coups de bâton de ce dernier qui ne désirait plus d'« auditeur » et tenta ainsi de le dissuader de s'accrocher à lui. Peine perdue. Antisthène reconnut en Diogène une individualité de la même trempe que la sienne. Diogène continua donc l'œuvre « informelle » de son maître et lui succéda à la tête de cette « école » de plein air qui n'avait rien d'un lieu de cours et de discours.

Voyant un jour un enfant boire au creux de sa main, il brisa son écuelle, disant : « cet enfant m'apprend que je conserve encore du superflu ».

Un jour, à midi, on le vit se promenant dans les rues d'Athènes, une lanterne sourde à la main. A ceux qui s'en intriguaient, il répondit : « je cherche un homme ».

A la fin de sa vie, vivant à Corinthe dans un tonneau, il aurait répondu à Alexandre qui, campé devant lui, lui demandait ce qui pourrait lui faire plaisir : « que tu t'ôtes de mon soleil » (ou encore : « arrête de me faire de l'ombre »).

Maximes et anecdotes

Certains lui disaient : « Tu es âgé : dorénavant, prends un peu de repos ». — « Eh quoi ! fit-il, si je courais le long du stade, devrais-je me relâcher près de la ligne d'arrivée ? Ne devrais-je pas plutôt accélérer ? »

Quelqu'un lui demandait à quelle heure il fallait dîner. Il répondit : « Si tu es riche, quand tu veux ; si tu es pauvre, quand tu peux ».

Un jour, au marché, il se masturbait en disant : « Ah ! si seulement on pouvait apaiser sa faim en se frottant ainsi l'estomac ! »

« Qu'as-tu gagné à faire de la philosophie ? » lui demandait-on. — « Au moins ceci, sinon rien d'autre : je suis prêt à toute éventualité ».

Quelqu'un lui reprochait de fréquenter des endroits infâmes ; il eut cette réponse : « Le soleil pénètre bien dans les latrines sans en être souillé ! »

« Vous ne prêtez aucune attention à ce que vous faites en état de veille, mais vous examinez avec attention les fantaisies qui vous viennent en dormant ».

La pauvreté, selon Diogène, est, pour la philosophie, une aide qu'on n'apprend pas dans les livres : ce que la philosophie tente d'inculquer par des discours, la pauvreté, par les faits, contraint l'esprit à le saisir.

Quelqu'un le blâmait d'être pauvre. « Misérable ! lui dit Diogène, tu as pourtant vu bien des gens accéder à la tyrannie à cause de la richesse, mais jamais à force de pauvreté ».

Face à l'hypocrisie des conventions, aux mystifications multiples, aux désordres dont il n'est pas besoin de faire l'inventaire, car ils sont à portée de vue, le Cynique aura toujours raison de les dénoncer, d'aboyer et de mordre. Quant aux remèdes qui sont les siens (ascétisme, effort, «naturisme»), qu'on en pense ce qu'on veut, mais ce sont remèdes dont la «violence» s'exerce sur celui qui se les administre et non sur autrui. En cela, le cynisme est aussi une école pacifique. Qu'il soit sage pour le cynique de s'abstenir d'avoir femme, enfants (tout comme patrie, maison, richesses...) et au cas où famille il y a, de s'en détacher par effort mutuel d'auto-suffisance, marque à la fois la radicalité du projet et sa pertinence pour toute situation où il s'agit encore et toujours d'aller au plus simple, au plus «naturel». Il a raison de dire non, même si son oui n'en découle pas, pour nous qui acceptons sa critique mais non tous ses «remèdes».

La philosophie hellénistique

A la mort d'Alexandre le Grand (323), laquelle, rappelons-le, précède d'un an la mort d'Aristote, son «empire» fut disputé et démembré entre ses lieutenants. Au bout d'une lutte de quarante ans, le partage qui en résulta (Egypte, Syrie, Macédoine et Grèce) n'empêcha pas l'hellénisation sinon des peuples — le projet impérial d'Alexandre souhaitait une fusion des Grecs et des non-Grecs — du moins de leurs élites locales. Si bien que pour cette époque qui va de la mort d'Alexandre à la conquête romaine on parle de civilisation hellénistique, laquelle se caractérise essentiellement par la rencontre de l'hellénisme (la civilisation grecque) et de son classicisme «athénien» déjà en perte de vitesse, avec l'Orient commerçant et dynamique, concret et mystique. Que l'on pense que des villes comme Alexandrie (Egypte), fondée par Alexandre, ou encore Pergame, capitale d'un royaume hellénistique, ou Antioche ([40]), capitale du royaume de Syrie, avaient une population dépassant le demi-million d'habitants.

Tandis qu'Euclide d'Alexandrie (330-270) fonde la géométrie et qu'Archimède de Syracuse ([41]) fonde la science expérimentale, c'est d'éthique essentiellement, sinon exclusivement, que s'occupent les philosophes des écoles épicurienne, stoïcienne, sceptique, dont nous allons maintenant dire quelques mots.

Epicure *341-270*

Fils d'un maître d'école, Epicure suivit à Athènes l'enseignement de l'Académie et probablement aussi du Lycée. Il se mit à enseigner lui-même à l'âge de trente ans, à

Athènes, une communauté d'amis. Il avait acheté un jardin, qu'il cultivait lui-même, où il donnait ses leçons dans un climat de conversation amicale, et c'est sous ce nom de Jardin qu'est parfois désignée l'Ecole.

Il fut un homme doux, calme, frugal, et intrépide devant la souffrance. Il mourut avec beaucoup de sérénité au terme d'une longue maladie. Des quelque trois cents volumes qu'on lui prête avoir écrit, il ne nous reste que quelques fragments (une quarantaine; des sentences pour la plupart) et trois lettres.

■ Epicure n'a cure des abstractions et des exercices de haute voltige conceptuelle. Pour lui, tout est affaire d'évidence, laquelle est à base de **sensations** — sans fioritures conceptuelles —, d'**anticipations** — qui nous permettent, en fonction de sensations déjà éprouvées, de nous adapter hic et nunc —, d'**affections** — qui nous renseignent tant sur le plaisir que sur la douleur et guident le bon usage que nous en ferons. Ici-bas, ici et maintenant.

Quant à la nature elle s'explique d'elle-même. Le monde suit son cours déterminé. Il se fait et se défait comme nos sens le constatent. Néanmoins, Epicure affirme, à la suite de Démocrite, qu'en dernière analyse le monde est composé d'atomes, ces particules insécables, immuables et éternelles. Tout le reste est mortel même notre âme, faite d'atomes plus subtils.

Cela étant, il n'y a rien à redouter ou craindre, et certainement pas la mort, car aussi longtemps que je vis, la mort n'est point là; et lorsqu'elle survient, c'est moi qui n'y suis plus.

Des dieux non plus il n'y a rien à craindre, car, indifférents aux hommes, ils vivent parfaitement heureux dans leur «inter-monde». Et quant à la souffrance il faut savoir que :

> *Les grandes souffrances te font périr en peu de temps et les souffrances qui durent ne sont pas grandes. (fragment).*

Mais c'est pour son éthique qu'Epicure est surtout connu,

malheureusement presque pour le contraire de ce qu'il a dit, si bien que l'épicurisme au sens populaire, mais faux, de ce terme, n'a rien de commun avec la pensée d'Epicure. En effet, l'épicurisme est très différent, et presque le contraire, d'un *hédonisme* ([42]).

■ **Le bonheur** pour Epicure consiste d'abord à se suffire à soi-même :

> *Quand on se suffit à soi-même, on arrive à posséder ce bien inestimable qu'est la liberté.*

Ensuite, à se tenir plutôt à l'écart de toute l'agitation, source de troubles et conflits, du monde. D'où cette maxime :

> *Pour vivre heureux vivons cachés.*

Déjà cette attitude de base produit un état de bien-être, comme on dirait aujourd'hui «être bien dans sa peau», n'être pas troublé, connaître ce bienheureux état d'ataraxie, de non-trouble. Donc ni «fureur de vivre» ni dolce vita trépidante, car :

> *C'est la pensée sobre qui fait la vie agréable et non la jouissance des femmes et les tables somptueuses.*

> *Mon corps est saturé de plaisir quand j'ai du pain et de l'eau.*

Il importe, pour que l'homme jouisse de cet état de non-trouble, d'*ataraxie*, qu'il apprenne à régler ses désirs selon la nature et à se suffire de ceux qui sont nécessaires.

> *Parmi les désirs, les uns sont naturels et nécessaires, les autres naturels et non nécessaires, et les autres ni naturels ni nécessaires, mais l'effet d'opinions creuses.*

Que l'homme sache ainsi rechercher les plaisirs paisibles et nécessaires, plutôt que ceux qu'inspirent les désirs naturels, mais trop «mouvementés» de la table et du lit, et refuse les désirs inutiles de la richesse et des honneurs.

Qu'il sache aussi accepter la douleur nécessaire en se remémorant le plaisir de vivre.

> *Tout plaisir est, de par sa nature même, un bien, mais tout plaisir ne doit pas être recherché; pareillement toute douleur est un mal, mais toute douleur ne doit pas être évitée à tout prix.*

Comme on est loin, avec ces maximes du « bon usage de la frugalité », de l'image de marque traditionnelle de l'épicurien : un jouisseur, un gastronome, ou encore de celle de la tradition juive rabbinique (et plus tard laïquement yddishiste) d'un mécréant sans foi ni loi.

■ Rendons à Epicure ce qui est à Epicure : **le plaisir est dans la sobriété, le bonheur dans l'ataraxie, la souffrance toujours supportable, la mort hors les sens, les dieux hors notre vie.**([43])

Le stoïcisme

Le stoïcisme constitue une aventure spirituelle qui s'étend sur cinq siècles, de Zénon de Cittium (335-264) à Marc-Aurèle, empereur (121-180). C'est dire qu'il a varié et selon les hommes et selon les époques. Nous plaçons en appendice de ce chapitre sur la philosophie hellénistique les quelques mots que nous dirons sur la philosophie romaine qui s'est inspirée, à sa manière, des divers courants de la philosophie hellénistique et donc aussi du stoïcisme.

Pour l'heure, nous distinguons un stoïcisme originaire, celui de Zénon, de Cléanthe et de Chrysippe, d'un stoïcisme postérieur, qu'on appelle le stoïcisme moyen, celui de Panétius et de Posidonius. Le stoïcisme impérial (romain), celui d'Epictète et de Marc-Aurèle étant reporté à l'appendice.

ZÉNON DE CITTIUM *335-264*

Fils d'un riche commerçant d'origine phénicienne, il vint à Athènes à l'âge de vingt ans. Il fut l'élève de Cratès de Thèbes, un «cynique», et de Xénocrate, directeur en ce temps de l'Académie (l'Ecole fondée par Platon). Il créa sa propre école appelée le Portique (*stoa*, en grec; d'où stoïcien) car il enseignait sous le Portique Poecile à Athènes.

Seuls les titres de ses œuvres nous sont conservés ([44]) ainsi que quelques fragments disséminés dans les ouvrages des compilateurs.

CLÉANTHE

331-232

D'une force herculéenne, il exerça, paraît-il, le métier de boxeur, puis celui de puiseur d'eau dans les jardins. Métier qu'il exerçait la nuit pour pouvoir, le jour, se consacrer à l'étude. Trop pauvre pour s'acheter des tablettes de cire, il écrivait sur des omoplates de bœufs.

Zénon, admirant sa force tranquille, en fit, alors qu'il avait soixante ans, le maître de l'Ecole qu'il avait fondée. Il mourut quasi centenaire.

Il nous reste de lui quelques fragments d'un *Hymne à Zeus*, où Dieu est comparé à un «feu artiste qui procède méthodiquement à la production des choses et à qui obéit le monde».

CHRYSIPPE

280-206

Surnommé «la colonne du Portique», il fut, dit-on, coureur à pied et tirait le diable par la queue. Ce qui ne l'a pas empêché de composer plus de sept cents ouvrages, dont il ne nous reste que quelques fragments. Epinglons de lui cette sentence : *Vivre selon la nature équivaut à vivre conformément à l'expérience des choses qui arrivent naturellement.*

Il devait aussi aimer plaisanter, car il est mort de rire à septante-quatre ans, au spectacle d'un âne à qui, sur sa demande, une vieille femme donnait du vin à boire.

«Le destin conduit celui qui veut, il traîne celui qui ne veut pas»*

Pour les stoïciens, tout est corporel, sauf le temps, l'espace, le vide et le discours (ce-dont-on-parle). En re-

* Maxime attribuée à Cleanthe par Sénèque.

vanche, tout est corps et tout fait corps. Toute action se passe entre corps, et de même la connaissance est une opération corporelle comme ce qu'elle connaît. La matière est vivante et divine et Dieu aussi est cette matière. Dieu se confond avec l'âme du monde, avec le Logos (raison) universel qui est la raison commune de toutes ses parties, et dont chaque âme est une parcelle ignée.

Dieu est aussi Providence qui pourvoit à l'harmonie du Grand Tout ; et Destin, qui en exprime la nécessité ; et Eternel Retour qui en exprime le caractère répétitif et éternel, à telle enseigne que Socrate, Platon et Aristote revivront encore une infinité de fois, avec les mêmes amis et les mêmes contemporains, car le temps est l'image de l'éternité !

■ Tout **le rôle dévolu à l'homme**, ce vivant raisonnable, **est de ne pas contrarier ce qui est à la fois providence, destin, harmonie nécessaire**, et donc de ne pas renâcler sous le harnais d'une fatalité qui réclame de lui son concours ; suivre la nature où tout contribue à l'harmonie, sauf les mouvements désordonnés de qui prétend la contrarier.

Il faut donc cultiver cette apathie qui est refus de la passion (en ce qu'elle est téméraire aventure égoïste) pour entrer en **sympathie universelle**. Mettre en harmonie la vie de l'homme et celle du monde, c'est cultiver le sentiment de la nécessité comme sympathie universelle, car l'ordre du monde est distribué jusque dans chacune de ses parties.

Méditer, c'est comprendre les raisons de l'harmonie universelle jusque dans ses aspects apparemment les plus repoussants ou effrayants ; agir, c'est concourir à cette harmonie.

Acquiesçant à sa nature en tant qu'elle exprime la nature universelle, le logos, le destin, l'homme acquiesce sagement, au contraire du fol qui, suivant ses passions, vicie son jugement, rend malade son âme, et affecte son corps ; ou qui, croyant remédier au désordre par une intervention intempestive, ne fait que l'aggraver.

Car, en définitive, mieux vaut sauver sa vie en la perdant qu'espérer illusoirement la sauver par une activité qu'inspire la passion. Tout se passe comme si, au nom même d'une sympathie universelle, la prudence et l'apathie valent mieux que toute passion, par essence partielle et partisane.

Point pourtant de règles abstraites ou de devoirs imposés par les lois, mais une conduite inspirée, selon la nature, par une sympathie universelle qui n'hésite pas pourtant à recourir à la «correction fraternelle», telle qu'en fait foi cette anecdote malicieuse rapportée par Diogène Laërce :

> *Son esclave volait, il lui donna le fouet. L'autre lui dit : «c'est mon destin qui m'a poussé à voler». — «Et à être battu aussi», dit Zénon.*

D'ailleurs, à y bien réfléchir, même dans le sens populaire de courage devant la souffrance que revêt l'adjectif stoïque, il y a quelque chose qui l'apparente au stoïcisme authentique pour qui, négliger la souffrance, c'est encore et toujours acquiescer à la vie. Prendre part, en quelque sorte, à la souffrance du monde au nom même de cette sympathie universelle à quoi finalement la mort nous amène et nous restitue pleinement, en ne nous séparant plus de rien.

■ **Remarque**. Nous avons volontairement omis dans cette brève présentation du stoïcisme toute la richesse de sa logique formelle et de sa rhétorique qui, redécouvertes aujourd'hui, offrent un immense intérêt pour quiconque s'intéresse au langage, à la logique, et aux différences entre la logique et la dialectique de Platon et Aristote et celle des stoïciens. Quant aux thèmes de la sensation et même de la moralité, ils ne sont ici qu'esquissés à grands traits.

LE STOÏCISME MOYEN

Panétios de Rhodes (Rhodes, 180 -Athènes, 110) et son disciple **Posidonios** (Apamée, Syrie, 135 -Rome, 50), furent les continuateurs «revisionistes» du stoïcisme ancien. Il est intéressant de savoir que Panétios étudia à Pergame et à Athènes et qu'il se rendit aussi à Rome, et que Posidonios voyagea beaucoup tant en Afrique du Nord, qu'en Espagne et en Gaule, et qu'à Rome il eut comme auditeur Cicéron. Ce qui explique par ailleurs comment le stoïcisme se latinisa.

Avec ces philosophes, le stoïcisme devient plus «éclectique» en ce qu'il s'incorpore quelques éléments et du platonisme et de l'aristotélisme, comme aussi, surtout avec Posidonios, plus encyclopédique quant au champ du savoir scientifique.

Quant à l'éthique, cette «âme de la philosophie», selon les stoïciens, elle demeure sans doute fidèle, en partie, à l'esprit des pères fondateurs, mais tout de même beaucoup plus aristocratique qu'universelle. A refuser de s'occuper du politique et du social pour rester dans le «moral» ainsi que l'exigeait le stoïcisme ancien, il arrive sans doute un moment où le réel se venge et où le monarque éclairé, l'aristocratie ou les lois viennent se rappeler au souvenir de qui voulait n'en point tenir compte.

Le scepticisme

Face à ceux qui affirment plus qu'ils ne prouvent, ce qui est au fond le propre de tous les dogmatismes — et tout système élaboré, sauf à se critiquer lui-même, est toujours soit un dogmatisme franc, soit un dogmatisme mou — il en est qui, soit n'affirment que dans la mesure qu'ils prouvent (et c'est en quelque sorte le relativisme scientifique moderne), soit se refusent à toute affirmation, étant donné que celle-ci est toujours sujette à caution, et à la limite improuvable, indécidable.

Il convient donc de **suspendre son jugement** et de **toujours rester dans le doute**, du moins quant à ce qui ne va pas de soi, ce qui n'est pas évident.

Il n'y a évidemment pas à douter des évidences premières, comme le fait de manger, de boire, de respirer, etc... mais quant à dire que ce qu'on mange «est» bon, copieux, ou que la forme est ceci et l'idée cela, le bien ceci et le mal cela, il ne s'agit là en rien d'évidence sensible, mais d'obscurité et d'incertitude qu'on ne peut lever.

PYRRHON D'ELIS *365-275*

Contemporain de Zénon et d'Epicure, il avait suivi Alexandre en Asie. Il y avait côtoyé les sages hindous, que les Grecs appellent gymnosophistes (les sages nus), dont l'ascétisme ([45]) l'avait vivement impressionné. C'est lui qui, le premier, formula la règle de suspendre son jugement, car la définition est impossible (les mots qui servent à définir devraient d'abord être définis, et ainsi de suite, par régression, jusqu'à l'infini) et par voie de conséquence il n'y a rien de compréhensible.

Il y a certes des évidences sensibles premières, mais c'est tout. Aucun jugement en oui ou en non, en pour ou en contre n'est possible en fonction de critères aussi illusoires que l'apparence, aussi inconsistants que la spéculation théorique.

Il n'y a donc non seulement ni Bien en soi, ni Mal en soi, mais même pas d'opinions possibles sur de tels sujets. Il n'empêche qu'il convient de respecter les lois et les coutumes, mais avec impassibilité et indifférence, tout comme on respire. En définitive, éliminer la souffrance se fait à la fois en ne croyant pas que ce qui nous arrive est un mal, comme en ne croyant pas qu'on puisse être privé d'un bien. Tout cela est illusoire et nous empêche d'atteindre à l'impassibilité du sage. Impassibilité qui s'obtient par **apathie** (ne rien ressentir), par **ataraxie** (n'être troublé par rien), **aphasie** (ne rien dire), lesquelles débouchent sur l'indifférence complète (**adiaphorie**).

Il semble bien que l'on ne puisse aller plus loin, et dans la négation de toute opinion, et dans l'impassibilité silencieuse.

Cette résignation radicale n'est peut-être pas sans grandeur, mais on peut à bon droit se demander si vivre ainsi, c'est vivre !

Qu'une telle « sainteté folle » n'ait pas produit beaucoup d'imitateurs, encore moins de continuateurs, qui en douterait ?

Les sceptiques suivants ne peuvent être que moins radicaux.

ARCÉSILAS *316-241*

Venu à Athènes de sa province d'Asie, il connut sans doute Pyrrhon, mais il fut aussi l'élève d'un disciple d'Aristote. Il était poète et rhéteur, et très riche à ce qu'on dit. Il devint le directeur de la Nouvelle Académie qu'il fonda, et, par là, renoua sans doute avec la tradition d'un Socrate déclarant ne rien savoir, comme aussi avec le Platon des dialogues socratiques qui laissait entendre où était la difficulté mais sans parvenir à la résoudre.

Par ailleurs, il refuse le critère du sensible comme point de départ valable pour la science — tel que le pensaient les épicuriens — comme aussi le critère de vérité des stoïciens, pour qui certaines représentations sont de saisie plus «ferme» («compréhensive» comme une main qui se ferme par rapport à une main étendue) que d'autres.

Pour lui, tout cela est dogmatisme qui, d'ailleurs, ne parvient pas à rendre compte des illusions des sens, du rêve, de la folie ou de l'ivresse. Pourtant la morale, l'action, exige un critère qui permette de lever l'incertitude dans laquelle nous sommes. Mais l'incertitude ne peut être levée complètement, c'est dire autrement qu'elle reste rédhibitoire.

Tout ce qu'il est possible de faire, c'est de combattre l'assurance usurpée et des stoïciens et des épicuriens et de se rabattre sur le raisonnable, le plus probable. Il semble bien, en ce cas, que **la prudence est le critère le meilleur** dont nous disposons pour juger et de nos devoirs et de notre possible accès au bonheur.

CARNÉADE *215-129*

Successeur d'Arcésilas à la Nouvelle Académie, il est le type même du savant distrait et peu soigneux de sa personne, mais dont la parole rayonne comme d'un feu intérieur. Son éloquence d'ailleurs lui valut de mériter la reconnaissance de ses concitoyens quand il plaida la cause d'Athènes devant le Sénat romain qu'il séduisit. Il était, comme on dit aujourd'hui, «imbattable», et Cicéron dit de lui qu'en tout débat d'idées toujours il triompha et jamais ne fut battu.

Comme Arcésilas, il conteste tant la représentation compréhensive des stoïciens que la représentation sensible des épicuriens. On le tient pour le père de l'Ecole **probabiliste**. S'il est vrai, selon celle-ci, que le sage n'affirme rien, ce n'est pas une raison pour qu'il ne préfère pas ceci à cela. C'est dire, en d'autres termes, qu'il existe, au point de vue de l'action, d'une part, un point de vue subjectif et pas de point de vue objectif et, d'autre part, que subjectivement toute action est raisonnable qui s'assure du plus probable, qui est la plus prudente.

Par ailleurs, si le sage n'affirme rien, ce n'est pas une raison pour qu'il ne juge pas ceci plus probable que cela. Ainsi, il est plus probable que ceci soit une corde plutôt qu'un serpent. Un examen attentif permettra de m'en assurer. Mais si le temps presse, comme toujours quand il s'agit d'agir, et rend donc l'examen prudent impossible, il vaut mieux ne pas se préoccuper d'objectivité incertaine ou probable, mais fuir raisonnablement.

Le sophisme du «Menteur»

Attaquant la dialectique d'Aristote, Carnéade utilise le fameux sophisme du menteur que tout le monde connaît.

Epiménide, le Crétois, dit que les Crétois sont des menteurs. Or, Epiménide est un Crétois, donc un menteur. Mais s'il ment en disant que les Crétois sont des menteurs, donc les Crétois ne sont pas des menteurs, donc il dit vrai, donc...

Cet argument construit en syllogisme donnerait ceci :

Tous les Crétois sont des menteurs.
Or, Epiménide est un Crétois.
Donc Epiménide est un menteur.

Or, nous avons vu* qu'étant donné la majeure fausse (tous les Crétois ne sont pas des menteurs; menteur ne peut s'appliquer comme attribut — prédicat — à tous les Crétois, car il est un concepts accidentel et non essentiel, qui ne peut être étendu à tous mais est dans la compréhension de quelques-uns), la conclusion est fausse.

Le raisonnement «correct» eût été :

Quelques Crétois sont menteurs.
Or Epiménide est Crétois.

Hélas, de telles prémisses on ne peut rien tirer comme conclusion valide, puisque la conclusion qui s'impose est

* Voir le syllogisme aristotélicien.

double : soit qu'Epiménide appartient à l'ensemble des quelques Crétois menteurs, soit à l'ensemble des quelques Crétois qui ne sont pas menteurs.

Tout ceci pour dire que, s'il est possible (et sounaitable) de s'en prendre — quand il y a lieu — au dogmatisme aristotélicien, il y a des critiques qui ne sont pas pertinentes, car elles contestent du syllogisme (du moins dans l'exemple invoqué pour le contredire) ce qu'une meilleure lecture de sa nature aurait rendu inutile.

Nous dirons quelques mots sur le dernier représentant important du scepticisme, **Sextus Empiricus**, dans l'appendice consacré à la philosophie romaine.

Le miracle grec

Pythagore 14, 21
Thalès 13
Anaximandre 13
Anaximène 13
Héraclite 12
Anaxagore 10
Xénophane 11
Parménide 15
Zénon 25
Empédocle 23
Démocrite 16
Protagoras 16, 2
Gorgias 24, 2
Socrate 2
Platon 2, 20
Aristote 15, 2
Antisthène 2
Diogène 17, 2, 4
Epicure 2
Zénon 34, 2
Cléanthe 18, 2
Chrysippe 34, 2
Pyrrhon 5, 2
Arcesilas 2
Carnéade 34, 2

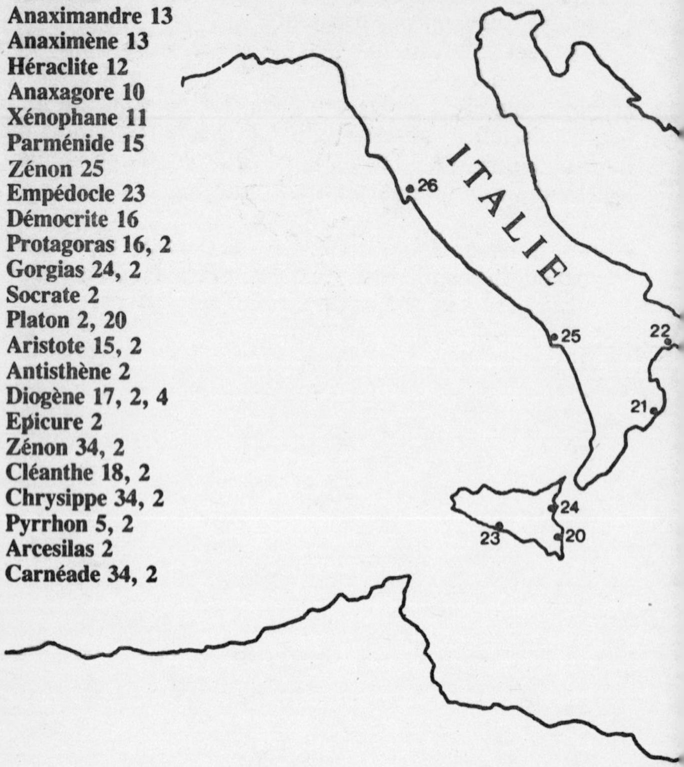

Grèce

1 DELPHES
2 ATHENES
3 MEGARE
4 CORINTHE
5 ELIS

Grèce d'Asie

10 CLAZOMENES
11 COLOPHON
12 EPHESE
13 MILET
14 SAMOS
15 STAGIRE
16 ABDERE
17 SINOPE
18 ASSOS

Grande Grèce *(Italie du Sud, colonie grecque)*

20 SYRACUSE
21 CROTONE
22 TARENTE
23 AGRIGENTE
24 LEONTIUM
25 ELEE
26 (ROME)

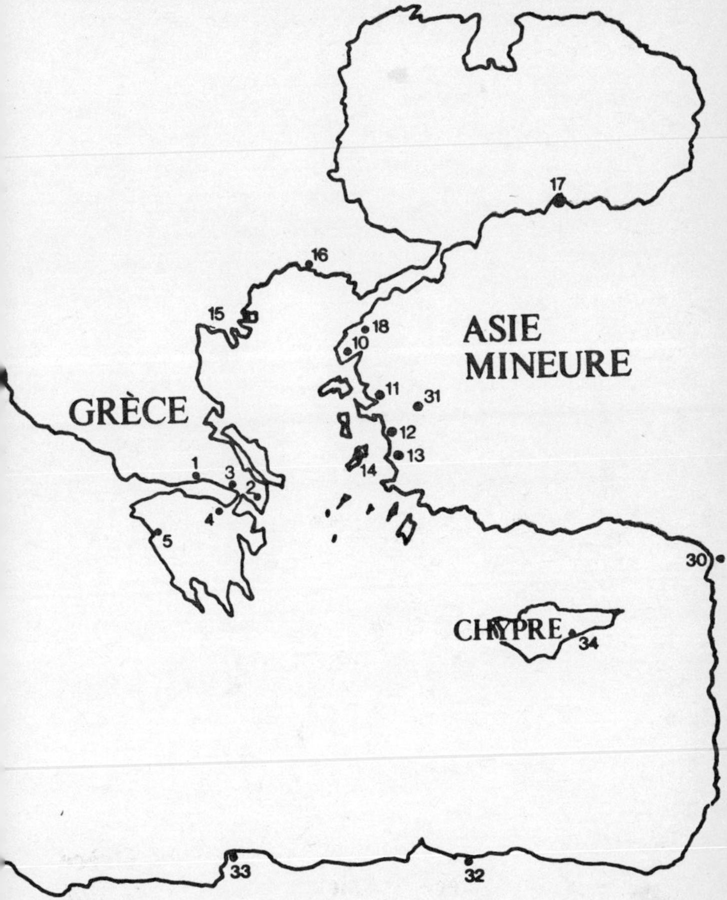

Epoque hellénistique

30 ANTIOCHE
31 PERGAME
32 ALEXANDRIE
33 CYRENE
34 CITIUM

La philosophie romaine

Il ne nous est pas possible, dans le cadre limité de ce survol, de montrer comment la philosophie grecque s'est latinisée, quelles ont été les voies empruntées et les personnes qui ont passé le relai. Rappelons-nous tout de même que plusieurs des pré-socratiques sont des Grecs du Sud de l'Italie ([46]), que Platon, Aristote s'y sont rendus, que la civilisation hellénique, et plus tard hellénistique, s'est répandue dans le bassin méditerranéen, et que la langue de cette civilisation était le grec.

Qu'il y ait donc une continuité certaine et une certaine continuité ne doit pas nous étonner. Retiendront notre attention : Lucrèce, l'épicurien, Sénèque, Epictète et Marc-Aurèle, les stoïciens, Sextus Empiricus, le sceptique, et Cicéron qu'il ne faut pas oublier, car son éclectisme n'est dénué ni de grandeur ni de pertinence.

Lucrèce *98-55*

Il est l'auteur du *De natura rerum* (De la nature des choses), épopée versifiée en six livres, qui allie à la fois l'esprit scientifique, l'inspiration poétique et la sérénité philosophique.

De sa vie nous ne savons quasi rien et s'il est mort jeune (quarante-trois ans), la légende veut qu'il se soit suicidé. Son message était tellement en désaccord avec la violence brutale, le désarroi panique, la superstition qui ensauvageaient la Rome de son époque qu'il resta longtemps inconnu et méconnu.

Disciple d'Epicure et de Démocrite il fait siennes les doctrines de l'**atomisme** et de l'**ataraxie**. Rien ne se crée, rien ne se perd, la pesanteur et une certaine «liberté» (*clinamen*, déclinaison, déviation spontanée) des atomes permettent leurs rencontres et leurs combinaisons; il ne faut rien craindre de ce qui arrive, car tout arrive naturellement.

Mais pour lui, non seulement, comme chez Epicure, les dieux n'interviennent pas dans les affaires des hommes, mais encore, le culte qu'on leur rend est néfaste — qui distrait l'homme de la vraie sérénité, l'affaiblit au lieu de le fortifier.

Que sous sa sérénité philosophique se devine un être écorché par l'infinie misère de l'homme, que ni l'amour ni l'amitié ne parviennent à arracher durablement à son indéfectible solitude, ne rend que plus poignante la forte tristesse qui sourd de son œuvre, malgré l'hymne à la raison libératrice qui la soutient par ailleurs.

> *Tant que l'objet que nous désirons n'est pas là, il nous paraît supérieur à tout; à peine est-il à nous, nous en voulons un autre et notre soif reste la même.*
>
> *Aucun malheur ne peut atteindre celui qui n'est plus; il ne diffère en rien de ce qu'il serait s'il n'était jamais né, puisque sa vie mortelle lui a été ravie par une mort immortelle.*
>
> *La piété, ce n'est pas se montrer à tout instant la tête voilée devant une pierre, ce n'est pas s'approcher de tous les autels, ce n'est pas se prosterner sur le sol la paume ouverte en face des statues divines, ce n'est pas arroser les autels du sang des animaux, ni ajouter les prières aux prières; mais c'est bien plutôt regarder toutes choses de ce monde avec sérénité.*

Cicéron *106-43*

Homme d'Etat et défenseur de la légalité, orateur brillant, Cicéron eut une vie fort mouvementée, qui se termina tragiquement par son assassinat, lequel sonna aussi le glas des libertés romaines.

Son œuvre philosophique est tout entière **un essai de conciliation des différentes écoles philosophiques** (épicurienne, stoïcienne, Nouvelle Académie) **en vue d'en dégager une morale pratique** qui tienne compte des exigences légitimes du pouvoir, et une approche du *vrai* qui concilie l'absolu et le relatif.

Il ne fut point un créateur — telle n'était d'ailleurs pas son intention — mais un «honnête homme», un médiateur, soucieux d'appréhender ce qui, de chaque philosophie examinée, pouvait se révéler le plus fécond pour l'élaboration d'un humanisme fondamental.

Sans trop réduire sa pensée, on pourrait la présenter comme un effort pour accorder l'incertitude à quoi nous accule le doute, et l'indubitabilité en quoi nous conforte la recherche même du vrai, de l'absolu. Même si notre vérité est toujours inadéquate, et en tant que telle plutôt opinion que science certaine, elle n'en est pas moins opinion véritable, perception vraisemblable et probable. Ainsi, même s'il n'est possible d'avoir aucune certitude sur l'existence réelle du divin, celle-ci n'en est pas moins très vraisemblable. Mais ce qui n'est pas du tout vraisemblable, c'est cette fausse certitude que prétendent fournir les arts divinatoires et les superstitions de tous genres. Dans les limites de la vérité vraisemblable, la religion ne s'encombre plus de ce qui la dénature et la dégrade. Ainsi purifiée, la religion oriente l'homme sans le fourvoyer.

Quant à la morale elle est cette «vie (bien) heureuse» (*vita beata*) où il n'y a d'utile que l'honnête. C'est dire d'une autre façon que la vertu est indépendante des biens extérieurs (tout ce qui rend la vie confortable) mais dépend essentiellement de la mise en pratique d'un amour universel du genre humain, lequel suppose le mépris des passions, dont le particularisme intéressé s'oppose à la vertu.

Dans une langue souple et simple, faite pour communiquer à tous, **Cicéron invente l'humanisme**, cette quête tolérante du vrai et du bien. Que des penseurs aussi différents que saint Augustin, Erasme, Voltaire, J.-J. Rousseau se soient inspirés de lui, montre à suffisance la pérennité de son message humaniste, même si en tant qu'homme il fut quelquefois hésitant et coupable de compromissions (au niveau des actes, non des principes — ce qui n'est pas la même chose, mais n'excuse rien).

> *Tout cela naît de notre penchant naturel à aimer les hommes, qui est le fondement du droit. (*Des Lois*).*
>
> *On voit qu'un ami est sûr, quand notre situation ne l'est pas. (*De l'amitié*).*
>
> *Comble du droit, comble de l'injustice.*
> *(*Summum jus, summa injuria*) (*Des offices*).*
>
> *Quand on est en désaccord sur le souverain bien, c'est sur toute la philosophie qu'on est en désaccord. (*Des fins*).*

Et pour terminer, un bel exemple d'art oratoire, au thème toujours actuel :

> *La République est toujours attaquée par des forces et des ressources plus grandes que celles qui la défendent, parce que les audacieux et les misérables s'élancent sur un signe de tête : eux-mêmes s'animent de leur propre mouvement contre la République; les gens de bien, je ne sais comment, sont plus lents, ils négligent les causes premières des événements, et ce n'est enfin que la nécessité même qui les émeut : si bien que parfois, par temporisation et par lenteur, alors qu'ils veulent garder le repos, même sans la dignité, ils perdent par leur faute l'un et l'autre. (*Pour Sestius*).*

Sénèque *4-65*

Né en Espagne (Andalousie), il vint jeune à Rome où il étudia la philosophie stoïcienne. Orateur prodigieux, avocat brillant, il fut aussi un magistrat honnête. Précepteur du jeune Néron, il eut sur celui-ci, devenu empereur, une influence modératrice qui, malheureusement, ne dura guère, car Néron l'impliquant dans une conjuration lui ordonna le suicide. Il se donna la mort avec la sérénité même de qui ne la craint point pour s'y être longtemps préparé.

Son style lapidaire fait merveille. Qu'on en juge.

La philosophie est un présent des dieux qui, sans en donner la connaissance à personne, l'ont rendue accessible à tout le monde.

Celui-là est le plus puissant qui a tout pouvoir sur soi.

La vertu est difficile à découvrir; elle demande quelqu'un qui la dirige et la guide, les vices s'apprennent même sans maître.

Hâte-toi de bien vivre et songe que chaque jour est à lui seul une vie.

Tout ce à quoi on s'est attendu longtemps, arrive plus doucement.

Ventre affamé n'a pas d'oreilles.

La raison veut décider ce qui est juste; la colère veut qu'on trouve juste ce qu'elle a décidé.

Aucun homme raisonnable ne punit pour une faute commise, mais pour empêcher qu'on en commette.

Si tu veux que le sage s'irrite autant que le réclame l'horreur des crimes, il lui faudra non plus s'irriter mais devenir fou.

> *La plus grande partie de la vie passe à mal faire, une grande partie à ne rien faire, toute la vie à ne pas penser à ce que l'on fait.*

Epictète 50-125

Aux côtés de Sénèque et de Marc-Aurèle, Epictète illustre ce **nouveau stoïcisme** ou stoïcisme impérial, celui de la Rome des Ier et IIe siècles de notre ère. Tout comme Marc-Aurèle il écrivit en grec, ce qui confirme à la fois le caractère cosmopolite déjà de la doctrine stoïcienne, le cosmopolitisme de fait de l'Empire, mais aussi le prestige de la langue grecque.

Emmené à Rome comme esclave, il y fut affranchi par son maître, lui-même esclave affranchi. A Rome il étudia la philosophie stoïcienne et à son tour l'enseigna. Chassé de Rome (94) par un décret de l'empereur Domitien qui en bannissait tous les philosophes, il se réfugia en Epire (face à l'île de Corfou, près de l'actuelle frontière albanaise) où il dirigea une école célèbre par les diatribes qu'il y faisait entendre, exhortant avec véhémence les élèves tant à se détourner des passions pour se tourner vers la sagesse, qu'à quitter le refuge de l'école pour affronter les «orages» de la vie.

On doit à un de ses disciples un recueil de ces diatribes (ou *Entretiens*) ainsi qu'un manuel (le célèbre Manuel d'Epictète) où se trouve condensé l'essentiel de la morale stoïcienne.

Le manuel s'ouvre sur cette distinction fondamentale entre ce qui dépend de nous et ce qui n'en dépend pas.

> *Il y a des choses qui dépendent de nous et d'autres qui n'en dépendent pas. Ce qui dépend de nous, ce sont nos jugements, nos tendances, nos désirs, nos aversions. Ce qui ne dépend pas de nous, c'est notre corps, c'est la richesse, la célébrité, le pouvoir; en un*

mot, toutes les œuvres qui ne nous appartiennent pas.

Parmi les choses qui dépendent de nous : la vertu ou le vice ; en eux seuls résident le bien véritable ou le mal véritable, tout le reste est « indifférent », qui n'est ni vice ni vertu.

D'où la maladie, la pauvreté — en quoi beaucoup voient le malheur — tout comme la santé, la richesse — aux yeux de tant d'hommes, le bonheur — sont à proprement parler choses « indifférentes », et le sage vit heureux, dont l'action présente est droite et conforme à ce qui dépend de lui. **Sans passion** (apathie), **sans trouble** (ataraxie), **le sage accepte** (cela dépend de lui) **ce qui ne dépend pas de lui**.

Nul masochisme pourtant chez Epictète (on raconte que, avertissant son maître en train de lui tordre le pied qu'il allait finir par le casser, il ajouta simplement, quand cela arriva : « ne te l'avais-je pas dit ? »), mais une telle sérénité devant l'ordre cosmique, devant la Providence, que même si ceux-ci dépassent souvent notre compréhension, l'acquiescement pourtant n'est pas de résignation mais de collaboration. Comme en fait foi ce passage étonnant :

Si l'homme de bien pouvait prévoir l'avenir, il coopérerait lui-même à la maladie, à la mort, à la mutilation, parce qu'il aurait conscience que, en vertu de l'ordre du monde, cette tâche lui est assignée.

Glanons quelques maximes :

Ne demande pas que ce qui arrive arrive comme tu veux. Mais veuille que les choses arrivent comme elles arrivent, et tu seras heureux.

Tu ne peux à la fois prendre soin de ton âme et des choses extérieures.

Quelqu'un se baigne de bonne heure : ne dis pas que c'est mal, dis que c'est de bonne heure. Quelqu'un boit beaucoup de vin : ne dis pas que c'est mal, dis qu'il boit beaucoup de vin. Car avant d'avoir reconnu comment il en juge, d'où peux-tu savoir si c'est mal.

Quand Dieu ne te procure plus ce qui t'est nécessaire, il t'ouvre la porte et te donne le signal de la retraite.

Marc-Aurèle *121-180*

L'empereur-philosophe, comme on l'a surnommé, est un fervent admirateur de l'hellénisme. Ses *Pensées pour soi-même* (ou à soi-même) qu'il rédige pendant ses nuits de veille, au milieu de ses soldats, dans la région du Danube où il fait campagne, il les écrit en grec.

Devenu empereur à quarante ans, il régna dix-neuf ans et eut à affronter tant une usurpation de son pouvoir que les pressions du péril barbare, sans parler des deuils et souffrances qui sont le lot commun, fût-on empereur.

S'il peut être crédité de quelques réformes sociales qui bénéficièrent au peuple, il laissa pourtant persécuter les chrétiens ([47]) et ne put réformer la nature de son fils Commode, voyou cruel et débauché ([48]) aussi fou et paranoïaque que Caligula de sinistre mémoire.

Cela n'enlève rien à la beauté, parfois un peu esthétisante, de ses pensées, mais laisse toujours en suspens la question : peut-on régner impunément? Peut-être était-il, au fond, trop peu stoïcien pour refuser d'être empereur et, malgré tout, assez stoïcien pour connaître le prix de l'effort, celui de la sérénité.

Les choses restent hors des portes de l'âme, limitées en elles-mêmes, ne sachant rien sur elles-mêmes et ne déclarant rien. Qu'est-ce donc qui sur elles déclare? Le principe directeur.

Bref, si il y a un Dieu, tout est pour le mieux. Mais si tout marche au hasard, ne te laisse pas toi-même aller au hasard.

La faute d'un autre, il faut la laisser ou elle est.

Vivre toujours parfaitement heureux. Notre âme en trouve en elle-même le pouvoir, pourvu qu'elle demeure indifférente à l'égard des choses indifférentes.

Le propre de l'homme, c'est d'aimer même ceux qui l'offensent.

Ressembler au promontoire, sur lequel sans cesse se brisent les vagues.

Rien n'arrive à personne que la nature ne l'ait fait capable de le supporter.

Prends garde de ne jamais éprouver à l'égard des misanthropes ce que les misanthropes éprouvent à l'égard des autres hommes.

Songe que tout n'est qu'opinion, et que l'opinion elle-même dépend de toi. Supprime donc ton opinion ; et, comme un vaisseau qui a doublé le cap, tu trouveras mer apaisée, calme complet, golfe sans vagues.

Sextus Empiricus *IIe-IIIe siècles ap. J.C.*

Tout ce que nous savons de lui est qu'il vécut aux IIe-IIIe siècles de notre ère, sans doute à Alexandrie et à Athènes.

Empiricus veut dire « empirique », ce qui désignait à l'époque, en fait, un médecin. Il n'est peut-être alors pas étonnant que cet « homme d'expérience » ce médecin des corps se veuille aussi médecin des esprits et en soigne la « maladie » à ses yeux la plus grave : le dogmatisme, l'affirmation gratuite. Tout comme en médecine, il suffit (et il n'y a d'autre moyen) de faire confiance aux sens et à la vie. Ainsi, aucun besoin de recourir aux causes cachées ([49]), il suffit d'appréhender la maladie telle qu'elle se donne à voir pour connaître le remède approprié. De même, le scepticisme est refus de toute prétendue science des causes cachées. Tout cela n'est qu'illusion et vanité empêchant l'esprit de fonctionner en paix, en faisant tout bonnement confiance aux sens, à l'expérience, à la vie.

Des arguments invoqués par Sextus pour disqualifier la prétention des «dogmatiques» à savoir, à affirmer plus qu'ils ne prouvent, on peut citer **la régression à l'infini** (toute «preuve» renvoie à une autre «preuve», comme tout définissant demande lui-même à être défini, et ainsi de suite), **la relation** (tout est relatif à quelque chose, il n'y a pas d'absolu), **l'hypothèse** (toute déduction part d'une hypothèse, or aucune hypothèse n'est exclusive d'une autre possible, tout aussi indémontrable, donc rien n'est certain).

Il convient donc de suspendre son jugement, de refuser tout jugement qui ne peut être que dogmatique, de constater la relativité de tout phénomène, et partant de s'occuper de lui tel qu'il est empiriquement repérable et négociable. De mener, enfin, l'âme quiète, une vie paisible, au plus près du silence. Ce pragmatisme intellectuel et moral manque sans doute d'assise théorique, mais l'Empirique s'y refusait pour ne pas tomber lui-même dans le travers qu'il dénonçait avec tant de subtilité.

Il est par ailleurs, comme nous l'avons déjà signalé, un compilateur scrupuleux de l'épicurisme et du stoïcisme anciens.

Les défis religieux

Certes, parmi les philosophes de ce qu'on appelle traditionnellement l'Antiquité classique, il y eut des penseurs religieux qui croyaient à l'existence de Dieu (ou des dieux), quel que fut par ailleurs le sens qu'ils donnaient à cette croyance et l'« utilisation » morale, spirituelle ou purement coutumière qu'ils en faisaient. Mais au moins à proprement parler n'y avait-il pas de Révélation. Aucun texte sacré ne prétendait transmettre aux hommes la volonté et les desseins de Dieu sur sa créature. Ou, si en cherchant bien (ou mieux) on pouvait retrouver quelque ébauche, ou même peut-être une religion révélée (dont quelques mythes et quelques rituels plus ou moins chargés de « mystères » constituaient l'ossature), celle-ci n'eut jamais l'universalité et l'extension des trois grandes religions monothéistes révélées : le judaïsme, le christianisme, l'islam. ([50])

Pour celles-ci Dieu est « Celui qui crée, qui révèle, qui sauve ». **Création, révélation** (Dieu parle directement ou indirectement à sa créature), **rédemption** (Dieu sauve sa créature) sont les trois piliers de ces trois religions universelles à base commune, malgré leurs différences.

Chacune de ces religions ([51]) a rencontré à un moment ou à un autre de sa vie, de son histoire, de son expansion, et pourrait-on dire presque pour les besoins de sa propagande (ou propagation, ou vocation de convertir si on préfère ces plus nobles vocables) le discours rationnel (logocosmique) de la philosophie grecque et s'est confrontée à lui, à la fois pour en montrer les faiblesses et les insuffisances par rapport au «tout» de la foi, comme aussi la grandeur et l'importance quant aux possibilités de la raison de préparer à la foi, et, celle-ci une fois obtenue comme une grâce qui nous attend, quant aux possibilités de la raison de la conforter et de l'épurer de ce qu'une adhésion trop hâtive ou trop englobante pourrait contenir d'impureté superstitieuse ou d'incompréhension orgueilleuse.

■ **Rendre la religion et la philosophie compatibles**, tel fut le défi qui, à un moment ou à un autre, a préoccupé certains esprits, comme l'institution religieuse elle-même. Supprimer la concurrence de deux vérités, soit pour démontrer que l'une (la philosophie) dit autrement ce que l'autre (la religion) dit pleinement — donc pour démontrer que l'une (la philosophie) prépare à l'autre (la religion) — soit pour accorder les conflits pouvant exister entre les affirmations de l'une par rapport aux affirmations de l'autre, et au besoin trancher, selon les lumières de la foi.

Démontrer, par exemple, que si l'éternité du monde est philosophiquement pensable, elle est religieusement inacceptable, puisque la révélation a tranché en affirmant que le monde a commencé par un acte de création de la Divinité. *Démontrer*, d'autre part, que si (dans le christianisme) la Trinité est philosophiquement impensable, elle n'en est pas moins religieusement pensable, fût-ce comme mystère propre à ravir le croyant auquel Dieu fait confidence de sa vie intime.

Mais la théologie et la philosophie sont-elles compatibles? Car même si la raison peut comprendre de quel mystère il s'agit, ou qu'il y a mystère dans ce qui lui est présenté comme vérité révélée, elle est, de par elle-même, incapable, tant d'arriver au mystère que d'en déterminer la vérité. A quoi bon une philosophie qui serait la servante de la théologie et qui se chargerait de lui fournir le meilleur vêtement rationnel possible ? L'habit ne fait pas le moine et quel besoin la théologie a-t-elle de cet habit qui n'est pas le sien, elle qui est le manteau du monde ?

Nous verrons en cours de route que l'affaire est un peu plus complexe qu'il n'y paraît, car la religion n'est pas que théologie, et la philosophie pas si pure de théologie, fût-ce cachée ou hétérodoxe, qu'on le pense ou le souhaiterait.

Le tableau de la page 112 récapitule les grands «moments» de cette «histoire sainte» où Dieu et l'homme sont partenaires d'une histoire qui fait sens.

La philosophie juive

Le judaïsme

Des trois révélations monothéistes, la deuxième — la chrétienne — prétend accomplir la promesse contenue dans la première — l'hébraïque —, et la troisième — la musulmane — prétend rectifier les déformations subies par la première et la deuxième.

C'est dire que de toute façon les révélations chrétienne et musulmane sont post-judaïques, sans que pour autant le judaïsme ne se considère comme anté-chrétien ou anté-islamique. Autrement dit, si le judaïsme reconnaît dans le christianisme et l'islam un rappel de l'alliance noachique ([52]), oubliée des Nations, et une avancée du principe monothéiste ([53]), il n'en est que mieux confirmé dans sa mission : devenir une nation sainte au service de Dieu et de l'humanité.

Le peuple juif est ainsi doublement associé : associé à Dieu par une alliance que ni le silence de Dieu ni les péchés d'Israël ne rompt ; associé à l'humanité dont il est le prêtre qui, à la fin des temps, sera reconnu comme tel par les efforts mêmes qu'il aura consentis pour le devenir effectivement.

Dieu propose, l'homme dispose

Cette « histoire sainte » (voir tableau ci-après) n'a de sens que parce que l'homme est libre. Si tout est dans la « main » de Dieu, la « crainte » de Dieu, elle, est dans la « main » de l'homme : l'homme a le pouvoir, consenti par

I. AVANT ABRAHAM

Création du monde

Dieu **crée le monde** en six «jours» à partir de «rien»

Création de l'homme

Dieu **crée l'Homme** (**Adam**, nom générique) à son «image» et l'associe au perfectionnement du monde. Adam «nomme» les êtres créés.
L'homme fautif est exilé du jardin d'Eden

II. D'ABRAHAM A ISRAEL EN ISRAEL

Alliance avec Abraham

Dieu fait alliance avec **Abraham** et lui promet une nombreuse postérité et la Terre de Canaan.

La **circoncision** (comme acte «perfectionnant» la nature) devient signe de cette alliance

Naissance d'Israël

Dieu confirme son alliance aux patriarches Isaac et Jacob.

Jacob devient **Israël** et tous ses descendants des Bné Israël (Israélites)

III. DE L'EXIL A L'ATTENTE ACTIVE

Israël en exil

Exil d'**Israël** et de la **Chekhina** («Présence de Dieu» qui accompagne son peuple en exil).
Dieu promet, par les prophètes, de sauver son peuple s'il observe sa Torah

Chez les N
A — Confucianisme
T — Taoisme
I — Hindouisme
O — Bouddhisme
N — Jaïnisme
S

Alliance avec l'humanité

Dieu sauve **Noé**, le juste
Dieu fait alliance, par Noé, avec l'humanité. (L'arc-en-ciel symbolise cette alliance). Dieu s'engage à ne plus détruire le monde par le déluge.
Noé accepte pour l'humanité les **sept lois fondamentales.**

Le don de la loi (Torah)
Dieu donne sa Loi (**Torah**) à Israël au pied du mont Sinaï
Israël s'engage à suivre la Torah et Dieu à protéger Israël.
Election du peuple juif comme peuple de la Torah.
A **Moïse**, le Prophète-Libérateur, Dieu confirme sa promesse d'une Terre (Erets Israël) pour son peuple (Israël)

Israël en Israël
Conquête de la Terre de Canaan.
Conflit incessant entre le pouvoir (Juges, Rois) et les **Prophètes** rappelant, au nom de Dieu, le pouvoir et le peuple au respect de la Torah.
Israël infidèle à sa Torah est exilé de sa terre.

DU MESSIE

L'attente active du messie
A. Israël subit le châtiment de l'exil comme lieu de sa guérison pour y mériter la venue du **messie** et le retour en Terre d'Israël
B. **Le sionisme**, réponse active à l'exil, force-t-il la main à Dieu??

Le Messie Jésus de Nazareth

Le Christianisme

Le Prophète Mahomet
L'Islam

Dieu même, de refuser les desseins de Dieu. De même qu'un enfant est tout entier dans la «main» de ses parents, à qui il doit l'existence ([54]), ceux-ci ne peuvent qu'espérer qu'il devienne, élevé par eux, un adulte vertueux, acceptant la vie reçue comme un talent à fructifier, mais non l'y obliger s'il refuse. C'est parce que l'homme est libre qu'il peut choisir d'acquiescer à la Loi vivante ou s'en détourner pour s'égarer dans le péché. Dieu propose et l'homme dispose.

La question qui se pose au croyant sera donc de bien comprendre ce que Dieu propose (ordonne, commande, suggère...), d'interpréter ce qu'une formulation dense ou lacunaire laisse à l'homme le soin de découvrir, de purifier même parfois la parole de ce qui la gauchit.

Quant à l'homme incroyant, il peut ma foi se poser la question suivante : que vaut ce que l'homme dit que Dieu propose? Même si cette parole n'est qu'humaine, et sa référence imaginaire, elle n'est pas moins, de par le fait même d'être attribuée à Dieu, perçue comme perfection, digne d'être pensée et dite par Dieu. Même si ce Dieu que l'homme imagine n'est que le «phantasme» d'une pensée en quête de certitude quant à son être, et inquiète du «comment agir» pour être digne du bonheur ici-bas ou dans l'au-delà, il n'empêche que cette «invention» traduit à la fois la plus haute parole que l'homme découvre comme loi, et l'état exact de sa faiblesse, de son insécurité, des conflits dont il est le lieu et l'enjeu.

En d'autres mots, si, pour le croyant monothéiste, Dieu est cette évidence qui parle et l'interpelle, au plus intime de l'être, pour qu'il devienne ce que Dieu lui propose, l'appelle à devenir, pour l'incroyant, il est à tout le moins cette évidence suprême que l'homme se donne pour se tirer d'embarras sinon d'affaire, et dont il n'est peut-être pas si facile de faire l'économie, quand ce par quoi Dieu est remplacé a tellement figure d'idole : la Patrie, l'Etat, la Science, l'Art, etc.

C'est pourquoi, au fond et paradoxalement, l'effort authentiquement croyant de démythologiser Dieu, de ne pas faire du Dieu vivant une idole, un monstre de Raison ou d'arbitraire, rejoint l'effort de l'incroyant qui, reconnaissant comme saint Jean que « Dieu, nul ne l'a vu », est plus soucieux de trouver l'humain dans l'homme que d'y chercher le divin qui l'aliène.

Quoi qu'il en soit de cette discussion « interminable », il convient de remarquer que le judaïsme est beaucoup plus une orthopraxie* qu'une orthodoxie*.

■ En effet, le judaïsme consiste dans **l'observance scrupuleuse des mitsvot*** qui à la fois commandent la justice et l'amour du prochain et préparent le peuple à sa prêtrise, en lui traçant une discipline de vie pure et sainte jusque dans les détails. L'observance des détails rituels serait évidemment hypocrite si elle n'allait de concert avec une vie morale exemplaire, mais la vie morale exemplaire serait non-« sacerdotale » (ou non-sainte) si elle n'incluait cette discipline de sainteté que sont tous les commandements de pureté.

C'est pourquoi d'ailleurs le judaïsme n'est pas, dans son essence, orthodoxe ou en quête d'orthodoxie, non seulement parce que traditionnellement il considère que « les paroles des uns et des autres sont les paroles du Dieu vivant » (*Traité Sanhédrin* du *Talmud*) mais surtout parce qu'il est précisément orthopraxe. En d'autres mots, parce que la pierre de touche est pour lui l'observance pratique des mitsvot dont le caractère moral et « sacerdotal » implique nécessairement et suffisamment l'acquiescement à la volonté divine, sans qu'il soit besoin de profession de foi, intellectuellement pesée.

* *Orthopraxie* : comportement conforme à la loi morale et aussi, dans le cas du judaïsme, conforme aux critères de pureté d'une Loi à intention « sacerdotale » et de sainteté (vient du grec : action droite, correcte, conforme).

* *Orthodoxie* : système de *pensée* rigide formulant la vérité en termes excluant toute autre formulation considérée comme non pertinente ou hétérodoxe.

* *Mitsvot* ou commandements : les 613 commandements (365 négatifs, 248 positifs) qui concernent les devoirs de l'homme envers Dieu, envers son prochain, et envers lui-même.

De même que le mouvement se prouve plus en marchant qu'en le démontrant, le judaïsme se prouve plus par les mitsvot que par la démonstration intellectuelle.

■ En résumé, et avant de passer à la philosophie juive, on peut dire que **le judaïsme**, au sens strict, **est une discipline de vie** dont le sens est fondé sur l'Alliance qui unit le Dieu saint à son peuple, associé en sainteté. ([55]) Alliance qui se concrétise d'abord par le don de la Torah. ([56]) que le peuple juif accepte pour toujours comme sa loi sainte ; qui se concrétise ensuite par la promesse d'une terre où faire vivre à plein cette Torah, et qui se concrétise finalement par la promesse du Messie qui viendra mettre fin à l'exil que l'inobservance de la Torah, par le peuple juif, avait provoqué.

Au sens large, le judaïsme est pris au sens «culturel» général de tout ce qui constitue le patrimoine historique, psychologique, philosophique, coutumier, folklorique,... de ceux qui se déclarent appartenir à la «grande famille juive» et pour qui la religion en tant que telle, c'est-à-dire cette Alliance comme exposée ci-dessus, ne constitue qu'un élément historiquement daté, dont on ne nie ni l'importance ni le projet grandiose, mais dont on récuse la pertinence «moderne».

Le judaïsme sur lequel nous nous interrogeons ne concerne évidemment que le judaïsme au sens strict.

Les livres du judaïsme

LA BIBLE

1. *La Torah* ou *Pentateuque*

Cinq livres : Genèse, Exode, Lévitique, Nombres, Deutéronome.

2. *Les Prophètes*

Entre autres, les trois «grands» : Isaïe, Jérémie, Ezéchiel.

3. *Les Ecrits* ou *Hagiographes*

Entre autres : Job, le Cantique des Cantiques, l'Ecclésiaste.

LE TALMUD

«Complète» la «Loi écrite» (ou Torah) par la «Loi orale» (que le Talmud met précisément par écrit).

Comporte la *Michna* (ou *Mishnah*) : commentaire sur la Torah, et la *Gemara* (prononcer gmara) : commentaire sur la Michna. Le Talmud le plus vaste est le Talmud de Babylone, rédigé au Ve siècle de notre ère en araméen oriental.

Le judaïsme rabbinique est issu tant de la «Loi écrite» (Torah) que de la «Loi orale» (Talmud), véritable code civil et juridique de la vie juive en tous lieux et en toutes circonstances. C'est donc le Talmud qui fait, entre autres, l'originalité du judaïsme rabbinique par rapport au judaïsme «biblique».

LA KABBALE

Commentaire ésotérique de la Bible et du Talmud.

Remarques

1. La Bible, mais non le Talmud, constitue pour les chrétiens, mais non pour les musulmans, une «Ecriture sainte» qui fait partie du tout de la Révélation. On l'appelle aussi l'Ancien Testament par opposition au Nouveau Testament (les quatre Evangiles, les Actes des Apôtres, les vingt-et-une Epîtres). Le mot «testament» est un contresens, à partir d'une mauvaise traduction du grec *diathèke* (alliance) en *testamentum* (latin). Il faudrait dire, pour être précis, logique et rigoureux : les livres de l'Ancienne Alliance, les livres de la Nouvelle Alliance, étant entendu par ailleurs que la Nouvelle Alliance accomplit et renouvelle l'Ancienne plutôt qu'elle ne la supprime.

2. Une secte juive, les Karaïtes, refuse la «Loi orale» pour s'en tenir à la lettre de la Bible, au «joug de la tradition» et au «consensus communautaire». Nous ne pouvons ici faire plus que de signaler cet anti-talmudisme karaïte.

3. L'antijudaïsme chrétien sera donc à la fois critique à l'égard du refus juif de considérer la Nouvelle Alliance comme accomplissant les promesses de l'Ancienne, comme critique, et combien plus fortement, à l'égard du Talmud qui ne fait pas partie, pour les chrétiens, de l'Ecriture Sainte, contrairement à la Bible

Quelques citations de la Bible et du Talmud

Dieu

Je suis Celui qui suis. (Exode III, 14).

L'idolâtrie est chose si essentielle que quiconque la rejette agit comme s'il connaissait la Torah tout entière. (Talmud)

Le monde

Au commencement Dieu créa les cieux et la terre. (Genèse, I,1)

L'univers a été créé en son propre temps ; il ne convenait pas qu'il fut créé plus tôt. On peut en conclure que le Saint-Béni-Soit-Il créa plusieurs mondes et les détruisit jusqu'à ce qu'il eût créé le monde présent et dit : « Celui-ci me plaît, à l'encontre des autres ». (Talmud)

La Torah

Et quelle est la nation assez grande pour qu'elle ait des préceptes et des sentences aussi justes que toute cette Loi (Torah) que je mets aujourd'hui devant vous. (Deutéronome, IV, 8)

Le Saint-Béni-Soit-Il examina la Torah et créa l'univers en conséquence. (Talmud)

Libre arbitre de l'homme

La justice du juste sera sur lui et la méchanceté du méchant sera sur lui. (Ezéchiel, XVIII, 20)

Tout est prévu (par Dieu, mais la liberté de choix est donnée. (Talmud)

Israël, comme sacerdoce de sainteté

...si vous gardez mon alliance... Vous serez pour moi un royaume de prêtres et une nation sainte. (Exode XIX, 6)

Soyez saints, car je suis saint, moi, Iahvé, votre Dieu. (Lévitique XIX, 2)

Il est plus grave de porter préjudice à un non-Juif qu'à un frère israélite, vu la profanation du Nom. (Talmud)

L'ère messianique

Une nation ne lèvera plus l'épée contre une autre nation et les hommes n'apprendront plus la guerre. (Isaïe, II, 4)

Si Israël se repentait un seul jour, le fils de David (=le Messie) arriverait immédiatement. (Talmud).

Les philosophes juifs

Le judaïsme n'a jamais voulu (ou pu) constituer une pensée théologique, et cela pour plusieurs raisons.

Tout d'abord, parce qu'il se veut avant tout orthopraxe. Ensuite, parce que l'étude, fort prisée par ailleurs, tend à dévoiler de mieux en mieux un sens vivant déjà là, et inépuisable en son principe, plutôt qu'à le figer en une formulation canonique, magistrale, relevant de l'autorité d'un seul. Finalement, parce qu'il se méfie spontanément de la philosophie dont l'origine est grecque et non juive — c'est-à-dire païenne —, et les concepts étrangers à la langue de la Bible et du Talmud.

D'ailleurs «épicurien» est à la fois synonyme, pour les maîtres du Talmud et les commentateurs, de philosophe, de mécréant, d'homme sans foi ni loi. C'est dire que, si l'on peut parler de philosophe juif, il est plus que douteux que l'on puisse parler de philosophie juive, tout simplement parce que si le judaïsme n'interdit pas à un juif d'être philosophe (comme d'être médecin, astronome, ou toute autre profession compatible avec la Loi), il ne s'ensuit pas pour autant qu'il y ait de philosophie *juive* au sens strict, comme il n'y a pas plus de médecine ou d'astronomie juive au sens où elles ne seraient «valables» que pour les juifs et/ou, fondées sur le judaïsme.

Qu'un juif, donc, fasse profession de philosopher pour réfléchir sur Dieu et ses attributs, la Torah, l'être, le devenir, le monde, l'homme, pourvu qu'il ne s'écarte pas de la communauté des fidèles, observe les commandements (mitsvot) et n'affirme pas péremptoirement des opinions qui vont à l'encontre du consensus général, libre à lui. Qu'on s'en méfie, cela est constant. Que son apport en tant que philosophe puisse être partiellement intégré au judaïsme, ou servir comme défense et illustration de la pensée juive, cela dépend et des conditions d'époque et de la recevabilité de ce qu'il dit par un public donné.

Ainsi, par exemple, s'il est clair que Maïmonide est un juif ([57]), philosophe qui s'adresse à ses coreligionnaires en tâchant d'accorder judaïsme et philosophie (parce qu'il faut pouvoir répondre, autant que faire se peut, dans le langage de la rationalité qui circule en tant que «langue commune» des juifs, des chrétiens et des musulmans), il n'est pas moins évident que Spinoza sera un philosophe qui, d'une part, en tant que tel, s'adresse à tout être pensant et dont la judéité ([57bis]), d'autre part, pour réelle qu'elle soit, est distincte du judaïsme au sens strict.

Il ne serait, dans ces conditions, peut-être pas exagéré de dire que la «philosophie juive», même en tant que «théologie rationnelle», n'a pas réussi à devenir, aux côtés de la Bible et du Talmud, et plus tard de la Kabbale — cet ésotérisme mystique nullement philosophique — ni la «pensée officielle» de la Synagogue, ni même une source importante du judaïsme essentiel. Si, de Philon d'Alexandrie, il n'est rien passé dans la pensée du judaïsme rabbinique, ce qui de Saadia ou de Maïmonide y est passé relève plus d'une explicitation de la foi que de la philosophie proprement dite.

La philosophie juive, malgré son âge d'or, simultané à celui de la philosophie islamique, serait au fond, sinon une belle parenthèse dans l'histoire du judaïsme, tout au plus un commentaire parmi d'autres.

Philon d'Alexandrie *20 av.J.C. 45 apr. J.C.*

Nous mentionnons ici Philon d'Alexandrie parce qu'il représente en quelque sorte le prototype même de l'intellectuel juif participant à la culture de son temps (Philon a reçu une éducation juive tout autant qu'une éducation hellénistique) et qui se veut tout autant juif — fidèle à l'Alliance — que connaisseur de son temps.

Sa philosophie n'est pas une synthèse judéo-grecque — d'ailleurs impossible — mais mieux qu'un éclectisme sans lendemain.

Pourtant, il fut volontairement ignoré du judaïsme rabbinique que l'expérience hellénistique avait finalement déçu et trop secoué.

Nous retiendrons de lui qu'il est l'inventeur en titre de **l'exégèse allégorique**, laquelle permet, d'une part, de dévoiler sous un sens manifeste un sens caché (latent) qui rend acceptable, aux yeux de la raison, ce que le sens manifeste a de trop étrange ou de particulier, et, d'autre part, de dévoiler sous un sens manifeste (littéral) un symbole dynamique qui rend magnifique ce que le sens manifeste a de banal ou d'unidimensionnel.

Par exemple : l'interdiction de manger des animaux carnivores s'interprète allégoriquement comme défense de «s'incorporer» la violence ; la circoncision s'interprète allégoriquement comme purification des passions. Au fond, tout est «inscription corporelle» d'une exigence de l'âme. C'est d'ailleurs pourquoi il ne faut pas cesser de recourir à la banalité des rites sous prétexte qu'on en a perçu le sens caché, profond, car ce sens caché, profond, a besoin d'un support, d'une réalisation corporelle, pour être dévoilé.

Par exemple, aussi : l'Egypte où le peuple hébreu a vécu en esclavage s'interprète allégoriquement comme le symbole de toute prison corporelle dont l'âme a à se libérer ; de même, la longue traversée du désert par le peuple hébreu s'interprète allégoriquement comme la purification nécessaire pour entrer en sagesse, mériter la rédemption.

Saadia Ben Joseph *885-942*

Dès sa jeunesse il se fait remarquer par une rigueur logique peu commune. Quittant l'Egypte, aux environs de la quarantaine, il devient l'administrateur énergique de la grande académie talmudique de Poumbedita en Babylonie, puis de celle de Sura.

C'est à partir de lui que l'arabe, au lieu de l'araméen, langue du Talmud, devient pour deux siècles au moins la langue théologique et philosophique des penseurs juifs. On lui doit aussi la première traduction de la Bible en arabe, laquelle fait toujours autorité.

Il est considéré comme le premier philosophe juif à part entière. Son maître livre, *Livre sur les croyances et les opinions*, utilise une argumentation rationnelle, d'origine aristotélicienne et (néo)platonicienne, pour étayer les principes de la foi révélée, afin de réfuter les déformations, issues d'influences philosophiques étrangères au judaïsme, et celles du mouvement karaïte ([58]) anti-talmudiste.

Signalons que ce qui est donc « empruntable » à la philosophie grecque ce sont, bien sûr, les moyens du connaître rationnel (logique, dialectique) ainsi que le savoir proprement scientifique (sur la nature), et dans une beaucoup plus faible mesure ce que cette philosophie dit du monde, des « Anges » et de Dieu.

Maïmonide (Moché Ben Maïmon) *1135-1204*

Appelé aussi dans la tradition juive le « Rambam » (acrostiche des lettres initiales de Rabbi Moché Ben Maïmon).

Il naquit à Cordoue d'une famille de savants talmudistes. A l'âge de treize ans, il fut témoin de la conquête de Cordoue par les Almohades ([58bis]), ces « Confesseurs de l'Unité » dont la politique à l'égard des juifs pourrait se résumer en cette alternative : « Convertissez-vous ou partez ! ». Scénario qui, comme nous le savons, sera repris plus tard par l'Espagne catholique de la Reconquête.

Fuyant la persécution des Almohades, et se refusant, bien sûr, à la conversion, la famille de Maïmonide quitta finalement l'Espagne pour Fez (Maroc). De là elle gagna le royaume chrétien de Jérusalem, enfin l'Egypte où Maïmonide devint médecin à la cour du sultan Saladin en 1180, et chef, pour un temps, de toutes les communautés juives d'Egypte. Il mourut en Egypte sans avoir revu son Espagne natale.

A l'époque de Maïmonide, non seulement les juifs vivaient, en Espagne comme au Maghreb, des temps difficiles, mais encore étaient confrontés à cette « nouvelle pensée », née de la redécouverte de la philosophie grecque, véhiculée dans cette langue de culture, commune et aux musulmans, et aux juifs et aux chrétiens « orientaux » : l'arabe.

Cette double situation critique amena Maïmonide à relever un double défi : celui d'accorder philosophie et judaïsme, celui aussi d'harmoniser convivialement culture arabe et judaïsme, car, ne l'oublions pas, c'est en arabe que Maïmonide s'adressait à ses coreligionnaires, c'est en arabe qu'il écrivit son célèbre *Guide des égarés*, qui ne sera traduit en hébreu qu'un bon siècle plus tard.

La « Répétition de la Loi » (Michné Torah **ou** Mishnèh Torah)

Alors que le Coran se présente comme la « Guidée d'Allah », l'Evangile comme la « Bonne Nouvelle » incarnée, et la philosophie grecque comme établissant en raison la nature des choses et celle de l'Etre, Maïmonide rappelle et maintient **la valeur et la force de la Loi, de la Torah.**

« Répétant » la Loi et la commentant, Maïmonide ne fait que restituer au peuple juif en état de crise son Alliance, son patrimoine qu'il systématise, en les purifiant d'opinions ou de contestations qui les déforment ou introduisent le doute dans l'âme du croyant.

> *Trois sortes de personnes sont appelées esprits forts. Ce sont :*
> *a) Les gens qui estiment que la prophétie n'a aucune réalité et que Dieu n'inspire aucun savoir à l'esprit de l'homme.*
> *b) Les gens qui nient le caractère hors pair de la prophétie de Moïse.*
> *c) Les gens qui affirment que le Créateur ne connaît pas les actions des hommes.*
>
> *On distingue trois genres de négateurs de la Loi. Ce sont :*
> *a) Ceux qui soutiennent que la Loi n'est pas de Dieu. Quiconque dit ne serait-ce que d'un seul verset, voire d'un seul mot, que Moïse l'a tiré de son propre fonds, est un négateur de la Loi.*
> *b) Ceux qui rejettent l'explication de la Loi, c'est-à-dire la tradition orale, et dénient toute autorité aux docteurs qui exposent la Loi... ([59])*
> *c) Ceux qui pensent que le Créateur a remplacé tel commandement par tel autre et que notre Loi est désormais caduque, ce nonobstant qu'elle était de Dieu. C'est l'attitude des sectateurs de Jésus et de ceux du prophète de la postérité d'Agar. ([60])*

Maïmonide, *Le Livre de la Connaissance* (Premier Livre du Michné Torah), PUF 1961 pp. 376-377)

Ce texte montre bien dans quel esprit de retour et de fidélité à l'original (la Torah et le Talmud) Maïmonide défend la foi de ses pères. Qu'il le fasse dans un langage personnel, mais accordé à la culture philosophique de son temps, ne fait que traduire, d'une part, le besoin d'une explication rationnelle qui est dans l'air du temps, et d'autre part, l'allégresse éprouvée à ressentir l'accord profond — même s'il est souvent secret et peu perceptible du premier coup — entre l'authentique philosophie et la foi véritable.

Cette «Répétition de la Loi» est un texte d'une très grande sagacité et d'une grande rigueur «géométrique» d'exposition, jusque dans des détails qui relèvent parfois de situations extraordinaires, comme en témoigne ce passage :

> *L'individu au sexe indéterminé et celui qui possède les deux sexes donnent lieu au doute de savoir s'il faut les considérer comme des hommes ou des femmes. On leur impose dans tous les cas les interdictions religieuses concernant les hommes et celles auxquelles sont astreintes les femmes. Ils sont tenus de se conformer aussi bien aux unes qu'aux autres, mais en cas de transgression, ils ne sont pas flagellés. (Œuvre citée, p. 341-342).*

Voici encore un autre exemple de la méthode explicative de Maïmonide qui, malgré son caractère «horrible» et peu satisfaisant à nos yeux de «modernes», n'en est pas moins rigoureuse et quant au plan de sa justification par rapport au texte de la Torah, et quant à une certaine vision anthropologique de l'homme raisonnable dont l'enfant en bas âge ne fait pas encore partie.

> *Il existe des péchés dont il est décidé que le châtiment atteint les coupables en ce monde-ci et les frappe dans leur personne, leurs biens ou leurs jeunes enfants — car les jeunes enfants d'un homme, qui sont dépourvus de raison, et ne sont pas encore astreints aux*

Commandements, sont comme les biens de cet homme — et s'il est écrit «chaque homme sera mis à mort pour son propre péché» (Deutéronome, XXIV, 16, cité dans II Rois, XIV, 16), il est clair que le verset ne concerne que les personnes qui sont entrées dans la classe des hommes faits. (O.c. pp. 396-397).

La Lettre aux Juifs du Maroc

Baignant dans cette culture arabe dont il fait partie, mais attentif encore plus à la fidélité, à la «Loi écrite» et à la «Loi orale», Maïmonide encourage ses frères en l'Alliance à persévérer en celle-ci. Néanmoins, averti des dangers encourus sous le pouvoir almohade, Maïmonide autorise la conversion forcée ([61]) à l'islam, pour autant qu'elle s'accompagne d'une fidélité secrète à l'Alliance.

C'est déjà, trois siècles avant le marranisme ([62]), une justification de celui-ci.

En effet, pour sauver sa vie (surtout si on n'a pas eu l'occasion de fuir) ou celle d'autrui, il est permis non seulement de transgresser la Loi, sauf en ce qu'elle prohibe absolument : idolâtrie, assassinat, union sexuelle illicite, mais encore de se convertir apparemment, «en surface». Tout se passe comme si le «caché» prime l'apparent, le manifeste, de même que le sens ésotérique prime le sens exotérique et qu'il soit permis, au nom même de la valeur du «caché» ou de l'ésotérique, de «pactiser» avec l'apparent, avec les rites, les coutumes, dont tout compte fait l'importance n'est que secondaire par rapport à la fidélité essentielle du cœur et à la connaissance véritable.

Le Guide des égarés

(Traduction habituelle du *Morè hanevoukhim*, dont le sens plus précis serait : le Guide de ceux qui sont perplexes, Guide pour les perplexes.)

L'œuvre majeure de Maïmonide, qu'il composa dans la cinquantaine, traduit bien par son titre même le service que Maïmonide veut rendre : supprimer l'état de perplexité de ceux que la philosophie et son discours rigoureux interpellent et qu'une foi, non éclairée par l'intelligence, ne peut pleinement satisfaire.

De cette œuvre, qu'il ne nous est pas possible d'analyser ici, retenons tout de même qu'elle vise à résoudre les difficultés de ceux qui se mettent eux-mêmes dans l'embarras en n'accédant pas à une étude suffisamment profonde, c'est-à-dire philosophique, du texte de la Torah et de son commentaire obligé, le Talmud. La Torah étant un tout organique, dont chaque mot, chaque lettre même, renvoie à tous les autres mots, paragraphes, chapitres, il convient de tout mettre en œuvre pour dévoiler le sens caché qu'elle recèle sous les apparentes contradictions ou insuffisances de qui n'en perçoit que le sens manifeste, littéralement localisé dans tel ou tel passage.

Dire ce «sens caché» que le «sens manifeste» enveloppe, tel est le but que se donne Maïmonide et par lequel il concilie la foi et la philosophie.

Le lecteur philosophe est, selon Maïmonide, le lecteur averti de cette vérité cachée qu'il lui appartient de dévoiler en scrutant comme il convient le texte, en prêtant attention à tout détail qui ne peut être que significatif, à telle chose dite une fois mais dont l'intérêt est majeur, à cette litote qui dit peu pour dire énormément.

Tout cet art herméneutique, d'interprétation, Maïmonide le met au service de cette lecture philosophique, gage de vérité, que l'étude, bien conduite, seule fait mériter. En somme, on pourrait dire que pour Maïmonide la Torah est vraie en soi, parce que révélée, mais que cette vérité ne se dévoile qu'à celui qui, parce que philosophe, est capable de l'y déceler, au-delà du sens manifeste.

Aurait-il été jusqu'à penser que le sens manifeste qui n'est que le support ou la coquille du sens caché, essentiel, véritable, pourrait, tout comme les sacrifices (et pourquoi pas ensuite les rites et la prière), n'être plus nécessaire à qui s'unit intellectuellement à Dieu? Certains passages de son œuvre ésotérique le laissent supposer.

La philosophie chrétienne

Le christianisme

S'il est déchristianisé, notre monde occidental l'est beaucoup moins que d'aucuns le pensent, car il ne serait pas difficile de montrer combien quelques-uns des présupposés fondamentaux de notre culture sont d'origine chrétienne (et même souvent judéo-chrétienne pour une bonne part).

En effet : l'histoire comprise comme maturation d'un projet sensé ; le messianisme conçu comme révolution finale accouchant d'un monde sauvé (sauvé de l'errance, arrivé à bon port) ; l'incarnation non seulement saisie comme don volontaire de sa personne à l'œuvre de maturation mais comme instauration de l'indépassable dignité de la personne humaine en sa présence existentielle *hic et nunc* (ici et maintenant) ; la morale projetée au-delà des catégories sommaires de la défense du « bon droit » ; la non-violence comme acte de foi et « arme nouvelle » : toutes ces idées-forces et quelques autres, qui sont en travail dans notre monde, ont indéniablement une origine chrétienne. différente de l'idée (philosophique) grecque d'un cosmos anhistorique, dont il s'agit de reconnaître l'ordre pré-établi, pour s'en inspirer dans la construction d'une sagesse individuelle et sociale.

Que le christianisme fût et soit toujours encore une « folie » — que les siècles n'ont pas tellement patinée — n'en fait pas pour autant une « folie » dépassée.

Que sa Bonne Nouvelle, l'Evangile, que le « commentaire » de Paul, le treizième apôtre ([63]), explicite, n'attire plus grand monde, n'empêche que ce soit souvent elle qu'on imite ou travestit, car c'est l'Eglise et ce que les chrétiens font du Dieu qu'ils prétendent imiter, qui révulse l'incroyant, non Celui qui, un jour, proclama les huit béatitudes.

Que l'offre reçue par l'humanité, au pied de la Croix, à

A. «Temps» du Dieu-Un

Création

Création d'Adam

(l'humanité) à l'image et à la ressemblance de Dieu

Noé

premier «sauvetage» de l'humanité

B. «Temps» du Dieu-sauveur (Logos incarné,

Incarnation

Dieu-Messie : **Jésus-Christ**, Fils de Dieu, Verbe (Logos) du Dieu vivant, **incarne le Nouvel Adam**

C. «Temps» du Paraclet (Esprit-Saint, troisième Personne de la Trinité-Une)

L'Esprit-Saint

à l'œuvre dans le monde, **souffle où il veut** la «Bonne Nouvelle»

L'Eglise

Corps Mystique» du Christ annonce la «Bonne Nouvelle» à tout homme ;
et «gère», en ses prêtres et ses laïcs, **la vie sacramentelle**, source de grâce salvatrice

N.B. Si ces trois «temps» sont paradoxalement un seul et même temps, car leur succession est purement opératoire au regard de l'histoire manifeste non au regard de l'«histoire» qui mystérieusement la sous-tend, il n'empêche qu'aujourd'hui ces «trois temps» sont le temps «complet» du chrétien.

Election d'Israël

voir tableau «judaïsme»

Les «Sagesses»

(grecque, hindouïste, bouddhiste, confucianiste, «animistes»,...)

Tout se passe comme si malgré quelques justes et sages exemplaires et l'élection d'un peuple qui faillit (mais reste chargé de mission), l'humanité dans son ensemble piétinait.

deuxième personne de la Trinité-Une)

Evangile («Bonne Nouvelle»)

Les Béatitudes : Loi d'amour et de non-résistance au mal par le mal

Résurrection

Promesse de résurrection à tout homme imitant Dieu dans sa vie incarnée

Tout se passe comme si l'intervention de Dieu lui-même dans sa création devait «précipiter» le mouvement de la créature à Lui ressembler, à L'imiter. Mais l'humanité «tarde» et le temps continue à courir.

ou dans l'attente active du second avent

Second Avent

à la fin des temps le **Christ «reviendra»** pour faire don à son Père, Dieu-Un, de l'humanité sauvée

Tout se passe comme si l'humanité déjà sauvée prototypiquement en la personne de Jésus, second Adam, mort et ressuscité, avait à accepter par sa foi et sa conduite d'entrer dans le «Corps Mystique» du Christ que l'Eglise constitue et symbolise. L'Esprit-Saint aide l'humanité, l'Eglise et chacun à collaborer à cette œuvre où le temps s'abolira dans l'éternité de Dieu où chacun Le contemplera qui L'aura imité.

devenir ce «nouvel Adam», digne de résurrection, ne corresponde plus très exactement aujourd'hui à la demande explicite de beaucoup, ne saurait faire oublier que c'est bien de cette quête de «l'homme nouveau» que notre histoire est, et pour notre malheur et pour notre bonheur, toujours porteuse.

En d'autres mots, et pour faire vite, avec le christianisme, et d'une autre façon qu'avec le judaïsme ou l'hellénisme, ni l'espace ni le temps ne sont plus comme avant : espace ouvert à toute l'humanité, temps qui conjoint l'homme et Dieu à partir de Son incarnation.

Le petit tableau qui précède s'essaye d'en donner une idée sans prétention aucune à quelque exhaustivité que ce soit, à quelque orthodoxie que ce soit.

Nous n'allons ici ni dire comment (et encore moins pourquoi) l'Eglise s'est détachée de la Synagogue, ni comment elle s'est distribuée entre clercs et laïcs, ni comment l'Eglise d'Orient s'est séparée de l'Eglise d'Occident, ni comment cette dernière s'est divisée en catholiques et réformateurs, ni comment se sont institués les cinq commandements de l'Eglise, ni comment les hérésies l'ont secouée, ni comment sa mission d'annoncer la Bonne Nouvelle s'est, depuis Constantin et son alliance donc avec le «bras séculier», compromise et piégée, ni comment sa «folie» s'est assagie en culte confortable, ou pervertie en folie meurtrière et fratricide. Tout cela, le lecteur le sait, qui connaît un tant soit peu l'histoire de sa culture.

De toute façon ce n'est point ici notre propos et ce qui précède devrait pouvoir suffire à introduire ce qui suit.

Les philosophes chrétiens

Ce qui a été dit de la philosophie juive pourrait en gros s'appliquer tout aussi bien aux philosophes chrétiens : comment philosopher tout en restant chrétien, comment, chrétien, philosopher ?

Une foi cherchant à (se) comprendre, tel pourrait bien être le moteur de cette philosophie qui, pour se constituer, emprunte tant à l'allégorie philonienne qu'à la dialectique grecque, tant à la « théologie » stoïcienne qu'au néo-platonisme de Plotin ([64]) — ainsi feront les Pères grecs et latins — tant à ceux-ci qu'à la métaphysique aristotélicienne — ainsi fera, entre autres, Thomas d'Aquin.

Nous ne pouvons en traiter comme il le faudrait, mais nous essayerons quand même, par quelques coups de sonde point trop malhabiles, d'en donner au lecteur une image point trop déformée.

Mais avant tout il nous faut citer deux textes de saint Paul qui sont exemplaires des deux discours que le chrétien tient au gentil (païen, non-juif, non-chrétien).

Dans le premier (*Discours aux Athéniens*), tout se passe comme si Paul les complimentant d'être les plus religieux des hommes, ayant déjà compris pas mal de choses sur le vrai Dieu et sur la vertu, les incitait à un dernier effort : repentez-vous pour être dignes de la résurrection le jour du jugement.

Dans le deuxième (*Epître aux Corinthiens*), tout se passe comme si Paul, déçu par la sagesse humaine, par les juifs, par la philosophie, incapables du saut décisif, se résoud à mettre son discours à niveau du Crucifié qu'il annonce : scandale et folie.

Tout le discours chrétien par la suite, tant qu'il s'agira d'évangéliser, s'inscrira entre ces deux extrêmes, soit pour s'y tenir à un bout — ou bien : « encore un effort », ou bien : « sautez dans la folie de la Croix » — soit pour aménager une voie moyenne. L'accent tantôt porté sur le Logos — et qui dit Logos, dit philosophie —, tantôt sur le Crucifié Ressuscité — et qui dit cela dit autre chose.

Discours de Paul aux Athéniens
(Actes des Apôtres, XVII-16-34 — extrait)

« Paul discutait donc à la synagogue avec les Juifs et ceux qui adoraient Dieu, et sur l'agora, tous les jours avec les passants. Même des philosophes stoïciens et épicuriens s'entretenaient avec lui. Les uns disaient : «Que peut bien vouloir ce picoreur»» D'autres : «On dirait un prêcheur de divinités étrangères.» Il annonçait en effet Jésus et la résurrection.

Ils le prirent donc avec eux et le menèrent à l'Aréopage. «Pourrions-nous savoir, lui dirent-ils, quel est ce nouvel enseignement que tu proposes? Ce sont propos étranges que tu nous fais entendre; nous voudrions bien savoir ce que cela signifie.» Tous les Athéniens en effet et les étrangers résidant parmi eux n'avaient d'autre passe-temps que de dire ou d'écouter la dernière nouveauté.

Debout au milieu de l'Aréopage, Paul dit alors : «Athéniens, vous êtes en tout, je le vois, les plus religieux des hommes. Parcourant en effet votre ville et considérant vos monuments sacrés, j'ai même trouvé un autel avec cette inscription : Au Dieu inconnu. Eh bien! ce que vous adorez sans le connaître, je viens, moi vous l'annoncer.

Le Dieu qui a fait le monde et tout ce qu'il renferme, étant le Seigneur du ciel et de la terre, n'habite pas dans des temples faits de main d'homme. Il n'est pas non plus servi par des mains humaines, comme s'il avait besoin de quoi que ce soit, Lui qui donne à tous vie, souffle et toutes choses. C'est Lui qui, d'un seul être, a fait sortir le genre humain tout entier et l'a fait habiter sur toute la face de la terre, déterminant pour tous des temps fixés et les frontières de leur domaine, afin qu'il cherchent Dieu, si toutefois, à tâtons, ils peuvent le trouver. Et , certes, il n'est pas loin de chacun de nous; car c'est en Lui que nous avons la vie, le mouvement de l'être, comme aussi bien l'ont dit certains de vos poètes : *Car nous sommes aussi de sa race*.

Que si nous sommes de la race de Dieu, nous ne devons pas croire que la divinité soit semblable à de l'or, de l'argent ou de la pierre, travaillés par l'art et le génie de l'homme.

Mais voici qu'oubliant les temps de l'ignorance, Dieu mande maintenant aux hommes d'avoir tous et partout à se repentir, parce qu'Il a fixé un jour où Il doit juger le monde habité avec justice, par un homme qu'Il a désigné et accrédité auprès de tous en le ressuscitant des morts.

A ces mots de «résurrection des morts», les uns se moquaient, les autres dirent : «Nous t'entendrons là-dessus une autre fois».

Et voici, à présent, l'autre discours, celui adressé aux Corinthiens, et qui prêche la folie en Christ.

Epître aux Corinthiens
(Première I, 17 et svts — extraits)

«Le langage de la croix est en effet folie pour ceux qui se perdent, mais pour ceux qui se sauvent, pour nous, il est puissance de Dieu. Car il est écrit : *Je détruirai la sagesse des sages, je rejetterai l'intelligence des intelligents.* Où est-il le sage? Où est-il l'homme cultivé? Où est-il le raisonneur d'ici-bas? Dieu n'a-t-il pas frappé de folie la sagesse du monde? Puisque en effet le monde, par le moyen de la sagesse, n'a point reconnu Dieu dans la sagesse de Dieu, c'est par la folie du message qu'il a plu à Dieu de sauver les croyants. Oui, tandis que les Juifs demandent des signes et que les Grecs sont en quête de sagesse, nous prêchons, nous, un Christ crucifié, scandale pour les Juifs et folie pour les païens, mais pour ceux qui sont appelés, Juifs comme Grecs, c'est Christ, puissance de Dieu et sagesse de Dieu. Car ce qui est folie de Dieu est plus sage que les hommes, et ce qui est faiblesse de Dieu est plus fort que les hommes.
...Non, je n'ai rien voulu savoir parmi vous sinon Jésus Christ et Jésus Christ crucifié...».

Les pères grecs

■ Le problème était bien évidemment **comment faire passer la Révélation et les mots dont elle se servait dans un** langage qui soit accessible à ceux dont la sagesse, la philosophie, relevait d'une autre forme de pensée et d'expression ([65]).

Trois possibilités, pourrait-on dire, s'offraient, dont aucune finalement n'a prévalu, et dont souvent la solution moyenne fut un mixte des trois.

1. La Révélation ne saurait rentrer dans les catégories de la philosophie, car elle est «folie» aux yeux de la sagesse humaine.
2. Philosophie et Révélation peuvent s'accorder pour autant que le fait de l'Incarnation et le mystère de la Trinité restent de droit inaccessibles à la raison non illuminée par la grâce divine de la foi.
3. La philosophie profane (et en elle-même et en tant qu'«outil») est à même, purifiée par la grâce divine, de servir la théologie et de conforter même un humanisme chrétien, car de même que l'Ancien Testament prépare au Nouveau, la sagesse païenne (grecque) prépare à la sagesse chrétienne.

C'est ainsi, par exemple, que Justin (100-165), philosophe païen, grec palestinien, converti au Christ et mort en martyr, peut dire dans sa 1re Apologie : «Ceux qui ont vécu selon le Logos sont chrétiens», en jouant sur le double sens de ce mot qui signifie communément la raison (et les paroles) et pour les chrétiens le Verbe de Dieu. C'est dire en quelque sorte que tant les prophètes de l'Ancien Testament que les philosophes païens sont ensemencés par le Logos qui éclaire tout homme.

■ Nous nous bornerons maintenant, sans entrer dans les détails bio- et bibliographiques, à donner quelques citations de Pères grecs. Mettons tout de même quelques points au clair.

1. La Bible traduite en grec (dite des Septante, Alexandrie II-IIIe s. av J.C.), le Nouveau Testament écrit en grec, même s'ils s'opposent à la culture grecque sont malgré tout «grecs» ne fût-ce que par la langue. De même sont grecs le judéo-hellénisme de Philon comme le néo-platonisme de Plotin.

2. L'Evangile d'abord apporté aux juifs donna naissance un court temps à un « judéo-christianisme » qui fit long feu, surtout parce que Paul le porta aux gentils et prit ses distances avec la Loi, qui ne devait plus servir de passage obligé pour devenir chrétien. Si bien que ce fut dans la rencontre chrétiens grecs et païens grecs que le christianisme prit son envol. Il n'est pas étonnant, dans ces conditions, que cette rencontre amena nécessairement les chrétiens grecs à emprunter à la culture grecque (philosophie, morale, genre littéraire, rhétorique) tout ce qui pouvait contribuer à faire passer la Bonne Nouvelle dans cette culture. Il se fait que cet emprunt fut énorme et que, en quelque sorte, le christianisme « christianisa » la culture grecque comme celle-ci « grécisa » le christianisme, sans pour autant lui ôter son originalité inouïe : l'incarnation, l'imitation de Dieu.

3. La confrontation entre chrétiens et païens fut une âpre lutte qui connut des périodes de persécutions pour les chrétiens, au cours desquelles la foi des martyrs catalysa, peut-on dire, l'expansion même du christianisme.

4. Les luttes mêmes entre chrétiens, luttes idéologiques et politiques mêlées, et qui furent loin d'être tendres, contribuèrent à l'établissement d'un corpus de textes officiels et à l'établissement d'une dogmatique orthodoxe qui connut beaucoup de vicissitudes, dont le catalogue et la description (« hérésies », notamment l'arianisme) dépasse de loin le cadre de ce petit volume.

Quelques citations des Pères grecs

Notre doctrine surpasse toute doctrine humaine, parce que nous avons tout le Verbe dans le Christ qui a paru pour nous, corps, verbe et âme. Tous les principes justes que les philosophes et les législateurs ont découverts et exprimés, ils les doivent à ce qu'ils ont trouvé et contemplé partiellement du Verbe. C'est pour n'avoir pas connu tout le Verbe, qui *est le Christ, qu'ils se sont souvent contredits eux-mêmes. (*Justin*)*

Platon le philosophe, proposant comme fin le bonheur, dit qu'il consiste à « ressembler à Dieu autant que possible », peut être se rencontre-t-il ainsi avec le principe de la Loi;... peut-être aussi s'est-il laissé enseigner en son temps par certains savants, puisqu'il avait toujours soif d'apprendre. (66) *(*Clément d'Alexandrie*)*

*...le père de cette secte (Aristote), faute d'avoir conçu le père de l'univers, pense que celui qu'il appelle le Très-Haut est l'âme du Tout; c'est dire qu'en supposant que l'âme du monde est Dieu, il se contredit lui-même. En effet, limiter la Providence au monde supralunaire pour ensuite regarder le monde comme Dieu, c'est se contredire, puisqu'on déclare Dieu la partie du monde privée de Dieu. (*id.*)*

*Accueillir les idées justes, rejeter les idées étrangères, ce n'est pas le fait de la foi simple, mais la foi exercée par la science. (*id.*)*

*Celui qui ignore cherche, ayant cherché, il trouve le maître, l'ayant trouvé, il croit, ayant cru, il espère, et ayant aimé, il s'identifie à celui qu'il aime, désirant ardemment être ce que d'avance il aimait. (*id.*)*

Les pères latins

Toute la philosophie patristique (philosophie des Pères de l'Eglise, grecs et latins) ne fut pas écrite en langue grecque, même si l'apport des Pères latins fut moindre que celui des Pères grecs, de même que fut moindre l'apport de la latinité à la philosophie profane, à l'exception pourtant d'un génie universel : saint Augustin, dont la doctrine sur la grâce et la prédestination nourrira de nombreux débats qui seront à l'origine, plus ou moins directe, de la Réforme, comme, au siècle de Louis XIV, du jansénisme et de la pensée pascalienne. Mais nous y reviendrons.

Avant d'aborder cet immense auteur, disons quand même quelques mots des autres Pères latins de cette Afrique chrétienne (Tunisie, Algérie), colonie romaine, dont la pensée fut souvent exclusivement éthique. En effet, ils considérèrent la physique, ou philosophie naturelle, comme un luxe inutile, la logique comme un formalisme sans âme, et la métaphysique comme spécieuse si elle n'est pas la religion du souverain bien.

Bien sûr, au cours des nombreuses polémiques ([67]) qu'ils eurent tant avec le pouvoir et la pensée païenne qu'avec les adversaires de l'intérieur («hérésies»), le vocabulaire ontologique se précise et atteint même chez certains un haut degré de subtilité; il n'empêche que c'est surtout comme moralistes qu'ils s'illustrèrent et qu'on a pu dire de Lactance (260-325) qu'il est le fondateur de cette «philosophia moralis» (philosophie morale) qui est au cœur même de l'humanisme chrétien, tel que, par exemple, un Erasme au XVIe s. le continue dans sa «Plainte de la Paix» (*Querela Pacis*).

Le lecteur trouvera ci-dessous quelques citations que nous avons rassemblées autour d'un thème commun, très moderne et toujours d'avant-garde : le pacifisme et la non-violence.

Il est bon de rappeler que, surtout en ses débuts et avant qu'elle ne devienne «officielle», l'Eglise, même si c'était parfois pour éviter l'idôlatrie du culte de l'Empereur, était à l'exemple de son divin modèle, «patiente» et non-violente. Tout autant opposée à ce que les chrétiens assistent à ces jeux sanglants et barbares de l'arène au cours desquels il y avait mort d'homme, qu'à ce qu'ils participent à ces luttes homicides et fratricides que sont les guerres, et aux préparatifs qu'ils impliquent : l'enseignement des armes et l'art de tuer.

Non-violence

Plutôt être tué que de tuer.

Quelle différence y a-t-il entre celui qui provoque et celui qui, provoqué, répond, si ce n'est que celui-là se laisse prendre à mal faire le premier, l'autre le second.

Ta patience lassera la méchanceté.

Rien ne nous est plus étranger que l'Etat. Nous ne reconnaissons qu'un Etat pour tous, le monde.

Le Seigneur a dégradé tout soldat en désarmant Pierre.

(Tertullien, Carthage 150?-222?)

L'enseignement du Christ est qu'il ne faut pas rendre le mal pour le mal, qu'il est préférable de supporter la violence plutôt que de l'infliger, qu'il vaut mieux répandre son sang que de souiller du sang des autres ses mains et sa conscience.

(Arnobe, Tunisie, IIIe s.)

Pascal lui emprunte son argument du «pari», car selon Arnobe nous risquons infiniment moins à suivre le Christ qu'à accepter dans notre vie active tous les risques que nous prenons.

Supprime non l'adversaire, ce qui ne peut se faire sans crime ni danger, mais la rivalité même, ce qui peut se faire dans l'intérêt et la justice.

En opposant à la malhonnêteté la patience, on l'éteint du fait même, comme en répandant de l'eau sur le feu.

Celui qui égorge un seul homme est tenu pour souillé et criminel et l'on juge interdit de l'admettre dans ce domicile terrestre des dieux. Mais le chef qui a massacré des milliers d'hommes, qui a inondé les plaines de sang, qui a infecté les rivières, est admis non seulement dans un temple, mais même dans le ciel.

Comment peut être juste, celui qui nuit, qui hait, qui dépouille, qui tue? Autant de maux que réalisent ceux qui prétendent être utiles à la patrie.

(Lactance, 260-325)

Saint Augustin *354-430*

Certes, non seulement les Barbares sont aux portes de Rome qui ne parvient pas à les refouler, mais encore l'Empire d'Occident est en train de s'effondrer. Mais, par ailleurs, le christianisme «triomphe» des religions païennes, et qui plus est, sorti de la grande crise de l'arianisme ([68]) qui l'avait terriblement secoué, il est devenu religion d'Etat, partiellement sous Constantin (Empereur, 306-337), totalement sous Théodore (Empereur, 379-395).

Né d'un père païen et d'une mère profondément chrétienne, c'est à Carthage, métropole de l'Afrique romaine, qu'Augustin, citoyen romain, acheva ses «humanités». Enseignement surtout littéraire qui comporte l'étude approfondie des grands auteurs latins : Virgile, Cicéron, Tacite. Il n'eut jamais la chance d'étudier la philosophie en tant que telle, soit à Athènes, soit à Alexandrie, et, malgré qu'il se rattrapa quelque peu par la suite — mais il ne sut jamais bien le grec — il resta toujours plutôt un autodidacte de génie, inventif et original, qu'un «universitaire» nourri dans le sérail.

Lié à une femme, à qui il resta quatorze ans fidèle, mais qu'il n'épousa jamais, et dont il eut, à dix-huit ans un fils, Adéodat, Augustin dut, au terme de ses études, à dix-neuf ans, se trouver un métier. Il fut professeur, d'abord dans sa ville natale de Thagaste, puis à Carthage qu'il quitta, las d'être chahuté par la jeunesse dorée de cette ville «coloniale», pour Rome, ensuite Milan, capitale de l'Empire romain d'Occident, où nous le retrouvons occupant une chaire de rhétorique.

Etant déjà nourri de Cicéron, s'étant déjà détaché du manichéisme ([69]) ayant par ailleurs découvert la philosophie néo-platonicienne (Plotin, Porphyre) puis lu les Epîtres de saint Paul, Augustin n'avait plus qu'un «pas» à faire pour devenir chrétien. C'est la fameuse scène du jardin qu'il raconte dans ses «Confessions» (août 386). De la maison voisine il entend une jeune voix qui chante et répète dans cesse : «Prends, lis! Prends, lis!» (*Tolle, lege; tolle lege*). Prenant le livre de l'Apôtre (Paul), il lit ce qui lui tombe sous les yeux : «Ne vivez pas dans les festins, dans les excès de vin, ni dans les voluptés impudiques ni dans les querelles et les jalousies; mais revêtez-vous de Notre-Seigneur Jésus-Christ, et ne cherchez pas à contenter la chair dans ses convoitises».

Moins d'un an plus tard, à Pâques, Augustin fut baptisé ainsi que son fils Adéodat.

Sous l'influence de sa mère, Monique — sainte Monique, chrétienne fervente mais «matrone abusive» et «bourgeoise» — Augustin rompit d'avec celle qu'il disait aimer pour la «bonne raison» que ce mariage eut été une mésalliance. Chrétien, il aurait dû l'épouser s'il voulait continuer à vivre avec elle, mais sa mère avait un autre parti pour lui. Comme il fallait attendre deux ans que la promise fut nubile, Augustin prit concubine. Finalement, baptisé, il se décida pour le renoncement à toute union charnelle.

A trente-cinq ans ayant hélas perdu son fils, et sa mère depuis deux ans, sans épouse ni liaison coupable, Augustin, de retour, depuis un an, à Thagaste sa ville natale, y mène pendant trois ans, en compagnie de quelques fidèles, une vie monastique d'étude et de prière.

Nous ne pouvons hélas prolonger la suite du récit de la vie d'Augustin avec un même luxe, relatif, de détails. Signalons simplement qu'Augustin répondit à l'appel des chrétiens d'Hippone, seconde ville d'Afrique, devint leur évêque et le resta jusqu'à sa mort. Ses qualités et son audience en firent l'animateur de toute l'Eglise d'Afrique. Il lutta contre le donatisme, ([70]) et même s'il intervint pour tempérer la brutalité du « bras séculier » dans sa poursuite des donatistes, il n'en fut pas moins celui qui se décida à y faire appel.

Il lutta aussi contre le pélagianisme ([71]).

Il mourut dans Hippone assiégée par les Vandales qui, lorsqu'ils s'emparèrent de la ville, quelques mois plus tard, respectèrent et son tombeau et sa bibliothèque où son œuvre reposait.

« Si je me trompe, je suis »

(LA CITÉ DE DIEU, XI, 26)

Alors que Descartes dira : je pense, donc je suis, ce qu'on appelle le *cogito* (je pense) cartésien (acte par lequel le sujet a l'intuition de son existence au-delà de tout doute : je peux douter de tout, sauf de mon doute), Augustin dit :

> *Car nous sommes, et nous connaissons que nous sommes, et nous aimons notre être et notre connaissance. Et nous sommes assurés de la vérité de ces trois choses. Car ce n'est pas comme les objets de nos sens qui nous peuvent tromper par un faux rapport. Je suis très certain par moi-même que je suis, que je connais et que j'aime mon être. Je n'appréhende point ici les arguments des Académiciens, ni qu'ils me disent : Mais vous vous trompez ? Car si je me trompe, je suis, puisque l'on ne peut se tromper si l'on n'est. Puis donc que je suis, moi qui me trompe, comment me puis-je tromper à croire que je suis, vu qu'il est certain que je suis si je me trompe ? Ainsi puisque je serai toujours moi qui serais trompé, quand il serait vrai que je me tromperais, il est indubitable que je ne me puis tromper lorsque je crois que je suis.*

«Si vous ne croyez pas, vous ne comprendrez pas»

(ISAÏE, VII,9)

Qu'Augustin soit un intellectuel qui reconnaisse à la raison un rôle dans la foi, ces quelques extraits d'une de ses Lettres suffiront à l'illustrer quelque peu.

> *... il ne s'agit pas de rejeter la foi, mais de chercher à saisir par la lumière de la raison ce que tu possèdes déjà si fermement par la foi.*
>
> *... Nous ne pourrions même pas croire si nous n'avions pas des âmes raisonnables... il faut que la foi précède la raison : elle purifie ainsi le cœur et le rend capable de recevoir et de supporter la lumière de la grande raison. Aussi est-ce la raison même qui parle par la bouche du Prophète quand il dit : Si vous ne croyez pas, vous ne comprendrez pas!...*
>
> *Si donc il est raisonnable que la foi précède la raison pour accéder à certaines grandes vérités, il n'est pas douteux que la raison même qui nous le persuade précède elle-même la foi : ainsi il y a toujours quelque raison qui marche devant.*

«J'allais agir, et je n'agissais pas»

(CONFESSIONS, LIVRE VIII, XI,25)

Tout se passe, pour Augustin, comme si la déficience en l'homme était une déficience de la volonté. L'âme ne s'obéissant pas à elle-même (Confessions, Livre VIII, 8,20). Pourquoi? A cause du péché originel qui vicie notre volonté. C'est pourquoi la grâce est nécessaire, car sans elle l'homme ne peut réellement vouloir le bien auquel son âme aspire.

> *L'âme donne des ordres au corps, et elle est obéie sur-le-champ. L'âme se donne à elle-même des ordres, et elle se heurte à des résistances. L'âme donne l'ordre à*

la main de se mouvoir, et c'est une opération si facile qu'à peine distingue-t-on l'ordre de son exécution. Et cependant l'âme est l'âme et la main est corps. L'âme donne à l'âme l'ordre de vouloir; l'une ne se distingue point de l'autre, et pourtant elle n'agit pas. D'où vient ce prodige?

C'est en se basant sur le long chemin de sa conversion et sur son expérience personnelle de la misère de l'homme non seulement sans Dieu mais surtout sans la grâce, qu'Augustin confesse : «c'est moi qui voulais et c'est moi qui ne voulais pas; j'allais agir et je n'agissais pas.» Tout se passe comme si la volonté, le libre arbitre «suffisent» pour hésiter ou pour faire le mal, mais que pour parvenir au bien il faille autre chose : l'appel de la grâce, l'aide de la grâce. L'homme qui réagit en tant qu'homme, vicié par le péché originel, ne peut que suivre sa concupiscence; pour qu'il réagisse autrement il faut qu'il implore le secours de la grâce sans laquelle il ne peut accomplir le bien.

«Aime donc et fais ce que tu veux»

(TRACTATUS IN EP. JOHANNIS AD PARTHOS, VII.8)

Et pourtant, malgré ce que nous venons de faire entendre — mais attention tout de même Augustin est plus «compliqué» que cela — c'est le même homme qui écrit cette phrase, première de ses Confessions :

Notre cœur est sans repos, jusqu'à ce qu'il commence à reposer en Toi.

Et qui osa dire

Aime et fais ce que tu veux ([72])

Bien sûr il convient de comprendre que qui est illuminé de la grâce divine obéit au premier commandement : «Tu aimeras le Seigneur ton Dieu, de tout ton cœur, de toute ton âme et de tout ton esprit». (Matthieu XXII,37 et

Deutéronome VI,5). Sa volonté étant devenue entièrement bonne ne peut errer en faisant ce qu'elle veut. Et ainsi, il obéit aussi au second commandement semblable au premier : « Tu aimeras ton prochain comme toi-même ». (Matthieu XXII,39 et Lévitique XIX,18).

Que l'Augustin du « aime donc et fais ce que tu veux », soit le même qui tant hésita avant d'être touché par la grâce, comme saint Paul sur la route de Damas, et soit aussi le théoricien terrible de la grâce, du péché originel et de la prédestination, c'est sans doute à prendre ou à laisser, c'est aussi un défi où le cœur a ses raisons et qui n'ont rien d'« évangéliques », au sens habituel du terme !

Nous n'allons pas en dire plus ici, laissant sur ce sujet la parole à Augustin tirant de cette doctrine des conclusions, à la lettre terrifiantes.

> *IV. Nous savons que cette grâce n'est pas donnée à tous les hommes, et que ceux à qui elle est donnée ne l'obtiennent pas d'après les mérites de leurs œuvres, ni d'après celui de leur volonté, ce qui se voit particulièrement dans les enfants.*
> *VIII. Nous savons que les enfants mêmes seront punis ou récompensés selon le bien ou le mal qu'ils auront fait « par leur corps », non en agissant par eux-mêmes, mais par ceux qui ont répondu pour eux... Mais les enfants qui n'ont pas reçu le Baptême, subiront les effets de la sentence prononcée « contre ceux qui n'auront pas cru et seront condamnés ».*

(DEUX DES DOUZE PROPOSITIONS ANTI-PÉLAGIENNES CONTENUES DANS UNE DES LETTRES D'AUGUSTIN).

Les deux Cités

Devant les bouleversements politiques de son temps et singulièrement la prise de Rome, en 410, par les Barbares Wisigoths — « la ville qui avait conquis l'univers est à son tour conquise » — Augustin développe une théologie de l'histoire qu'il expose dans son livre *La cité de Dieu.*

> *Deux amours ont bâti deux cités : l'amour de soi jusqu'au mépris de Dieu fit la cité terrestre ; l'amour de Dieu jusqu'au mépris de soi fit la cité céleste. L'une se glorifie en elle-même, l'autre dans le Seigneur.*

Alors que l'homme est en voyage (homo viator) jusqu'à ce que sa volonté repose en la grâce, la cité céleste, elle, en voyage dans la cité terrestre, use de la paix temporelle pour qu'arrive enfin cette céleste paix où nous jouirons d'une vie immortelle dans un corps spirituel.

L'ordre de la grâce sera alors définitivement établi, mais à quel prix s'il doit y avoir tant de damnés ?

Nous quittons ici Augustin sur ce reproche et cette question.

Saint Thomas d'Aquin *1225-1274*

Des Pères grecs et latins, de Clément d'Alexandrie et d'Augustin jusqu'à Thomas d'Aquin, il y a huit siècles que nous sautons d'un seul coup de plume. Non pas qu'entre eux et Thomas il n'y ait eu personne qui philosophât et dont la pensée ne mérite attention, mais parce que d'une certaine façon c'est en Thomas que **l'accord entre la « science » et la foi**, entre le « su » et le « cru » atteint un tel degré de cohérence architecturale que, mutatis mutandis, Thomas est à Aristote ce qu'Augustin est à Platon. ([73])

Thomas naquit dans une famille de seigneurs féodaux, dans cette ville forteresse de Roccasecca, demeure habituelle des d'Aquin. Sa famille, peu sensible au nouveau courant évangélique qui soufflait dans l'Eglise ([74]), le destinait à devenir l'abbé de la toute proche Abbaye bénédictine du Mont-Cassin, à la fois haut-lieu culturel et puissance féodale. C'est en cette abbaye qu'il reçut sa première éducation l'initiant à la science arabe et à la raison grecque.

A dix-neuf ans, quelques mois après la mort de son père, il prit l'habit du nouvel ordre religieux des Frères Prêcheurs, fondé trente ans plutôt. Sa mère, Théodora, s'opposant à sa vocation qui ruinait ses espérances de le voir abbé et que déconcertait cette «nouveauté» évangélique si contraire au «bon ordre» d'une société qui honorait pouvoir et richesse, dépêcha ses fils aînés pour lui mettre la main dessus et le faire revenir à une meilleure compréhension des choses. En résidence forcée à Roccasecca, où lui fut même offerte, selon la légende, l'occasion de rompre une continence qu'on n'estimait point devoir être inattaquable, Thomas tint bon et resta ferme en sa résolution. L'affaire familiale se conclut au bout d'un an : Thomas regagna sa liberté de mouvement, gagna Naples et son Ordre, puis prit la route de Paris où l'attendait le couvent dominicain de Saint Jacques et l'Université de Paris, cette «Nouvelle Athènes».

C'est en cette université, «four où cuit le pain intellectuel du monde latin», que débuta sa longue carrière, de près de trente ans, d'étudiant, puis de maître en théologie, grade qu'il obtint à vingt-neuf ans (1256). Il enseigna et «disputa» tant à Paris qu'en Italie (Rome, Naples) et mourut en 1274 alors qu'il se rendait au concile de Lyon où il avait été invité en tant qu'expert.

Malgré qu'une dizaine de ses thèses furent, en 1277, condamnées en même temps que l'averroïsme, son audience ne cessa de croître. Canonisé en 1323, sa doctrine devint la doctrine officielle de l'Eglise sous Léon XIII (1810-1903; surnommé le «pape des ouvriers», qu'il défendit dans son encyclique *Rerum novarum*, des «choses nouvelles», aussi nouvelles en leur temps que le furent, au leur, l'évangélisme des Frères Prêcheurs et des Frères Mineurs).

Rendons toutefois hommage, en passant, à Albert le Grand (1200-1280) qui fut, dominicain comme lui, le maître de Thomas lorsqu'il vint, après Paris, étudier à Cologne (1248-1252).

L'eau changée en vin

Si nous résolvons les problèmes de la foi par seule voie d'autorité, nous posséderons certes la vérité, mais dans une tête vide.

Cette phrase de Thomas, qui n'est pas sans humour, donne la mesure de son rationalisme : une foi en quête d'intelligence (*fides quaerens intellectum*).

Et cette intelligence, au lieu de couper d'eau le vin fort de la sagesse, est, au contraire, par elle transformée d'eau en vin.

C'est couper d'eau le vin fort de la sagesse, direz-vous, de l'eau de la raison au vin de la Parole de Dieu, mélange corrupteur. Que non pas, si vous êtes bon théologien; car ce n'est pas alors le vin qui est coupé d'eau, mais bien l'eau qui est changée en vin, comme aux noces de Cana.

L'amour actif

«*Enseigner est une action*», car «*traduire les choses contemplées aux autres*» c'est la vocation apostolique même de qui se veut secourable en instruisant son prochain sur ce qu'il faut croire et sur ce qu'il faut faire.

Il en est qui ressentent dans la contemplation de Dieu une délectation telle qu'ils ne veulent pas la laisser, fût-ce pour s'occuper du service de Dieu dans le salut de leurs frères. Mais il en est d'autres, parvenus à un tel sommet de l'amour que, même cette divine contemplation, alors qu'ils y éprouvent la plus haute délectation, ils la réservent pour servir Dieu dans leurs frères. Ce fut la perfection de l'apôtre Paul. C'est la perfection propre des prêcheurs.

Le dialogue

> *Il est difficile de discuter contre l'erreur.*
> *...Avec les Juifs, nous pouvons alléguer l'Ancien Testament; avec les hérétiques le Nouveau; mais les infidèles ne reçoivent pas ces livres. Il faut alors recourir à la raison pure, dans laquelle tous peuvent donner leur assentiment.*
>
> *Mais la raison est débile dans les choses divines.*
> *...Nous ne devons donc pas chercher à convaincre par des arguments, mais seulement résoudre les raisons opposées en montrant qu'elles ne contredisent pas la foi.*
> *...Vis-à-vis des croyants, nous pouvons certes, pour leur épanouissement et leur réconfort, recourir à des arguments de convenance, mais non vis-à-vis des incroyants; sinon l'insuffisance de ces arguments les confirmerait dans leur négation, et ils estimeraient l'assentiment de notre foi n'être appuyée que sur de fragiles raisons.* (Somme contre les Gentils)

Nous ne pouvons ici entrer dans l'articulation de la pensée proprement philosophique et conceptuellement théologique de Saint Thomas. Les extraits suivants donneront quand même une idée de sa façon d'aborder les thèmes éthiques.

Actes humains et actes de l'homme

> *Des actions accomplies par l'homme seules sont dites humaines celles qui sont propres à l'homme, en tant qu'homme. L'homme en effet diffère des autres créatures qui sont irrationnelles, en ce qu'il est maître de ses actes,et ces actes seuls sont des actes humains; or l'homme est maître de ses actes par la raison et la volonté. Autrement ce sont des actions de l'homme, non des actions humaines, c'est-à-dire de l'homme en tant qu'homme.*
>
> (Somme théologique, Seconde Partie)

La grâce ne supprime pas la nature, mais la parfait. (gratia non tollit naturam sed perficit).

L'occision d'un innocent est contraire à la loi naturelle, tout comme l'adultère et le vol. Or il se trouve que Dieu en disposa autrement. Par exemple, lorsqu'il ordonna à Abraham de tuer son fils innocent, aux Juifs, de dérober les vases prêtés par les Egyptiens, à Osée, de prendre pour femme une prostituée.

...De mort naturelle, meurent tous les hommes sans distinction, tant innocents que coupables. Cette mort naturelle fut introduite par la puissance divine en raison du péché originel, selon ce dire du Livre des Rois : « C'est le Seigneur qui donne la mort et qui donne la vie ». Voilà pourquoi c'est sans aucune injustice que la mort peut être infligée à quiconque, innocent ou coupable, sur l'ordre de Dieu.

Semblablement, l'adultère est l'union avec la femme d'autrui; mais cette femme lui fut destinée par une loi positive divine. Aussi, qu'un homme s'unisse à quelque femme que ce soit sur l'ordre de Dieu, il n'y a là ni adultère ni fornication.

La même raison vaut pour le vol, qui est l'enlèvement du bien d'autrui. En effet, prendre quoi que ce soit sur l'ordre de Dieu, Seigneur de l'univers, ce n'est point le prendre contre la volonté du propriétaire, ce qui constitue le vol.

(Somme théologique, Seconde Partie)

Sans un minimum de bien-être, la vertu est impraticable

Or pour qu'un homme mène une vie bonne, deux conditions sont requises : l'une, la principale, est d'agir selon la vertu; car la vertu est ce par quoi on vit bien. L'autre secondaire, et comme instrumentale, consiste dans la suffisance des biens corporels dont l'usage est nécessaire à l'acte de vertu. L'unité elle-même de l'homme est causée par la nature, mais l'unité de la multitude, que l'on appelle paix, doit être procurée par les soins du gouvernant. (id.)

La guerre juste

Pour qu'une guerre soit juste, trois choses sont nécessaires :
1° L'autorité du prince, d'après l'ordre duquel la guerre doit être entreprise ; car il n'appartient pas à un particulier de faire la guerre, parce qu'il peut pour obtenir justice avoir recours au jugement de son supérieur.
...
2° Il faut une juste cause, c'est-à-dire qu'il faut que ceux que l'on attaque aient, par une faute, mérité d'être attaqués.
...
3° Il est nécessaire que l'intention de ceux qui combattent soit droite, c'est-à-dire qu'ils se proposent de faire le bien ou d'éviter un mal... Par suite, il peut arriver que, quoique la guerre ait été déclarée par l'autorité légitime et pour une juste cause, elle soit néanmoins rendue illicite par la perversité de l'intention de celui qui la fait. Car saint Augustin dit : « Ce qu'on blâme à juste titre, dans la guerre, c'est le désir de nuire, la cruauté de la vengeance, une âme inapaisée et implacable, la fureur des représailles, la passion de la domination, et autres sentiments semblables ». (id.)

D'après ce court extrait nous pouvons nous rendre compte qu'à s'en tenir aux conditions mêmes de Thomas, il est plus que malaisé de pouvoir reconnaître comme juste quelque guerre que ce fût ou soit. Avec un humour, sans doute volontaire, il avait souligné dans un autre passage que, dans une guerre, au moins un des deux est injuste, ce qui laisse supposer que le cas où les deux parties sont injustes est loin d'être rare. Quoi qu'il en soit, aujourd'hui, à s'en tenir aux conditions de Thomas, toute guerre de par ce qu'elle entraîne comme maux devrait être déclarée injuste en son principe. Que plus impérativement que jamais l'évangile commande la non-violence active et n'autorise rien d'autre, c'est ce qui est encore loin d'être reconnu par le magistère officiel.

Les œuvres de saint Thomas

■ Quand on prononce le nom de saint Thomas, c'est au mot **Somme** que son nom s'accole, tellement son œuvre symbolise ce qu'on attend d'une somme et d'une sommité : tout sur tout par le plus grand ! Il n'est question philosophique ou théologique sur laquelle il ne convient d'aller voir d'abord ce qu'en dit saint Thomas. Nous ne pouvons faire plus ici que signaler que cette somme par ailleurs inachevée — il est mort avant d'en avoir achevé la 3ᵉ partie — se subdivise, dans la dynamique que nous avons déjà évoquée : tout émane de Dieu, tout y retourne, en trois parties :

☐ 1ʳᵉ partie (*Prima Pars*) : l'émanation, Dieu-Principe ou Cause (DIEU)
☐ 2ᵉ partie (*Secunda Pars*) : le retour, Dieu-Fin ou le mouvement des créatures raisonnables vers Dieu (ETHIQUE)
☐ 3ᵉ partie (*Tertia Pars*) : le Christ Homme-Dieu, ou la voie qui mène à Dieu, le retour. Cette partie comporte donc la doctrine du Christ Sauveur et celle des sacrements, mais non la Résurrection qui devait achever cette 3ᵉ partie (SALUT)

Tout se passe comme si, à partir de la Foi indémontrable (sorte de « super-hypothèse » aux yeux de l'incroyant dans l'erreur) tout se déduisait « logiquement ».

Remarquons tout de même que pour Thomas, « simplement» croire en Dieu n'est pas un acte de foi, car la raison peut nous amener à connaître rationnellement l'existence de Dieu. Il en fournit cinq «voies» (plutôt que «preuves» au sens strict) qui toutes partent du sensible pour aboutir, par abstraction, à une exigence de la raison. Ce n'est que pour connaître Dieu dans son essence que la raison a besoin de la foi, mais celle-ci une fois «possédée» entraîne la raison à savoir plus et mieux, sans pour autant savoir tout ou parfaitement.

1° la «preuve» cosmologique : puisque chaque mouvement suppose un mouvement qui le produit, et qu'on ne peut ainsi régresser à l'infini, il doit y avoir un premier Moteur.
2° la cause efficiente : tout effet supposant une cause, et la régression à l'infini étant impossible, il doit y avoir une première Cause efficiente.
3° la cause nécessaire : toutes les causes naturelles étant contingentes, seul Dieu est Cause nécessaire par soi.
4° la perfection : le fait même qu'il y ait un plus ou moins grand degré de perfection dans les causes et les êtres naturels suppose un bien et une perfection absolus, qui est Dieu.
5° la «preuve» téléologique : tout tend vers une fin, la fin unique de tout ce qui est créé est Dieu.

Dans la *Somme contre les Gentils*, Thomas illustre et défend la vérité chrétienne contre les erreurs à propos de Dieu, de la création, de l'âme humaine, et de la vie future, telles qu'elles sont exposées principalement dans les œuvres des philosophes arabes et juifs.

■ De la quantité des autres ouvrages et opuscules de Thomas, nous proposons en passant, pour son intérêt historique et, relativement, encore toujours significatif, l'opuscule sur *De la conduite à l'égard des Juifs* (De regimine Judaeorum, 1269-1272), adressé à la duchesse de Brabant qui l'avait consulté sur la conduite à tenir à l'égard de ses sujets juifs.

Thomas y expose ce qui sera le comportement traditionnel de l'Eglise quant à la question juive et que l'on pour-

rait résumer de la sorte :
— Interdiction faite aux juifs de propager leur foi erronée.
— Interdiction de toute charge ou pouvoir qui mettrait un chrétien sous l'autorité d'un juif.
— Acceptation du principe de droit que les juifs sont «taillables et corvéables à merci».

Cependant, étant donné le droit naturel :
— est interdit le baptême des enfants sans le consentement de leurs parents ;
— est interdit la conversion forcée, car on ne peut agir contre la liberté de conscience ;
— est interdit tout ce qui dépasse l'impôt légitime et priverait le juif du nécessaire à sa vie habituelle.

Outre cela, le judaïsme a droit au respect, car il a été l'annonciateur du christianisme, et de ce fait il faut tolérer que les juifs pratiquent leur culte.

Du point de vue social, l'assistance mutuelle étant un devoir de sociabilité, le prêt à intérêt est interdit. Il faut donc obliger les juifs à restituer les profits de l'usure et les obliger à se procurer un travail utile et rémunérateur. (Plus facile à dire qu'à faire, étant donné, d'une part, et l'intérêt de l'emprunteur et celui du prêteur, et d'autre part, les possibilités de travail, laissées aux juifs. De toute façon la théorie en soi n'avait rien d'antisémite, quand bien même elle est «évidemment» antijudaïque.)

Avant de clore ce chapitre sur la philosophie chrétienne nous devons dire un mot sur un univers mental chrétien fort différent de celui de Thomas et des Frères Prêcheurs, celui des Frères Mineurs ou Franciscains. En effet, alors que Thomas part du sensible pour en abstraire, selon la dialectique aristotélicienne, l'intelligible, et, par ailleurs, déduit rationnellement à partir des vérités révélées ce qu'elles impliquent, Duns Scot et Guillaume d'Ockham, tous deux Franciscains, mais à l'opposé l'un de l'autre, procèdent différemment.

Jean Duns Scot *1270-1308*

Surnommé le «Docteur Subtil» tellement sa dialectique tresse un réseau d'une très savante complexité. Critiquant l'aristotélisme et le thomisme sur plusieurs points majeurs, nous ne nous étonnerons pas qu'il s'inscrive dans la lignée augustinienne de la priorité de la foi et de la volonté sur la raison.

Duns Scot n'admet pas la distinction thomiste de l'essence et de l'existence, car cette distinction, prise comme fondamentale, briserait le caractère absolument identique (univoque) de l'être. En d'autres termes, si *est* doit être entendu différemment dans «Dieu est» et dans «l'homme est», *est* n'a plus de valeur univoque. Or, *est* doit toujours avoir la même signification et, dire comme saint Thomas que l'être de l'homme est analogue à l'être de Dieu, c'est dire quelque chose d'équivoque.

L'«existible» est pour Duns Scot une catégorie métaphysique beaucoup plus fondamentale que l'étant et l'existant.

Nous ne pouvons ici entrer dans la véritable articulation de cette pensée extrêmement subtile que nous ne signalons que pour montrer qu'il y aura toujours, sans doute, face à un effort de cohérence basé sur la raison et le sensible et qui procède par abstraction rationnelle, un effort autre basé essentiellement sur l'«intuition» et la volonté.

■ **Deux exemples** nous serviront à illustrer l'audace de sa pensée théologique et morale.

Etant donné l'essence même de Dieu, son Incarnation n'est pas liée au péché originel de l'homme, circonstance contingente par rapport à l'exigence d'une élévation de la nature humaine à l'amour. Tout est possible à Dieu, sauf ce qui implique contradiction.

Dieu peut par exemple autoriser la polygamie ou l'inceste ([75]) en tant que moindre mal n'impliquant pas contradiction, mais non la polyandrie. En effet, du fait que l'homme peut rendre mère plusieurs épouses, la polygamie a sa raison d'être (en soi ou occasionnelle) comme «puissance», même s'il est vrai qu'elle est moins juste que la monogamie qui seule respecte l'amitié conjugale et l'égalité du rapport interpersonnel. Tandis que la polyandrie, du fait même de l'impossibilité pour une femme d'être enceinte de plusieurs hommes, est donc inutile et contradictoire, et de ce fait inautorisable, sans rappeler que tout comme la polygamie elle est injuste quant au contrat monogame.

Guillaume d'Ockham *fin XIIIe s. -1349*

Nominaliste ([76]), il n'accepte comme seule source de connaissance que **l'intuition** externe ou interne. Il annonce déjà à la fois la séparation moderne entre philosophie et théologie, et l'empirisme ([77]) des grands philosophes anglais.

Citons au moins de lui son principe d'économie, connu sous le nom de :

Rasoir d'Ockham (ou d'Occam)

Il ne faut pas multiplier les êtres (entités) sans nécessité. Si bien qu'il ne faut pas recourir à des êtres (entités, réalités, concepts) non empiriques dans l'explication du réel, sauf en cas de nécessité absolue. Cela étant, nul besoin de recourir à une essence humaine non empirique pour expliquer ou connaître l'homme.

La philosophie islamique

L'islam

■ **Il n'y a de Dieu que Dieu (Allah[78]) et Mahomet est son prophète.**
Telle est l'unique profession de foi du musulman ([79]), dont le credo se résume en cinq articles de foi : croire en Dieu, en ses anges, à la vie future, aux prophètes ([80]), à la résurrection.

■ Les **obligations rituelles** ou lois de la vie religieuse sont cinq elles aussi :
1. La **profession de foi** (shahâda) : Il n'y a de Dieu qu'Allah et Mahomet est son prophète. Elle doit être obligatoirement prononcée en arabe.
2. La **prière**, répartie en cinq prières, depuis l'aurore jusqu'à la nuit; précédées d'ablution d'eau (ou, à défaut, de sable); le corps tourné vers la Mekke (Médine).
3. L'**aumône légale** ou l'impôt de Dieu en faveur des pauvres et d'autres catégories qui y ont droit (il ne s'agit donc pas de libéralité).
4. Le **jeûne du ramadân,** terriblement éprouvant de par la rigueur prescrite.
5. Le **pèlerinage à la Mekke**, qui commémore le sacrifice d'Abraham ([81]) et que tout musulman, qui le peut, doit accomplir au moins une fois dans sa vie.

■ Notons encore que l'islam ne comporte pas de clergé (tout comme le judaïsme, mais contrairement au christianisme) et que l'iman n'est qu'un chef de prière communautaire, laquelle est pratiquement obligatoire le vendredi, ou un fonctionnaire, plus ou moins érudit, de la mosquée

■ La **jihad** (prononcer djihad) (l'«effort dans la voie de Dieu»), que l'on traduit erronément par «guerre sainte», ne fait pas partie des obligations rituelles mais correspond à l'obligation communautaire de faire régner les lois de Dieu sur la terre. Qu'en pratique il se soit souvent agi d'imposer l'islam aux païens «incroyants» pour qu'ils soient enfin sous la loi du Dieu vivant, ne doit pas faire oublier que le grand *jihad* est surtout l'effort personnel de qui se soumet pleinement à la volonté de Dieu.

Les juifs et les chrétiens n'étaient évidemment pas assimilés aux païens incroyants, mais considérés comme les «gens du Livre» qui, ayant reçu la révélation, l'ont déformée ([82]). Ils sont appelés eux aussi à la vraie croyance qu'est l'islam, mais ils peuvent rester en l'état imparfait où ils sont moyennant rachat de leur «infidélité» par l'acceptation d'un statut de «protégé» (*dhimmi*) qui comporte à la fois une redevance pécuniaire et quelques mesures plus ou moins vexatoires, appliquées selon les époques et les situations, (très) durement ou (très) mollement.

■ Rappelons encore que **la circoncision** n'est pas d'obligation canonique, mais coutume obligatoire, que la polygamie est permise mais n'est pas conseillée, que l'interdiction de l'alcool est une interdiction coutumière plus que strictement coranique, que l'interdiction de la viande de porc ou de tout animal tué improprement (par exemple, étouffé) est d'origine composite (scripturaire et économique), etc....

Nous n'avons évidemment pas, ici, la prétention de résumer en quelques lignes ce qu'est l'islam — un livre n'y suffirait pas — mais de permettre au lecteur non averti de se débarrasser de quelques préjugés tenaces et d'une ignorance qui fait souvent le lit de la rumeur et du mépris.

■ L'islam aussi a connu très tôt un mouvement dissident, schismatique ([83]), le chiisme, dont les partisans s'opposent aux sunnites.

En deux mots, le **chiisme** est la doctrine de ceux qui récusent les trois premiers califes (chefs de toute la communauté musulmane) comme usurpateurs. Ils se considèrent donc, au fond, comme des «légitimistes» non comme des dissidents ou des hérétiques (c'est aux yeux des sunnites qu'ils passent pour tels). La seule descendance légitime est donc à leurs yeux celle du calife Ali, cousin et gendre de Mahomet.

Après la disparition du dernier calife (ou imam; n'entrons pas trop dans les détails techniques) qui n'est que «caché», «absent», viendra, à son heure, à la fin des temps, le «mahdi» qui sera Ali ou l'un des siens. Mystiques et «doloristes» (ceux qui attachent une valeur morale et rédemptrice à la souffrance), leurs traditions sont différentes de celles des sunnites.

Le **sunnisme** quant à lui se donne pour la tradition véritable, fondée sur le consentement unanime. Elle est «l'orthodoxie» et selon la loi et selon la coutume. Pour les sunnites qui y croient, mais cela ne fait pas partie du credo obligatoire, le «mahdi» de la fin des temps ne pourra être autre que Mahomet lui-même

Voilà ce qu'il n'est pas inutile de savoir avant d'examiner un peu ce que donnera l'effort des philosophes musulmans pour accommoder la philosophie grecque à la révélation qu'ils acceptent comme la vérité même et dont ils vivent les obligations.

Avant de nous y risquer citons, en liminaire, ces versets du Coran (II, 216).

> *Il est possible que vous ayez de l'aversion pour une chose qui est un bien pour vous, et il est possible que vous aimiez une chose qui est un mal pour vous. Dieu sait alors que vous ne savez pas.*

Le philosophe musulman (ou religieux) n'est-il pas celui qui relève ce défi et s'attelle à la tâche non de savoir ce que Dieu sait, mais de bien savoir ce que Dieu veut qu'il sache.

Les philosophes musulmans

Les philosophes musulmans, qu'ils soient plus théologiens ou moins théologiens, sont d'abord **musulmans avant tout**. Certainement d'une pratique dont ils ne sont comptables, comme tout homme après tout, que devant Dieu, mais aussi devant la société qui punit le «désordre» selon son code de lois. Quant à la liberté de pensée, sans laquelle n'existe pas de philosophie à proprement parler, elle est toujours, sinon garantie, à tout le moins affaire et conquête individuelles, et plus ou moins dans l'«air du temps», quelle que soit par ailleurs l'intervention du «bras séculier», poursuivant ses propres buts politiques d'«ordre» sous couvert d'aval religieux, et pouvant de ce fait punir par l'emprisonnement ou la mort une critique, une hérésie, une pratique dont il ne veut ou ne peut s'accommoder.

C'est dire en d'autres mots que le philosophe est dans une situation d'autant plus inconfortable que sa pensée se heurte à une dogmatique étroitement formulée et que le pouvoir a intérêt à faire de sa personne et de ses idées le bouc émissaire qu'il faut sacrifier au nom même de l'ordre ou d'un gain estimé essentiel.

Il semble, d'une part, que, de façon assez générale, le pouvoir musulman se soit montré plutôt libéral envers les philosophes, et que, d'autre part, la «dogmatique musulmane» se soit elle-même formulée progressivement en rapport dialectique avec l'apport des philosophes, découvrant, partiellement, et interprétant, à leurs manières, tant le platonisme (mais surtout le néo-platonisme de Plotin) que l'aristotélisme et sa métaphysique.

En effet, même si la plupart des philosophes s'éloignent de l'orthodoxie, ils n'en aident pas moins à sa formulation et ne cessent pour autant d'être musulmans. Tout se passe comme si s'établissait entre les philosophes, tenants de la raison, mais ne niant pas la Révélation, et les théologiens, tenants de la Révélation, mais ne niant pas la raison, un dialogue où, si nul ne cède, les objections mêmes de l'autre l'obligent de raffiner sa thèse.

Par ailleurs, n'oublions pas non plus que si le philosophe peut moduler sa pensée en discours esotérique (réservé aux plus avertis ; car il serait dangereux de l'exposer à ceux qui, par incompréhension rédhibitoire, ne le pourraient taxer que d'hérétique, dangereux, destructeur), le théologien, lui aussi, peut moduler son discours en : pensable selon la raison, et : obligatoire selon la foi, quel que soit par ailleurs le secours mutuel qu'elles s'apportent.

Que l'exotérisme philosophique et le fidéisme théologique aient souvent l'un et l'autre une tendance ou une composante mystiques ne doit pas nous étonner, car toute dialectique ascendante, toute montée aux extrêmes est unitive ([84]), ou même fusionnelle, en son principe. Il n'empêche que certains théologiens, et au fond la masse des croyants, se sont toujours méfiés de la raison et l'ont tenue en piètre estime. Sans doute la raison ne faisait-elle pas le poids pour ceux dont les certitudes s'enthousiasmaient de la beauté même du Coran et de la croyance en son caractère éternel et incréé.

Nous ne pouvons ici nous permettre de développer un tant soit peu la philosophie islamique ou de parler de tous ses représentants les plus importants. Nous nous bornerons donc à esquisser sommairement le débat général entre théologiens et philosophes et à présenter Avicenne, l'« oriental », et Averroès, l'« occidental ».

Citons quatre versets du Coran, en préface au tableau qui suit :

Dieu	*Dis : « Il est Allah, unique,* *Allah le seul.* *Il n'a pas engendré et n'a pas été engendré.* *N'est égal à Lui personne.* (Sourate 112, 1-4)
Le Coran	*Croyez à ce que Dieu a fait descendre.* (Sourate II, 91)

Le monde *C'est lui qui a créé les cieux et la terre d'une création vraie, le jour où il dit : Sois, et il fut.* (Sourate VI, 72)

Libre arbitre *Quiconque suit la bonne voie ne la suit que pour soi-même; et quiconque s'égare ne s'égare que contre soi-même. Et nul ne porte le fardeau d'autrui.* (Sourate XVII, 15)

	Asharisme ([1]) ou orthodoxie sunnite ; un peu plus nuancée que le point de vue des fidéistes ([2])
DIEU?	Dieu est Un et transcendant, mais transcendants aussi sont ses attributs éternels : Il est omniscient, parlant, vivant, omnipuissant, mais aussi entendant, voyant
LE CORAN?	A. Parole incréée de Dieu, éternelle comme Lui. B. Le Coran doit être interprété littéralement, selon la foi.
LE MONDE?	A. Le monde est créé, il n'est donc pas éternel. Le monde est fait de matière indivisible (« atomes ») que Dieu Dieu détermine et spécifie par un acte de création continu. B. Dieu soutient constamment le monde et y intervient à sa guise (miracles).
LIBRE ARBITRE DE L'HOMME?	Quoique le châtiment ou la récompense dépendent de la grâce de Dieu (et que l'homme est par elle « prédestiné »), l'homme est malgré tout responsable de ses actes dont il « acquiert » le mérite ou le démérite, mais que de toute façon Dieu crée en les « tolérant ».

(1) Asharisme : du nom du théologien musulman Ashari (Bassora (Irak) 873-935) fondateur de la scolastique orthodoxe.

(2) Fidéisme : doctrine de ceux qui ont foi en la vérité révélée, interprétée littéralement, et qui considèrent souvent en plus que le salut relève principalement, sinon exclusivement, de la foi et non des œuvres.

(3) Formée sur une racine verbale qui veut dire «se séparer». On pourrait traduire par «les séparés» ou «les dissidents».

Mutazilisme (3) ou rationalisme ; mais toujours basé sur le Coran qu'il interprète.
Dieu est Un et transcendance pure, pur esprit sans attributs positifs (éternel n'est pas un attribut positif puisqu'il «qualifie» l'essence de Dieu, tandis que savant, voyant, etc... sont des attributs accidentels inapplicables à Dieu). A. Le Coran est créé, il n'est pas éternel (sinon Dieu ne serait plus Un). B. Il doit être interprété allégoriquement selon la raison. A. La matière est, comme essence, éternelle («néant»). L'acte de création de Dieu fait exister le monde. B. Dieu ne connaît pas directement les «choses particulières», car le monde obéit à sa propre causalité. L'homme est libre et responsable de ses actes, sinon la punition comme la récompense seraient injustifiées et injustifiée l'injonction coranique de faire le bien et d'éviter le mal.

■ Ce petit tableau, bien sûr, ne se veut qu'illustratif, car les discussions et les arguments des uns et des autres sont plus subtils que ce que nous en formulons et liés à une problématique d'époque, tant religieuse que politico-religieuse, qu'il est impossible de rendre en quelques mots.

Néanmoins, nous pouvons apercevoir que la question des **attributs de Dieu** est importante du fait même de la lutte religieuse entre chrétiens et musulmans. En effet, les chrétiens font référence à ces attributs éternels de Dieu, conformes à la pensée théologique musulmane, pour y déceler comme une répartition déformée et «allongée» de ce qui pourrait être le vrai trinitarisme. En effet, ces six attributs éternels sont pour les chrétiens en réalité des Personnes et elles ne sont que trois (trois Personnes en un Seul Dieu, une seule nature divine en trois Personnes). Le paradoxal du débat, entre asharites orthodoxes et mutazilites rationalistes, est que ce sont précisément ceux que l'on juge, à tort, comme des «libre-penseurs» qui défendent le mieux le point de vue de l'unicité de Dieu contre cette contre-attaque chrétienne qui s'engouffre par la porte ouverte des attributs positifs et éternels de Dieu.

■ De même pour **le Coran**. S'il est cette parole incréée de Dieu, on se trouve devant le même danger qui est de rompre l'unicité de Dieu en lui «associant» sa parole. D'où le point de vue raisonnable des rationalistes d'interpréter allégoriquement le Coran qui est un «existant» et non une essence éternelle.

■ Quant au **monde**, s'il est vrai que pour les rationalistes, fidèles en cela à la philosophie grecque, il est créé quant à son existence, mais au départ d'une matière essentielle éternelle qui est «néant» tant que Dieu ne la fait pas passer de la «puissance» à l'acte, il n'en demeure pas moins qu'il est soumis à la Providence de Dieu mais uniquement quant à sa causalité générale non dans ses causalités particulières.

■ Dieu crée la causalité générale qui fait par exemple que

de l'union d'un homme et d'une femme naisse un enfant, sans pour autant être impliqué dans la causalité particulière qui fait que cet enfant naisse de rapports légitimes ou bien de rapports incestueux, adultérins ou d'un viol.

Dieu punit donc ce qu'il permet, ce qu'il tolère, miséricordieusement et majestueusement (diront les asharites), parce que **l'homme est libre** de s'abstenir de ce qu'il ne doit pas (ajouteront les mutazilites). Ce qui revient à dire que l'homme est libre dans ce monde qui obéit à des lois générales et qu'il ne saurait y avoir de prédestination sous peine que l'injonction coranique même de faire le bien n'ait aucun sens.

Même si les asharites mettent l'accent sur la prédestination et la grâce arbitraire de Dieu, il n'empêche qu'ils sont bien obligés de ne pas se mettre en contradiction avec le texte coranique sur la justice divine, et que, s'il est vrai que c'est essentiellement la foi qui sauve, les actes comptent eux aussi. De toute manière, il est sans doute impossible de concilier prédestination et justice divine et aucun argument en la matière n'a jamais été décisif.

Avicenne (Ibn Sina) *980-1037*

Médecin, philosophe et mystique, Avicenne eut une vie plutôt agitée. Surmené et souffrant d'une maladie d'intestins, il passa les dernières années de sa vie en musulman très pieux.

En tant que médecin on lui doit un *Canon de la médecine* qui fut longtemps la base des études médicales tant en Orient qu'en Occident.

De son œuvre philosophique, l'ouvrage capital est le livre *De la guérison* (Al-shifa) qui englobe logique, mathématique, physique et métaphysique. Fort inspiré de la philosophie de Fârâbi ([85]) comme bien sûr de la philosophie grecque, surtout aristotélicienne et néo-platonicienne

([86]), Avicenne systématise dans cet ouvrage toute la philosophie islamique (orientale) de son temps.

Il ne nous reste, malheureusement, que quelques fragments de son ouvrage *De la philosophie orientale*, d'inspiration plus mystique, contemplative et ésotérique. Du fait même de son origine — n'oublions pas qu'il était persan ([87]) — Avicenne fut en contact avec le chiisme «dissident», avec le soufisme ([88]). C'est d'ailleurs en référence à la pensée d'Avicenne, à celle-ci plus qu'à toute autre, que le courant musulman «oriental», c'est-à-dire essentiellement iranien, a continué de briller, à contre-courant de l'Occident.

L'Orient (le machrek) ayant toujours désigné dans la théosophie et la mystique religieuse la Lumière, les univers angéliques, par rapport à l'Occident (le maghreb), monde de la matière sublunaire où les âmes s'exténuent. Si donc la pensée d'Avicenne influença quelque peu l'Occident, mais dans une faible mesure et au prix de ce qui en faisait l'originalité véritable — les univers angéliques —, elle continua à nourrir la pensée iranienne.

On pourrait résumer la pensée d'Avicenne en partant, d'une part, de ce qu'il retient de la distinction de Fârâbi entre l'«Etre nécessairement être par soi-même» et l'«Etre nécessaire par un autre», et, d'autre part, de la nature des univers angéliques.

La création consiste dans l'acte même de la pensée divine se pensant elle-même et ne pouvant pas ne pas se penser. Si bien que cette pensée, la Première Intelligence, est aussi éternelle que Dieu lui-même. Cette Première Intelligence contemplant son Principe (Dieu) engendre une Deuxième Intelligence, laquelle à son tour, par contemplation nécessaire, engendre la Troisième Intelligence ou Première Ame. Et de contemplation nécessaire en contemplation nécessaire se met en place la hiérarchie supérieure des **Dix Intelligences** ou **Anges sacro-saints**.

Nous ne pouvons entrer dans les détails de cette construction spéculative, où tout se passe comme si, puisque «de l'Un ne peut procéder que l'Un», il est nécessaire que ce soit l'Un qui, par engendrement successif, fasse finalement exister comme un accident nécessaire le monde tel qu'il est.

Ces essences et univers angéliques ont à la fois quelque chose de plotinien et d'«oriental» qu'il n'est pas facile d'appréhender, et on ne s'étonnera pas que la critique se fasse volontiers «voltairienne» pour dénoncer un tel «galimatias» spéculatif. Mais sans doute faut-il y voir au-delà de leur aspect inouï, lié aux visions astronomiques et cosmologiques du temps ([89]), une tentative de combler «l'espace» qu'il y a entre «l'Etre nécessairement être par soi-même» (Dieu) et le monde des petites choses, cette multitude d'âmes humaines, animales et végétales. Tout se passe alors comme s'il fallait ménager entre Dieu et l'homme ces univers angéliques, ces Ames célestes, comme médiations nécessaires.

L'homme, d'ailleurs, a besoin de la médiation d'une de ces Ames célestes, la Dixième Intelligence, celle qu'on appelle l'**Intelligence agente** pour pouvoir, grâce à elle, être illuminé de connaissance.

Cette Intelligence agente engendre en quelque sorte l'Intellect agent qui, unique pour tout le genre humain, se fragmente entre toutes les âmes humaines. Lesquelles en cultivant l'aptitude à recevoir l'illumination de l'Intellect agent sont dans un tel état d'intimité avec l'Ange de la Révélation (c'est-à-dire aussi l'Intelligence agente) que leur «pointe» pensante (intellect) est devenue, d'une part, sainte, et donc capable de prophétiser, et d'autre part, connaissante, digne d'immortalité.

Grandiose vision sur laquelle nous ne pouvons que nous arrêter et redescendre pour souffler un peu.

Averroès (Ibn Rushd) *1126-1198*

Celui qu'on a surnommé «Le Commentateur» (le commentateur d'Aristote qui, lui, est «Le Philosophe») n'a pas eu de postérité en terre d'islam et ce qu'on connaît de son œuvre, on le doit à des auteurs juifs et chrétiens qui l'ont traduite et restituée à leur manière qui n'est pas exempte de gauchissement.

Curieux parcours en définitive que cette redécouverte d'Aristote qui passe par de multiples relais mais dont le plus fidèle et le plus complet — celui d'Averroès — s'en va finalement nourrir la pensée scolastique chrétienne d'Occident, et y être condamnée d'ailleurs, laissant l'islam d'Occident dans le giron de sa scolastique théologienne et l'apathie soumise des foules croyantes peu réceptives au questionnement philosophique dont elles ne voient pas la raison et que, partant, elles soupçonnent d'impiété. Lèse-piété et lèse-majesté sont crimes tellement facilement imputables au philosophe par des foules que galvanisent leurs certitudes qu'il n'y a plus à s'en étonner.

Né à Cordoue, ville lumière de l'Espagne musulmane ([90]), Averroès cumule trois carrières, celle de qadi*, de médecin et de philosophe. Vers la fin de sa vie, victime des tenants d'une orthodoxie étroite et rigide, il tombe en disgrâce et est exilé à Marrakech où il meurt trois ans plus tard.

■ C'est à l'âge de quarante-cinq ans que, sollicité par l'émir, il se mit à **commenter l'œuvre d'Aristote**. En une vingtaine d'années il écrivit des commentaires variés (paraphrase, explications, examen de difficultés et solutions) sur presque tous les traités d'Aristote. Il est à ce point convaincu de la supériorité exemplaire d'Aristote que dans son commentaire du grand traité aristotélicien *De*

* Qadi (ou cadi).— «juge» : magistrat qui remplit des fonctions tant civiles que judiciaires et religieuses.

l'âme, il déclare ceci : «Ce point est si difficile que, si Aristote n'en avait pas parlé, il eût été très difficile, impossible peut-être, de le découvrir — à moins qu'il ne se fût trouvé un autre homme comme Aristote. Car je crois que cet homme a été une norme dans la nature, un modèle que la nature a inventé pour faire voir jusqu'où peut aller la perfection humaine en ces matières».

■ Averroès est à la fois un musulman comme tous les autres, c'est-à-dire qu'il pratique les lois rituelles découlant de l'islam, et aussi un philosophe pour qui le vrai ne pouvant contredire le vrai, il s'agit d'avoir une attitude théorique différente de celle du faux savant qui ne s'attache qu'au sens externe (littéral) sans en pénétrer le sens interne (réél, philosophique, intellectuel) et tombe ainsi dans des contradictions stupides ou des affirmations qu'il est bien incapable de fonder en raison, et qui, par là-même jettent le trouble dans les esprits simples. Averroès, par une méthode démonstrative rigoureuse, qui tient compte du sens externe et du sens interne, prétend, lui, **expliquer les dogmes fondamentaux de la foi islamique** (existence de Dieu, son Unicité, ses attributs) ([91]).

En fait, tout se passe comme si Averroès critiquait les théologiens en tant que faux savants qui font tort et à la Révélation et à la raison, tandis que lui, Averroès, essaye, en se tenant à l'une et à l'autre, d'expliquer la révélation sans faire injure à la raison, tout en reconnaissant que la raison (l'intelligence) est aussi incapable de saisir Dieu que les yeux de la chauve-souris de voir le soleil.

Aussi, pour Averroès, ni la révélation ne fait de la philosophie sa servante théologique, ni la philosophie ne s'adjuge le domaine de la révélation : chacune en son domaine autonome remplit sa fonction, le vrai de l'une ne pouvant contredire le vrai de l'autre.

■ Ce qu'il y a d'original dans la pensée d'Averroès c'est sa **doctrine** (difficile) **de la «jonction»** qui s'opère entre notre âme intellectuelle et l'Intellect agent. Il faut savoir qu'aux yeux d'Averroès l'Intellect agent est, parce que immatériel et éternel, unique pour toute l'humanité. Autrement dit : pour Averroès l'humanité est fragmentée en une multitude d'individus, passés, présents et à venir, mais l'Intellect, lui, qui fait l'homme spécifique, c'est-à-dire raisonnable, ne cesse pour autant d'être unique et éternel. (Un peu comme si, sous la diversité des formes humaines individuelles ou collectives se pouvait percevoir une unicité que cette multiplicité fragmente sans la rompre pour autant, comme si chaque homme participait du «type homme», essence éternelle et immatérielle, dont il ne «réalise» qu'un possible. La comparaison est boîteuse du fait qu'il n'y a pas d'essence éternelle et immatérielle du «type homme», mais nous la donnons pour essayer d'imager un peu le rapport entre ce qui est «un» et ce qui est multiple).

L'homme, en tant qu'être spécifique — l'espèce homme, animal raisonnable — est toujours «joint», lié à l'Intellect agent, mais aussi à l'Intellect passif (ou «matériel») en qui «s'impriment» les connaissances que l'Intellect agent abstrait des renseignements que notre sensibilité lui fournit.

C'est ainsi que chaque homme accroît par habitude ses connaissances que l'Intellect agent «imprime» dans l'intellect passif, après les avoir abstraites du sensible. Au terme de cette habitude, l'abstraction est dépassée et la «jonction» finalement nous unit à l'intelligible pur. L'homme, c'est-à-dire en cette pointe extrême le philosophe, s'élève ainsi d'abstraction en abstraction, de forme en forme, de perfection en perfection, à «la béatitude de la connaissance».

Si, à partir du Coran qui dit que Dieu est lumière, l'homme simple comprend qu'il verra Dieu comme on voit le soleil, et le théologien qu'il «verra» Dieu, seul le philosophe est capable de savoir que cette Lumière est science divine, intelligible pur.

La béatitude est dans la perfection du savoir que seul le philosophe atteint, car il n'est ni à la traîne du sensible, comme l'homme ordinaire, attaché aux images, ni bloqué dans sa quête de la vérité par le prétendu sens littéral ou probable des théologiens, mais «joint» à l'Intellect agent dans sa contemplation de l'intelligible pur.

Que cette vision des choses soit trop «éthérée», et par trop intellectualisée, libre à chacun d'en décider; qu'elle ait sa grandeur, qui n'en conviendrait?

Conclusion?

Est-il réellement possible de tirer quelque conclusion que ce soit de ce chapitre sur les défis religieux? Il semble bien que non, tellement sont différentes les voies tentées pour concilier foi et philosophie, d'une part, raison et sensible, d'autre part.

Pourtant, quelque chose apparaît qui n'est pas sans indiquer à la fois un fait et une tendance. En effet, d'une part, ni la philosophie juive, ni la philosophie arabe en tant que philosophies n'ont continué sur leur lancée après leur brusque et relativement courte rencontre avec la philosophie grecque. Certes, et la pensée juive et la pensée musulmane ont continué d'exister et de produire des ouvrages remarquables et attachants, mais ce n'est pas les amoindrir ou nier leur importance que de n'y pas voir de philosophie au sens strict. Tout se passe comme si c'est à emprunter d'autres pistes — mystiques ou législatives par exemple — que s'illustre leur dynamique profonde.

D'autre part, à partir de la scolastique thomiste même, tout a l'air d'être en place pour le renouvellement du questionnement proprement philosophique, comme si en ayant ménagé l'autonomie de la nature et de la liberté contre tout réductionnisme de la foi seule ou de la grâce seule, en ayant donc, du fait même de l'Incarnation, naturalisé le réel, l'ayant ordonné selon une loi naturelle et physique et morale, saint Thomas avait, sans le vouloir, créé les conditions mêmes d'une philosophie en liberté.

Le paradoxe est au fond qu'en essayant de tirer toutes les conséquences qu'implique l'Incarnation divine, ou bien la créature devait se désincarner de sa nature pécheresse pour être à la hauteur de l'Incarnation divine, ou bien, du fait même de cette Incarnation et de son appel, tout se naturalisait.

A y bien réfléchir, il n'est donc pas étonnant que ce soit précisément à partir de la dynamique même de l'incarnation chrétienne que l'Occident post-chrétien occupe, et dans la philosophie et dans la maîtrise, fût-ce en grande part dévoyée, du monde, une place encore aujourd'hui incontestable, et partant nécessairement contestée, fût-ce par Grecs interposés.

Réforme ou révolution

Sous la pression conjuguée d'une nouvelle dynamique des conflits et des découvertes, une autre vision des choses est en train de se répandre, et de façon savante et de façon populaire, du XVe au XVIIIe s.

En effet, le pouvoir politique et la société civile tendent à s'émanciper de la tutelle de l'Eglise, non qu'il s'agisse d'une séparation de l'Eglise et de l'Etat — on en est encore loin —, mais tout de même d'accorder, fût-ce localement, politique et religion, en les autonomisant autant que faire se peut, comme les scolastiques avaient accordé philosophie et révélation. Ce qui ne va pas sans conflits entre la Papauté et les Princes, comme entre ceux-ci, les «féodaux», le peuple et les réformateurs de l'Eglise.

D'autre part, la découverte du Nouveau-Monde, venant s'ajouter au commerce (et commercial et intellectuel) avec le monde musulman et oriental, crée et une nouvelle dynamique économique («capitalisme») et une rencontre heurtée — c'est le moins que l'on puisse en dire — entre la «chrétienté» divisée (catholiques/protestants) et le monde à conquérir et à «christianiser».

Enfin la révolution copernicienne, achevée en Galilée, décoince la terre d'un géocentrisme, qui la retenait prisonnière de sphères incorporelles supralunaires, pour la propulser dans l'espace d'un cosmos entièrement naturel et corporel, dont, dira Galilée, l'appréhension intellectuelle relève de la mathématique, et non de la physique entendue au sens de «philosophie naturelle», déduite d'une science de l'être.

Dans cette effervescence et de pensers nouveaux et d'actes nouveaux (capitalisme, conquête du monde, expériences, art nouveau...) il n'est pas facile de faire son chemin, surtout qu'il s'agit, quand il est question de «rassembler», non de synthèse mais de syncrétisme, et quand il s'agit d'explorer, non de continuité mais de rupture et de nouveauté.

■ Commodément on peut dire que **tout est en crise : l'Eglise, la société, la pensée.** C'est pourquoi, pour faire court et bref, on peut caractériser cette époque, qui va du XVe au XVIIe s., comme une période de Renaissance au sens large, laquelle est toujours à la fois et reprise du passé vivant et vivace, que le présent, tel qu'il est devenu, trahit — et c'est **la Réforme** —, comme aussi table rase du passé-présent (ou du présent-passé) pour (quittant l'erreur, la mort, la régression) entrer en futur, en vérité, en salut, en paix, — et c'est **la Révolution**, c'est-à-dire très précisément la nouveauté.

Fini le temps des cathédrales et des Sommes; **la chrétienté ne sera plus double** (Occident/Orient) **mais triple** (catholiques/protestants/Orient) et même multiple (sectes, anabaptistes, frères moraves, mennonites, quackers, — violentes ou non violentes); la science et le pouvoir négocient pas à pas leur émancipation de la tutelle de l'Eglise; le monde est à explorer et à conquérir; l'individu se manifeste dans son élan vital, son travail, sa famille, sa patrie; les villes, les cités et les peuples sont la proie de fièvres et de passions qui les exhaussent et les brisent tout à la fois.

Nous ne pouvons, dans le cadre réduit de ce volume, rendre compte de cette époque bouillonnante et foisonnante comme il le faudrait. A tout le moins, traçons quelques voies d'entrée en nous servant de quelques idées et personnages qui ont marqué cette époque englobant à la fois les Renaissances, les Réformes et l'humanisme, l'époque classique et le rationalisme jusqu'aux révolutions américaine et française.

La Renaissance

Tout se passe comme si dans ce monde, enfin planète qui se sait telle, l'homme — et singulièrement, sinon exclusivement, l'homme d'Occident — prenant mesure de sa puissance allait, non sans dégâts, abus et erreurs, de conquête en conquête, s'exhausser de la nature pour la dominer et la maîtriser, s'exhausser aussi de sa conscience pour en dégager la science, ce savoir pour tout pouvoir.

Nicolas de Cuse *1401-1464*

Celui dont on a dit qu'il était le penseur le plus original du XVe s. est déjà un homme tout entier hors du Moyen Age et qui, moins que les Renaissants de la génération suivante, sera empêtré de magie et d'astrologie. Très au fait de la «science» de son temps, il étudia le droit, les mathématiques, la philosophie, à Padoue (célèbre pour son enseignement du droit), à Heidelberg, à Cologne.

Prêtre, puis cardinal et évêque, il fut aussi gouverneur de Rome. Parmi les nombreuses missions dont il fut chargé, pointons celle qui l'occupa à réformer les abus de l'Eglise en Allemagne, aux Pays-Bas et en Bohême.

Sa pensée il ne l'expose pas à la façon architecturale et pesante des scolastiques mais sous forme de dialogues, à la manière de Platon, qui visent à la conciliation par dépassement dialectique des contraires. C'est dire qu'il professait déjà en quelque sorte le grand art hégélien du travail du négatif, de l'antithèse qui seule peut amener au renouvellement de la thèse dans la synthèse.

De ce penseur immense nous ne retiendrons que, du point de vue théologico-philosophique, sa «Docte ignorance» (*De docta ignorantia*), et, du point de vue éthico-religieux, sa «Paix de la foi» (*De pace fidei*).

Il ne fit pas école, et si Giordano Bruno, un siècle plus tard, s'en inspira et le cite, beaucoup, de son temps et après, l'ignorèrent.

La docte ignorance

«*Entre le fini et l'infini il n'y a aucune proportion*».

Au fond, on peut dire que pour Nicolas il n'est de vérité que partielle, que l'esprit seul mesure, usant de l'intellect comme d'un compas qu'il ouvre ou retrécit suivant l'objet à connaître dans son unité.

Quant à Dieu, il n'y a en lui, infini négatif, ni opposition, ni différence, ni mesure, il serait en quelque sorte un «super-compas» capable de s'ouvrir et de se retrécir en même temps. C'est ce que Nicolas appelle la coïncidence des contraires, dans laquelle le maximum absolu et le minimum absolu coïncident. Ce qui veut dire que Dieu :

> *... transcende toute affirmation et toute négation. Tout ce que nous concevons qu'il est, il n'est pas plus vrai d'affirmer qu'il le soit plutôt que de le nier; tout ce que nous concevons qu'il n'est pas, il n'est pas plus vrai de nier qu'il le soit, plutôt que de l'affirmer.*

Idée qui va même plus loin que la traditionnelle théologie négative qui reconnaît qu'il est à tout le moins possible de dire ce que Dieu n'est pas, même si on ne saurait dire ce qu'il est ([92]).

D'où, chez Nicolas, cette distinction importante entre un infini négatif (ou Dieu) qui échappe à notre entendement et qu'aucun concept ne saurait définir, et l'univers, le monde, sorte d'infini «privatif» ou «indéfini» qui dépend de Dieu, qui en chacune de ses parties est fini, qui est mesurable, et qui ne comporte plus de centre absolu.

Ainsi la Terre n'est plus au centre du monde, et la coupure cosmologique qui existait entre le monde sublunaire et le monde supralunaire disparaît. **Le monde devient**

cette sphère infinie dont le centre est partout et la circonférence nulle part. Chaque observateur est donc en quelque sorte immobile au centre de l'univers. Révolution qui annonce et «dépasse» même celle d'un Copernic et son héliocentrisme.

L'homme, dans sa finitude radicale, est capable de mesurer les choses de l'univers tout en reconnaissant son ignorance radicale de l'infini négatif ou Dieu. En cela est sa docte ignorance tout autant que son éminente dignité de penseur et d'acteur.

La paix de la foi

C'est en 1453 — l'année même de la prise de Constantinople par les Turcs, date qui marque pour beaucoup d'historiens la fin de l'Empire romain d'Orient — que Nicolas écrit sa «Paix de la foi» où il fait dialoguer, avec esprit et profondeur, un Grec, un Italien, un Arabe et un Bouddhiste sur leurs confessions réciproques.

Qu'il en arrive à préconiser **l'union de tous les croyants,** dans une sorte de «**christianisme philosophique**», autour de quelques principes très simples qu'il aperçoit comme partout connus et reconnus, malgré la variété des rites et des symboles, montre à quelle liberté d'esprit, de tolérance, d'humanisme était parvenu ce très grand esprit, tellement en avance sur son temps que le nôtre ne l'a pas encore entièrement rejoint.

Que dans le monde «indéfini» où nous sommes, il n'y ait lieu de recourir, pour l'expliquer et l'ordonner à aucun «géocentrisme» et à aucun «ethnocentrisme», telle pourrait bien être la leçon profitable que ce savant théologien et philosophe, cardinal pourtant, fut un des premiers à donner.

Marsile Ficin *1433-1499*

Prêtre et helléniste, protégé des Médicis, maître de l'Académie platonicienne de Florence, Marsile Ficin, s'il ne fut pas un penseur original, fut en tout cas un traducteur infatigable et éminent. On lui doit la traduction (assortie de commentaires et de paraphrases) des *Dialogues* de Platon, celle des œuvres de Plotin, de Porphyre et du Pseudo-Denys, ainsi que celle du *Corpus hermeticum* (ensemble des écrits hermétiques ([93]).

Essayant de tout concilier, il est bien le penseur-type de la Renaissance et celui qui offre aux esprits de son temps, affamés de cette antiquité revisitée, **une synthèse** plutôt syncrétique **où se mêlent à la fois le néo-platonisme et l'hermétisme.**

Malgré, mais aussi à cause de sa vision hiérarchisée du cosmos et de la place de l'hermétisme dans son œuvre, il souligna plus que quiconque l'éminente grandeur et dignité de l'homme que son âme immortelle transforme en quelque sorte en «second dieu», en démiurge semblable à Dieu.

Qu'on en juge par cet extrait de sa théologie platonicienne :

> *Donc, puisque l'homme a vu l'ordre des mouvements des cieux, sa progression et ses proportions, comment pourrait-on nier qu'il possède presque le même génie que l'auteur des cieux et qu'il puisse, dans une certaine mesure, créer des cieux s'il trouvait des instruments et une matière céleste, puisqu'il les crée maintenant d'une autre manière bien sûr, mais d'après un plan semblable.*

Il écrivit aussi une *Apologie contre Savonarole* dont l'outrance et l'anti-intellectualisme l'effrayaient, alors que par ailleurs il partageait son même souci de réformation des mœurs et de l'Eglise. Mais il estimait que celle-ci n'avait chance de s'accomplir que par les ruses politiques d'un pouvoir éclairé.

Pic de la Mirandole *1463-1494*

Nous ne pouvons quitter Florence sans dire un mot de celui qu'on surnomma le «prince des érudits» et dont le nom sonne si gaiement à l'oreille et aux lèvres de ceux qui, par tradition populaire, s'imaginent qu'il était si savant qu'il avait réponse à tout.

De famille princière, il jouit aussi de la protection de Laurent de Médicis, lors de ses démêlés avec l'Eglise.

C'est auprès de Marsile Ficin qu'il étudia Platon, le néo-platonisme et l'hermétisme. Il suivit aussi avec sympathie les premières prédications de Savonarole. Génie précoce et polyvalent, il fut un esprit brillant.

Il poussa la **volonté de «science» unitaire**, qui animait aussi un Ficin, encore plus loin que ce dernier. Dans son ouvrage *De la dignité de l'homme* qu'il publia à vingt-quatre ans et qui devait servir d'introduction aux 900 thèses qu'il voulait aller défendre à Rome devant un parterre d'érudits convoqués à ses frais — thèses dont seulement quelques-unes furent condamnées, puis toutes, puis aucune ! — il exalte l'homme comme la créature que Dieu, par privilège spécial, a laissée entièrement libre soit de devenir ange, soit démon. Nul ne poussa plus loin que ce jeune homme d'une érudition incroyable l'esprit de «concordance» qui lui faisait apercevoir en toute tradition authentique la même et unique tradition. Si bien que juive, grecque, islamique ou chrétienne, pour qui connaît l'art de les bien interpréter, ces traditions «concordent» dans le fond.

Pour le démontrer, il fit un usage savant de la Kabbale ([94]) expliquant à la fois que la tradition kabbalistique est chrétienne, et qu'inversement la tradition chrétienne est kabbalistique. Bien sûr, Pic est chrétien, même s'il ne l'est pas de la façon commune.

Il fut par là même un de ces nombreux kabbalistes chrétiens sur lesquels il nous est impossible de nous étendre et qui au fond croyaient voir dans la kabbale même et la Trinité, et l'Incarnation du Verbe, et la nature divine du Messie. Alors que les kabbalistes juifs de l'époque «platonisaient», les kabbalistes chrétiens, eux, «christianisaient» la kabbale. Une telle opération n'était évidemment pensable et possible que par le respect même que certains cercles renaissants et humanistes éprouvaient pour la langue hébraïque, dont Pic disait :

> *Quiconque respecte profondément et radicalement l'ordre de la langue hébraïque, et sait le conserver de manière correspondante dans les sciences, possède par là la norme et la règle d'une connaissance totale de tout ce qui est connaissable.*

Citons encore de lui ce texte fameux, tiré de *La dignité de l'homme*, où Dieu, plaçant l'homme au centre du monde, lui dit :

> *Je ne t'ai pas attribué de lieu fixe, ni d'aspect qui te soit propre; je ne t'ai pas conféré de don qui te distinguât exclusivement, car c'est à toi, Adam, de recevoir et de posséder, selon ta propre volonté et ton propre jugement, le lieu, l'aspect, le don que tu souhaites… Je ne t'ai créé ni céleste, ni terrestre, ni mortel ni immortel, afin que tu puisses te former librement, de par ton propre pouvoir, en te modelant et en te façonnant toi-même, pour te donner la forme que tu souhaites. Tu peux dégénérer vers les catégories inférieures, animales; tu peux, si tu veux, renaître dans les hauteurs, dans le divin.*

Certes, à tout faire ainsi «concorder» par delà concepts et systèmes, en usant de la combinatoire kabbalistique, Pic allait bien au-delà de ce que l'Eglise, de son temps encore tolérante, allait par la suite pouvoir accepter.

Quoi qu'il en soit, son œuvre témoigne d'une tentative pourtant humaniste, au moins à deux titres : et par son esprit de tolérance que justifie la haute voltige d'une interprétation «hautement» traditionnelle et «concordante», et par l'éminente place reconnue à l'homme comme cet être multiforme et entièrement libre, par privilège divin.

Savonarole *1452-1498*

Fulgurant et tragique destin que celui de ce prédicateur dominicain prêchant sans grand succès de ville en ville — un peu, mutatis mutandis à la mode de ces prédicateurs protestants de l'époque de la prohibition aux Etats-Unis, vitupérant contre l'alcool, le jeu et la prostitution et appelant les chrétiens au retour à Dieu — avant de devenir, à quarante ans, prieur du couvent San Marco à Florence.

Sorte de prophète biblique, glabre, le cheveu ras, le regard de feu sous d'épais sourcils, le nez busqué, les lèvres fines, le menton ascétique, il blâmait avec violence et fougue les mœurs des Florentins, les appelant à réformer leur conduite et à se repentir, leur annonçant la venue d'un Cyrus messianique.

Après l'intervention française en Italie (Charles VIII), il s'imposa comme chef politique de la ville, la soumettant en quelque sorte à sa vision théocratique et démocratique.

Voici un extrait d'un de ses *Sermons* auxquels des milliers de personnes assistaient.

> *Une voix qui parle dit : O vous toutes les villes d'Italie, le temps est venu où vos péchés seront punis... O Florence, O Florence, O Florence, à cause de ton avarice, à cause de ta luxure, à cause de ton ambition, de nombreuses épreuves, un grand nombre de maux s'abattront sur toi. Et qui appelles-tu? O clergé, clergé, clergé, toi qui es la cause principale de ces maux, c'est à cause de ta mauvaise conduite que s'élève cette tempête... O Florence, j'ai voulu te parler ce matin, et à chacun de vous en particulier, ouvertement parce que je ne pouvais faire autre chose... Je vous ai appelé à faire pénitence...*

Ses «solutions» furent à la mesure même des péchés qu'il anathémisait. Mais il arrive que le remède soit parfois pire, ou non moins grand, que le mal qu'il dénonce. En effet, non content de réformer la justice, les finances et la constitution, Savonarole mit en place un «service de surveillance» particulièrement odieux : trois mille jeunes enfants étaient recrutés par ses soins pour dénoncer les adultes qui se livraient au jeu ou à des occupations interdites que l'on peut deviner. Malgré sa lutte contre la corruption, l'intervention étrangère et la politique du pape, un tel radicalisme ultra-puritain, encouragea ses détracteurs («les enragés», *arrabbiati*) qui donnèrent l'assaut au couvent où lui-même et quelques-uns de ses partisans («les pleureurs», *piagnoni*) s'étaient retranchés. Il fut condamné à mort, pendu, puis brûlé avec deux de ses partisans.

Savonarole s'inscrit dans la longue lignée des «réformateurs», qui en marge ou à l'intérieur (parfois pour un temps seulement) de l'Eglise officielle en critiquent les travers et les erreurs, les abus et les complaisances, et qui furent parfois, à la tête de vastes ou de locales contestations, armées ou non-armées, les initiateurs d'un souffle nouveau, d'une incessible revendication de justice et de pureté, d'un retour, souvent simpliste, au texte révélé.

C'est donc après les Cathares, les Vaudois, les Patarins, les Hussites, et bien d'autres — dont nous n'avons pas parlé — et avant Luther, Münzer, Calvin, les anabaptistes — dont nous dirons un mot — que nous pouvons ici, hors philosophie au sens strict mais non au sens de sagesse ou de discipline de vie, placer l'exemplaire figure de Savonarole.

Machiavel *1469-1527*
ou la logique du pouvoir

De 1498 (fin de la dictature de Savonarole) à 1512 (fin de la République de Florence et départ des troupes française d'intervention), Machiavel joua un rôle politique d'ambassadeur itinérant au service de la République.

A partir de 1512 (début du retour au pouvoir des Médicis) et pratiquement jusqu'à sa mort (qui coïncida avec le renversement des Médicis et le retour à la République), il fut exilé en sa maison de campagne où, vivant parmi ses livres et l'auberge du coin, il devint écrivain.

De son œuvre nous ne retiendrons que *Le Prince* (1513), qui est son livre le plus célèbre et où se trouve sinon le machiavélisme au sens habituel de ce mot — attitude de qui emploie la ruse et la perfidie pour arriver à ses fins — en tout cas l'essentiel de sa doctrine, même s'il convient de voir aussi dans ses *Discours (Discorsi) sur la deuxième décade de Tite-Live* ([95]) l'autre face de la même pièce ; en quelque sorte son côté (face) préférable, mais ce sont les circonstances qui décident, à son côté (pile) plus brutal.

Tout se passe comme si le Prince disait comment acquérir le pouvoir et le conserver, et les Discorsi comment l'affermir.

Quoi qu'il en soit, ce qui frappe chez Machiavel c'est le côté géométrique de sa démonstration, une fois admis les deux postulats de base :

1. l'homme n'est pas naturellement vertueux ([96]).
2. la violence qui construit est justifiée.

Illustrons ces deux postulats de quelques extraits du *Prince*.

> *« Car on peut dire généralement une chose de tous les hommes : qu'ils sont ingrats, changeants, dissimulés, ennemis du danger, avides de gagner.*
>
> *Il y a si loin de la manière dont on vit à celle dont on devrait vivre, que celui qui tient pour réel et pour vrai*

ce qui devrait l'être sans doute, mais qui malheureusement ne l'est pas, court à une ruine inévitable.

...dans les actions des hommes... ce que l'on considère, c'est le résultat. Que le Prince songe donc uniquement à conserver sa vie et son Etat : s'il y réussit, tous les moyens qu'il aura pris seront jugés honorables et loués par tout le monde.

Il semble donc que, étant donné la «méchanceté» de l'homme et les désordres sans fin qui en résultent — et dont l'histoire, éternel recommencement et professeur hélas inécouté, témoigne abondamment — tout pouvoir qui construit, qui instaure est par là même justifié, quoi que les circonstances l'obligent à faire.

Un prince bien avisé ne doit point accomplir sa promesse lorsque cet accomplissement lui serait nuisible et que les raisons qui l'ont déterminé à promettre n'existent plus.

En faisant un petit nombre d'exemples de rigueur, vous serez plus cléments que ceux qui, par trop de pitié, laissent s'élever des désordres d'où s'ensuivent les meurtres et les rapines; car ces désordres blessent la société tout entière, au lieu que les rigueurs ordonnées par le prince ne tombent que sur des particuliers.

On doit bien comprendre qu'il n'est pas possible à un prince, et surtout à un prince nouveau, d'observer dans sa conduite tout ce qui fait que les hommes sont réputés gens de bien, et qu'il est souvent obligé, pour maintenir l'Etat, d'agir contre l'humanité, contre la charité, contre la religion même. Il faut donc qu'il ait l'esprit assez flexible pour se tourner à toutes choses, selon que le vent et les accidents de la fortune le commandent; il faut, comme je l'ai dit, que tant qu'il le peut, il ne s'écarte pas de la voie du bien, mais qu'au besoin il sache entrer dans celle du mal.

Il n'est pas nécessaire à un Prince d'avoir toutes les qualités... mais bien qu'il paraisse les avoir toutes. Et même j'oserai dire que s'il les a et qu'il les observe toujours, elles lui portent dommage; mais faisant beau semblant de les avoir, alors elles sont profitables : comme de sembler être pitoyable, fidèle, humain, intègre, religieux — et de l'être — mais arrêtant ton esprit à cela que s'il faut ne l'être point, tu puisses et saches user du contraire.

En définitive, Machiavel ne nie pas le bon, le vertueux, l'éthique, mais les juge incapables à eux seuls de permettre l'acquisition et la conservation du pouvoir. La vertu par elle-même étant incapable d'instaurer quelque pouvoir que ce soit, comme de lutter contre la violence qui ruine, une règle éminemment pragmatique en découle, que selon lui des siècles de pratique, de résultats authentifie et justifie : «ce n'est pas la violence qui instaure qu'il faut détruire, mais la violence qui ruine».

Donc, pour Machiavel, seul **le résultat positif compte** et non sa plus ou moins grande conformité avec un idéal moral. Car, au fond, l'ordre comme le pouvoir a son prix, et prétendre ne pas le payer c'est mentir inutilement à soi-même et aux autres, c'est s'empêcher d'être logique et rigoureux et c'est. finalement, et mésuser de la fortune (chance) et de la *virtu* (art viril d'utiliser la fortune).

Qu'aujourd'hui, peut-être plus que jamais, la politique de toutes les puissances, grandes ou petites, est de nature «machiavélique», un exemple extrême suffira à le montrer.

En effet, la bombe atomique en tant qu'usage positivement justifié par ses résultats, toute question morale mise hors-jeux, participe à cette logique du moindre mal calculable «positivement». En effet, si en ayant utilisé la bombe, qui a fait plus ou moins trois cent mille victimes, on a mis fin à une guerre qui, continuée avec des armes conventionnelles, aurait coûté d'avantage de victimes, alors on a bien fait d'y recourir.

Quoi qu'il en soit du détail des chiffres et de la situation réelle ([97]), le principe, lui, est très clair : le choix des moyens s'évalue en termes d'efficacité et non de moralité.

S'il est plus profitable d'obtenir un gain par des moyens réputés immoraux plutôt que par des moyens réputés moraux (ou admis comme tels par convention), il n'y a pas à balancer.

La grande faille logique en tout cas, de toute cette logique « machiavélique », est qu'il est impossible de prouver l'utilité de la violence utilisée. Il sera toujours possible de dire que sans son emploi, la situation eût été pire (ce qui la justifie positivement), comme de dire que sans son utilisation la situation eût été meilleure (ce qui la rend inutile positivement). Il est impossible de prouver l'utilité de la violence, sauf à admettre par pétition de principe que sans son emploi la situation eût été pire !

Nous n'en dirons pas plus, laissant au lecteur le soin de réfléchir par lui-même et de comparer cette logique du pouvoir et de la violence avec le point de vue d'Erasme dont nous parlerons plus loin.

La réforme

Nous ne pouvons entrer dans toute la complexité et la problématique de la Réforme et des alentours de celle-ci. Il nous faut pourtant en dire quelque chose, puisqu'aussi bien du point de vue religieux que du point de vue politique, et donc d'un point de vue pratique, la Réforme eut une importance immense, mais encore, d'un point de vue proprement philosophique, elle eut une signification non moins grande. En effet, toute la question de la grâce et du libre arbitre, c'est-à-dire en fin de compte du statut réel de l'homme, ce qu'il en est de son être, tout comme aussi l'histoire de la rédemption, c'est-à-dire en définitive l'histoire tout court en tant qu'elle est porteuse de sens, sont au centre même de la réflexion «réformatrice».

A questionner Luther, Calvin, Münzer comme aussi, en passant, les courants non-violents antitrinitaires et anabaptiste, nous essayerons d'éclairer un peu notre lanterne.

Luther *1483-1546*

Un diable d'homme ou la logique de la foi

Lorqu'à trente-quatre ans (1517), il afficha, selon la légende, sur les portes du château de Wittemberg ses «95 thèses» où il dénonçait la vente des indulgences ([98]) — acte qui marque pour les historiens le début de la Réforme — Luther avait déjà derrière lui un long passé et de rudesse plébéienne et de crise angoissée.

En effet, élevé à la dure selon les mœurs du temps et de son milieu — son père fut mineur et n'acquit une certaine aisance qu'au terme de sueurs — il était lui-même d'un naturel costaud, rude et souvent même grossier. Ce qui n'empêchait pas une certaine fantaisie triste dont témoigne cette petite chanson qu'il avoue avoir souvent chantée, et qu'il tenait de sa mère, forte femme pieuse et superstitieuse :

A toi, à moi nul ne sourit
N'est-ce pas notre faute à tous deux.

Quant à la longue crise angoissée, et presque «démente» qui le secoua pendant près de dix ans — de son entrée chez les Augustins (1505) jusqu'à 1515 — son sens en est tout entier éclairé par cette «confession» panique de 1507 :

> *Au couvent... j'ai été souvent effrayé par le nom de Jésus, et quand je le regardais sur la croix, je croyais qu'il était pour moi comme la foudre. Quand on prononçait son nom, j'aurais préféré entendre nommer le diable, car je croyais qu'il me fallait faire des bonnes œuvres jusqu'à ce que le Christ me fût par elles rendu favorable. Au couvent je ne songeais ni à l'argent, ni aux biens de ce monde, ni aux femmes, mais mon cœur tremblait et s'agitait en songeant comment il pourrait se rendre Dieu favorable...*
>
> *Les cheveux se dressaient sur ma tête quand je pensais au jugement dernier... Nous avons cru que nous devions apaiser la colère divine avec nos œuvres et mériter par elles le ciel, mais nous n'avons réussi à rien...*
>
> *Toute ma vie n'était que jeûnes, veilles, oraisons, sueurs, etc. Mais sous le couvert de cette sainteté et de cette confiance en ma justice propre, je nourrissais une perpétuelle défiance, des doutes, une crainte, une envie de haïr et de blasphémer Dieu...*

Avant de devenir docteur en théologie, Luther avait reçu l'enseignement nominaliste des disciples d'Occam pour qui Dieu est essentiellement volonté et même volonté arbitraire. Dieu seul décide de l'existence ou de la non existence de ce qui est, de ce qui est bien et de ce qui est mal, de qui sera sauvé et de qui sera damné.

Commentant par ailleurs les épîtres de saint Paul,

Luther y trouve la réponse de toute sa vie : «le juste vivra par la foi».

C'est en donnant raison à Dieu, en reconnaissant son néant, que le pécheur, le juste, le repentant vit dans et de la foi qui est signe de son salut. D'où ces paroles paradoxales mais qui sont dans le droit fil de cette logique de la foi :

> *Sois pécheur et pèche fortement, mais confie-toi et réjouis-toi plus fortement dans le Christ vainqueur du péché, de la mort et du monde. Tant que nous serons ici-bas il faut que le péché existe. Mais il nous suffit d'avoir reconnu l'Agneau qui porte les péchés du monde; alors le péché ne pourra nous détacher de lui, irions-nous avec des femmes mille fois en un jour, et y tuerions-nous mille de nos semblables. (1521,* Lettre à Mélanchton).

Autrement dit, c'est en reconnaissant qu'il n'y a nulle possibilité de mériter le salut que le pécheur touché par la grâce, paradoxalement, le mérite. Dieu seul sauve, et la foi, c'est précisément de reconnaître cela au plus intime de soi-même, foi que Dieu donne par grâce à qui il veut. Tout semble pourtant indiquer — et l'exemple de l'Augustin des Confessions, comme celui de saint Paul ou de Luther lui-même le confirme — que Dieu donne sa grâce à qui a beaucoup souffert, erré et sait qu'il ne saurait la mériter.

Quoi qu'il en soit, l'essentiel du luthérianisme comme de toute la pensée protestante est dans cette **compréhension et confession de la foi** et de la grâce de Dieu (*sola fides, sola gratia*).

La «logique» de cette foi amène Luther à en déduire en quelque sorte deux corollaires : le serf arbitre et la doctrine des deux règnes.

Du serf arbitre(1525)

A Erasme qui, dans son *Essai sur le libre arbitre*, défend la liberté de l'homme, Luther répond : «Tu n'est pas pieux»

(Du bist nicht fromm), car ainsi qu'il le dit dans son *Du serf arbitre* : «Il (Erasme) ne se fait pas assez ardemment le champion de la grâce divine... Ce qui est de l'homme l'emporte en lui sur ce qui est de Dieu». Ce qui, ma foi, n'est pas mal vu et fait toute la grandeur d'Erasme que Luther trouve pusillanime.

Mais, à détailler, ainsi qu'il le fait dans son traité, **l'impuissance totale de la volonté de l'homme pécheur**, à moins qu'elle ne soit transformée et mobilisée par la grâce, on peut se demander si Luther ne cherchait pas bien plus à effacer la «souillure» d'être un homme, dont la foi en la grâce de Dieu le délivre, qu'à en vivre l'aventure. Car «heureux l'homme à qui Dieu n'impute pas son péché» (saint Paul) s'entend presque comme s'il y avait péché à être homme ! Tel est le radicalisme de Luther.

Le plus curieux est qu'ayant par ailleurs affirmé la liberté des enfants de Dieu dans le serf arbitre de la grâce, Luther légitime tout à fait le pouvoir civil de l'Etat, alors même qu'il s'inscrit contre tous les pouvoirs écclésiastiques ([99]) qui y font ou y feraient obstacle.

Doctrine des deux règnes (1525)

Seul le domaine de l'Eglise est soumis à l'Evangile, car le domaine civil, où règne la loi, est du ressort du seul magistrat.

A ceux qui espèrent (Münzer, les anabaptistes violents...) que Luther serait pour la révolution et le règne de la Justice de Dieu, Luther oppose non seulement une fin de non-recevoir catégorique mais encore un courroux ignominieux. Dans une lettre, ne va-t-il pas jusqu'à écrire : «Mon sentiment est net, mieux vaut la mort de tous les paysans — lors de la Guerre des Paysans ([100]) — que celle des Princes et des magistrats».

Un tel respect de l'ordre est déjà gros de toutes les lâchetés et compromissions dont, pour être plus obéissantes à César qu'évangéliques, les Eglises luthériennes se sont rendues coupables, à l'exception parfois du sursaut d'une minorité moins moutonnière. Que la logique de la foi, dont la doctrine des deux règnes est chez Luther un corollaire, puisse lui faire écrire ce qui suit contre les paysans meurtriers et pillards, ne montre-t-il pas à vif ce paradoxe effrayant : à foi suprême, évangile perdu. Qu'un maximum de foi puisse faire perdre l'esprit évangélique ne rend pas celle-ci insincère, certes, mais fanatique, et donc dangereuse, très certainement.

> *Frappe ici qui peut frapper. On court sur un chien enragé et on le tue : sinon, c'est lui qui vous tue et tout un pays avec vous. Chose terrible! ils (les paysans) abritent leurs crimes sous le manteau de l'Evangile! Que l'autorité accomplisse son devoir. Partout où le paysan ne veut pas entendre raison, qu'elle saisissse l'épée et qu'elle frappe. Tout prince est ici serviteur de Dieu. Le temps de la miséricorde est passé, c'est le temps du glaive et de la colère... Quel temps étrange que celui où un prince peut gagner le ciel en répandant le sang, comme d'autres le gagnent par leurs prières!... C'est pourquoi frappez, égorgez. Si vous y perdez la vie, vous êtes bien heureux et vous ne pouvez désirer une plus belle mort...*

Calvin *1509-1564*

De Calvin nous ne dirons vraiment qu'un mot : **prédestination**; non que l'on puisse résumer de ce seul mot la personnalité de l'œuvre du Réformateur suisse, mais parce qu'il semble bien que ce soit par ce fort accent porté sur la double prédestination (double en ce sens que Dieu connaît de toute éternité ([101]) qui sera sauvé et qui sera damné) que le calvinisme se distingue surtout, mais pas exclusivement, du luthérianisme qui ne s'y réfère pas.

Il n'entre pas dans nos intentions de parler de cette

doctrine mystérieuse et terrible à la fois; nous préférons laisser à Calvin la responsabilité de son point de vue : «Dieu n'adopte pas indifféremment tout le monde en l'espérance du salut, mais donne aux uns ce qu'il dénie aux autres».

Signalons, en passant, que Calvin a probablement rencontré, sur les bancs du collège Montaigu, Ignace de Loyola. Leurs devises étaient d'ailleurs fort semblables : Ignace : pour la plus grande gloire de Dieu; Calvin : à Dieu seul la gloire.

Rappelons quand même l'affaire Servet ([102]) et aussi la position de Calvin sur le prêt à l'intérêt qu'il n'interdit pas pour autant qu'on n'en mésuse pas pour opprimer les pauvres. Toute la vision calviniste est d'ailleurs fonction de sa thèse prédestinationiste, si bien que le succès économique apparaît comme une bénédiction divine et visible du travail. Tout se passe comme si l'homme devait garder le contrôle de soi-même en ne dépensant pas la richesse que son travail lui permet d'amasser mais en l'épargnant. Certains, comme le sociologue Max Weber, ont cru voir entre cette éthique calviniste du travail, de l'épargne, de la possession abstraite (posséder comme si on ne possède pas, user comme si on n'use pas), et l'esprit du capitalisme un lien originaire et original.

Thomas Münzer *1489-1525*
ou la logique de la révolution

Il est intéressant de constater que, tout comme Luther, Münzer appartient à l'ordre des Augustins et qu'il reçut comme lui une formation humaniste. Mais alors que pour Luther, le chrétien ne peut pas toucher à l'ordre du monde, voulu et institué par Dieu, car cela serait sacrilège, Münzer, au nom même de l'évangile, en tire exactement la conclusion inverse : le chrétien doit s'emparer du pouvoir afin de faire cesser le mal qui s'étend, car il s'agit d'émanciper le peuple de Dieu de tout pouvoir tant ecclésiastique que civil.

Il n'est pas étonnant, dans ces conditions, que non seulement il se sépare de Luther mais encore le considère purement et simplement — à partir du moment où ce dernier prend le parti du pouvoir contre la « révolte évangélique » — comme un traître, un hypocrite et un allié du pouvoir à renverser.

Lorsque Münzer rencontra en 1519, à l'âge de trente ans, Luther, âgé lui de trente-six ans, tous deux étaient déjà tellement fermes l'un et l'autre dans leurs positions, aux antipodes l'un de l'autre, qu'aucun accord ni religieux ni politique ne put en résulter.

Il est traditionnel de voir en Luther comme en Calvin, en tous ceux qui réussissent à pactiser avec le pouvoir, des Réformateurs modérés, et en Münzer, et **les sectes anabaptistes**, violentes ou pacifistes, des Réformateurs radicaux. Ce point de vue n'est au fond exact qu'au sens où précisément les premiers, les modérés, pactisèrent avec le pouvoir, tandis que les seconds luttèrent contre lui ou essayèrent de lui échapper au maximum. Quant à la « modération » ou au « radicalisme » qui en résulta, on doit bien reconnaître que Luther et ses partisans furent au moins aussi radicaux dans la répression de l'anabaptisme violent que celui-ci fut radical dans sa lutte pour, sinon acquérir le pouvoir, au moins renverser celui dont l'injustice criait vengeance au ciel.

Pour Münzer, l'Eglise a trahi sa mission d'instaurer le Royaume de Dieu sur la terre, mission pourtant commandée par Dieu même et qui seule donne un sens à l'histoire, comme à l'incarnation.

Il s'agit donc de démystifier cette Eglise pseudo-chrétienne et de redonner force et sens au message évangélique qu'il interprète à la manière de Joachim de Flore ([103]) et de Jean Hus ([104]) selon une perspective millénariste ([105]), spiritualiste, mystique même.

Le message évangélique « militant » de Münzer pourrait se résumer en trois buts à atteindre : **la communauté des**

biens, l'obligation de travailler égale pour tous, le refus de toute autorité qui fait écran entre la Parole de Dieu et le croyant.

C'est en 1520 qu'il se met à la tête d'une «Ligue des Elus», sorte de société secrète, réunissant en son sein des compagnons drapiers, des mineurs, des paysans et des chevaliers en lutte contre les Princes. Devenu un des chefs de l'anabaptisme militant lors de la Guerre des Paysans (1524-1525), laquelle s'acheva dans le désastre, il fut fait prisonnier puis décapité en mai 1525.

Epinglons quelques-unes de ses fortes paroles.

> *Voilà ce que tu (Luther) as tiré de la fantaisiste exégèse empruntée à ton Augustin; c'est vraiment une façon blasphématoire de traiter le libre arbitre que de mépriser les hommes insolemment...*
>
> *Tu as fourvoyé la Chrétienté par une fausse loi et, maintenant que la voici dans la détresse, tu es incapable de lui venir en aide...*
>
> *...comme je l'ai clairement expliqué devant les princes, la communauté entière possède le pouvoir du glaive, comme aussi la clef du salut, et qu'en m'appuyant sur le septième chapitre de Daniel, sur... j'ai dit que les princes sont, non point les maîtres du glaive, mais les serviteurs du glaive.*
>
> *...La plus grande infamie ici-bas est que personne ne veuille prendre sur soi la détresse des nécessiteux; les grands de ce monde font tout ce qui leur plaît, ils s'approprient toutes les créatures,... ensuite ils notifient aux pauvres le commandement de Dieu disant : Dieu l'a prescrit, tu ne dois point voler! mais pour leur compte ils ne se croient point tenus d'obéir à ce précepte...*
>
> *Les seigneurs font tout eux-mêmes pour s'attirer l'inimitié des pauvres gens; ils se refusent à supprimer ce qui provoque la révolte; comment les choses, à la longue, iraient-elles mieux? Mais, si je parle de la sorte, on me traite de séditieux, allons donc!»*
>
> *Attaquez-les impitoyablement comme des assassins*

qu'ils sont et défendez la paix publique, assistez les gens pieux et respectables, protégez vos femmes et vos enfants contre ces assassins. Ainsi ferez-vous à Dieu grand plaisir, car Dieu ne nous a pas donné le glaive pour assassiner, mais pour empêcher l'assassinat.

Il n'est pas évidemment dans notre propos de «condamner» la logique de la «révolution évangélique» de Münzer et des anabaptistes militants, mais bien plutôt de montrer comment, à partir d'un même texte (Evangile, Ancien Testament et commentaires sur l'un et sur l'autre), d'une même problématique (foi, libre arbitre, grâce, autorité), d'une même situation économico-sociale et politique, les conclusions théoriques et pratiques d'un Luther, d'un Münzer, d'un Erasme, leurs interprétations et «logiques» (à partir d'un postulat de base : foi, philosophie du Christ, Royaume de Dieu) sont à tel point différentes qu'elles traduisent tout simplement la perplexité même de l'homme et des sociétés quant à leur être et à leur agir.

Que nous ne soyons pas plus qu'eux au bout de nos peines ne devrait pas lasser toute espérance, mais sans doute lasser toute «logique» comme l'a fort bien compris Montaigne.

Menno Simons (Simonsz) *1496-1561* *ou la logique de la secte*

Nous avons vu à gros traits ce qu'il fallait entendre par Réforme; non seulement une réforme des mœurs, des «abus» de l'Eglise catholique, lesquels abus, sous la pression même de la Réforme, ont provoqué la Contre-Réforme ([106]) catholique, mais encore un retour à des principes univoques tels que la foi seule (*sola fides*), la grâce seule (*sola gratia*), l'Ecriture seule (*sola scriptura*).

A côté de l'Eglise officielle, pactisant peu ou prou avec

le pouvoir civil, il y eut toujours des mouvements, ou carrément centrifuges, ou à tout le moins marginaux. Parfois violents et militants, ayant alors en vue et en projet actif la transformation de toute la société — et donc souvent apocalyptiques et «expansionnistes» — parfois aussi — et souvent à la suite de l'échec du mouvement militant — pacifistes et communautaires, ne visant qu'à l'établissement et à la consolidation d'une communauté dont tous les membres seraient liés par un même attachement indéfectible à une même profession de foi qui les met à part du monde.

En effet, ces communautés visent à réaliser le programme évangélique tel que défini par leur interprétation littérale et spirituelle de l'Ecriture. C'est dire que tout en rendant à César ce qui est à César — évidemment le strict minimum (impôt, taxe...) — puisque nul ne peut servir deux maîtres à la fois ces sectes refusent par principe à l'Etat tout service civil (fonctionnaire, magistrat...) comme tout service militaire, ainsi que tout serment. Ces sectes vivent pratiquement «hors du monde dans le monde», portant ainsi témoignage de principes «autarciques» et coopératifs à base évangélique.

Elles furent, elles aussi, persécutées par le pouvoir. Si bien qu'il n'est pas étonnant que beaucoup de ces sectes, ou ont survécu, fût-ce marginalement ou petitement, ou ont disparu, sans cataclysme final.

De toutes celles qui ont existé, qui se sont manifestées pendant un temps plus ou moins long, ou qui existent toujours (les antitrinitariens polonais, les frères moraves, disparus aujourd'hui, comme aussi les quakers, les mennonites et de nombreuses sectes de l'Eglise orientale slave et grecque, toujours actuels), nous n'avons retenu à titre exemplatif que la secte des mennonites, disciples de Menno Simons, qui, aujourd'hui encore, compte plus d'un demi million de fidèles.

Au départ curé catholique, Menno Simons devint, à quarante ans, anabaptiste ([107]). Il semble aussi qu'il soit devenu antitrinitaire (refus de la Trinité) mais sans pour autant nier la divinité du Christ.

Nous n'entrerons pas dans le détail de son enseignement ni de certaines coutumes de la secte, car ce qui nous a motivé à en parler est plutôt son aspect exemplaire quant à cette logique de secte que nous avons évoquée : **vivre «hors du monde» dans le monde, en suivant l'évangile seul**, au sein d'une «assemblée communautaire» sans hiérarchie ecclésiastique.

Opposant à la persécution une patience infinie et n'hésitant pas à s'exiler en cas de danger grave (suivant en cela l'injonction même de l'Evangile qui permet la fuite mais non le recours à la violence), les mennonites trouvèrent refuge tant en Russie que dans le Nouveau-Monde. Issus de communautés paysannes — les plus à même d'ailleurs de vivre à l'écart du monde citadin, «bourgeois» —, les mennonites offrent le témoignage de communautés courageuses, résolument pacifiques, travailleuses, honnêtes, hospitalières, qui ne sont pas sans analogie avec les différents essais «laïcs» de communes, phalanstères, coopératives et kibboutzim.

Au miroir du Christ, leur village est déjà planétaire. Hélas et heureusement aussi, il est d'autres miroirs, d'autres villages, et surtout la ville aux multiples miroirs.

L'Humanisme

Erasme *1469-1536*
ou la logique évangélique

Erasme naquit à Rotterdam. Sa mère était fille de médecin, mais son père étant prêtre, sa naissance ne fut pas des plus légitimes. Ceci dit, le nom qu'il se fit par lui-même n'a certes pas besoin d'être légitimé. A cause de la peste, il perdit coup sur coup ses parents à l'âge de treize-quatorze ans et fut confié à trois tuteurs. A dix-neuf ans il entre au cloître de Steyn (près de Gouda) chez les chanoines de Saint-Augustin. Relevé de ses vœux monastiques par le pape, il fut ordonné prêtre à vingt-trois ans, tout en continuant de porter l'habit de son ordre, habit qu'il «abandonna» partiellement par la suite.

Il voyagea énormément, presque dans toute l'Europe, écrivit et étudia un peu partout, tant à Paris, qu'à Oxford, qu'à Louvain et Anderlecht, ailleurs encore.

A quarante ans il composa son œuvre la plus célèbre et la plus connue *L'éloge de la folie*, qu'il dédia à son ami Thomas More ([108]). Dans cette œuvre, il fustige avec les lanières de l'absurde, du sarcasme, de la raillerie et de l'humour, les moines, marchands, rhéteurs, philosophes, théologiens, petit peuple, vieux beaux et folles vieilles, snobs et autres qui, par leurs folies et prétentions absurdes, s'écartent de cette sagesse antique et évangélique si pétrie d'ironie et de «folie sensée». Pas si folle que cela cette folie qui, telle le fou du roi dit à chacun ses quatre vérités. Folie qui est le propre de l'homme, seul fou de toute la création, pour le meilleur comme pour le pire. Folie au miroir de laquelle l'homme peut s'assagir si grâce à elle il se peut mieux connaître, s'appliquant à lui-même l'ironie qui ôte tous les masques.

Il fut aussi, comme nous le verrons, un pacifiste résolu.

En défendant contre Luther le libre arbitre de l'homme, il fut sans le vouloir ni le chercher, **théologien de bon sens**. Qu'on en juge par cet extrait d'une de ses lettres.

> *Les anciens écrivains de l'Eglise ne philosophaient qu'avec une extrême sobriété sur les choses divines… Mais nous autres, nous ne sommes pas excusables de soulever tant de questions curieuses et de définir tant de choses inutiles pour le salut… Est-il donc impossible d'être uni à la Trinité, sans être capable d'expliquer la distinction qui sépare le Père du Fils, ou l'Esprit des deux autres personnes?… On ne sera pas condamné pour ignorer si le principe de l'Esprit-Saint est unique ou double; mais on n'évitera pas la damnation, si l'on ne s'efforce pas de posséder les fruits de l'Esprit, qui sont amour, joie patience, bonté, douceur, foi, modestie, continence… L'essence de notre religion c'est paix et concorde : ce qu'on ne peut aisément maintenir qu'à la condition de ne définir qu'un tout petit nombre de points dogmatiques et de laisser à chacun la liberté de se former son propre jugement sur la plupart des problèmes… On en appelle aujourd'hui au concile œcuménique pour décider de beaucoup de problèmes; mais on ferait mieux de les renvoyer au jour où nous verrons Dieu face à face… Jadis la foi consistait plutôt dans la vie que dans la profession des articles de foi… Enfin le symbole de la foi commença d'être plutôt dans les écrits que dans les cœurs. Il y eut presque autant de fois que d'hommes. Les articles s'accrurent; la sincérité décrut. La doctrine du Christ, qui au début, répudiait toute logomachie, demanda protection aux écoles des philosophes : ce fut le premier pas dans le déclin de l'Eglise. Puis les richesses augmentèrent; la violence s'en mêla. L'intrusion de l'autorité impériale dans les affaires ecclésiastiques nuisit à la sincérité de la foi. La religion devint une pure argumentation sophistique. Et l'Eglise fut inondée d'une myriade d'articles.*

De là on passa à la terreur et aux menaces... Par la force et la peur, nous essayons de faire croire aux hommes ce qu'ils ne croient pas, de leur faire aimer ce qu'ils n'aiment pas, de les forcer à comprendre ce qu'ils ne comprennent pas. La contrainte ne peut s'unir à la sincérité; et le Christ n'accepte que le don volontaire de nos âmes.

La «philosophie du Christ»

Machiavel ([109]) adresse son «Prince», par delà les Médicis, à tout homme capable et désireux de prendre et de conserver le pouvoir. Erasme, lui, adresse son «Manuel du chevalier chrétien» (*Enchiridion militis christiani*, 1504) — on aurait presque envie de «traduire» : «manuel du militant évangélique» — comme son «Institution du prince chrétien» (*Institutio principis christiani*) à tout quiconque se fait et se veut serviteur de la paix et de la concorde, ce qui, pour lui, résume la «philosophie du Christ».

S'il aime recourir à cette définition-programme, c'est bien parce que, pour lui, le christianisme est une discipline de vie où la morale soit sans compromission, comme la spiritualité sans rites extérieurs obligatoires. C'est dire qu'il se tient et se maintient au plus près de l'évangile dans sa double leçon : non violence active (comme on dirait aujourd'hui), rejet des rites extérieurs (ce qu'Erasme appelle d'un terme quelque peu méprisant et passe-partout : les «pratiques judaïques», dont il voyait l'Eglise-spectacle par trop encombrée).

C'est parce qu'il est lui-même animé d'un tel esprit qu'il peut dire du sage :

Qu'ont-ils donc besoin d'imposer des lois à un homme qui fait de lui-même des choses meilleures que tout ce qu'exigent les préceptes humains.

Il va sans dire que cette thèse qui consonne avec celle

d'Augustin («aime donc, et fais ce que tu veux») fut condamnée par ceux qu'une telle liberté accordée à la subjectivité et à l'«anarchie» d'un chacun effraye, et non sans raison d'ailleurs, puisqu'Erasme lui-même trouve imprudent de la répandre, étant donné l'usage calamiteux qui pourrait en être fait. Il n'empêche qu'à mesurer la vanité des rites extérieurs qui se substituent au véritable courage évangélique, et en lui tournant le dos, Erasme va à l'essentiel du message évangélique, qu'il interprète toujours selon l'esprit qui vivifie, jamais selon la lettre qui tue.

> *Ce n'est pas seulement dans l'Ancien Testament, mais aussi dans le Nouveau que la lettre tue. L'Evangile lui-même a sa chair, et il a son esprit. Le Christ a dit : «La chair ne sert de rien, c'est l'esprit qui vivifie». Je me serais fait scrupule de dire : elle ne sert de rien; j'aurais dit : elle sert de quelque chose, mais l'esprit est bien plus avantageux. Non : la Vérité même a prononcé : elle ne sert de rien.*

C'est encore en référence à ce même principe de l'esprit vivifiant et de la lettre mortelle qu'Erasme prend position — vivement sollicité par les plus hautes instances politiques et religieuses, et comme pour se défendre, bien malgré lui, d'«avoir pondu l'œuf que Luther a couvé» — sur la question du libre arbitre. C'est dans son *Essai sur le libre arbitre* (1524) qu'Erasme, dans la langue simple, et sans technicité théologique, qui est la sienne, donne son opinion sur cette question délicate entre toutes :

> *A quoi servirait l'homme... si Dieu agissait avec lui comme le potier sur l'argile?*

Si l'homme, comme le prétend Luther, était impuissant à faire son salut, qui ne dépendrait que de la seule grâce de Dieu : *«quel pécheur soutiendrait cette lutte continuelle et laborieuse avec sa chair? Quel méchant s'appliquerait à corriger sa vie?»*

C'est pourquoi pour Erasme, la réponse est claire et simple, le libre arbitre est :

> *Ce pouvoir de la volonté humaine grâce auquel l'homme peut s'appliquer à tout ce qui mène au salut éternel, ou, au contraire s'en détourner.*

Ce n'est pas qu'Erasme nie la grâce. Non, elle est toujours pour lui la cause principale du salut, comme, parallèlement d'ailleurs, la volonté de Dieu est cause principale de tout ce qui se fait. A dire vrai il ne s'ingénie pas tellement à trouver un lien théologiquement impeccable entre, d'une part, la grâce, et, d'autre part, le libre arbitre de l'homme, mais bien plus à prôner une voie moyenne, et surtout à défendre le libre arbitre sans lequel la grâce serait désolante :

> *Quelle origine pourrions-nous assigner aux mérites dans un monde où il n'y aurait que nécessité perpétuelle et où la libre volonté n'aurait jamais à intervenir?*

La complainte de la Paix

C'est parce que toute guerre ne peut qu'en engendrer une autre, c'est parce que la guerre n'est douce qu'à ceux qui ne l'ont pas faite, c'est parce que la guerre est toujours un remède pire que le mal auquel elle prétend répondre, c'est parce que la guerre entre chrétiens, est non seulement fratricide mais encore sacrilège (de part et d'autre, communiant avant la bataille, de soi-disants chrétiens s'entretuent, le corps du Christ lové en eux!), c'est parce que la guerre est le comble de la folie, c'est parce que la guerre est anti-naturelle et anti-chrétienne — et l'on pourrait allonger la liste des parce que — qu'Erasme la condamne de la façon la plus absolue qui soit, même s'il réserve parfois, par pure hypothèse d'école, sa rarissime éventualité.

Dans son œuvre, la *Complainte de la paix* qui, au XVIe s. verra tant de traductions en français, allemand, espagnol, et qu'il est aujourd'hui presque impossible de se procurer, Erasme démonte les mécanismes qui mettent en branle la guerre, le coût horrible en dégradations physiques, morales et matérielles qu'elle provoque, et en tire la conclusion qui est celle de tous les pacifismes : la paix n'est jamais payée trop cher.

> *Je me suis souvent étonné, je ne dis pas que des chrétiens, mais simplement des hommes en arrivent à ce point de folie de mettre tant d'efforts, d'argent, de courage à s'assurer leur perte mutuelle... Toutes les bêtes ne se battent pas, mais seulement les fauves : elles ne se battent pas à l'intérieur d'une seule espèce; elles se battent avec leurs armes naturelles, et non, comme nous, avec des machines nées d'un art diabolique; elles ne se battent pas pour n'importe quoi, mais pour leurs petits et pour leur nourriture. La plupart de nos guerres naissent de l'ambition ou de la colère ou de la luxure ou d'une autre maladie de l'âme. Enfin les animaux ne vont pas à la mort par troupeaux compacts; comme nous. Nous qui portons le nom du Christ, lequel ne nous a jamais enseigné que la bonté et par son propre exemple; nous qui sommes les membres d'un seul corps, une seule chair; qui nous nourrissons du même esprit, des mêmes sacrements; qui sommes appelés à la même immortalité; qui aspirons à la communion suprême comme lui-même est uni au Père, peut-il y avoir au monde une chose d'un prix si grand qu'elle nous amène à faire la guerre? La guerre est si néfaste, si affreuse que même avec l'excuse de la justice parfaite, elle ne peut être approuvée d'un homme de bien.*

Contre toute logique du pouvoir, contre tout machiavélisme aussi «real politik» qu'il soit, Erasme sera toujours en «guerre», car il est trop nourri de sagesse antique et d'esprit évangélique que pour ne pas savoir que la guerre engendrant la guerre, il n'est d'autre solution que de la supprimer. Car si Machiavel a raison — et à voir le monde comme il va Machiavel a au moins l'histoire pour lui — il y aura toujours la guerre et la violence. Mais si le christianisme et la sagesse humaine ont un sens — et pour Erasme cela ne fait pas un pli — ce sens ne peut être que celui de lutter pour la paix et la concorde contre la guerre, car l'histoire ne prend sens — autrement elle se répète ou bégaye — qu'avec cette lutte-là.

Citons encore pour terminer quelques extraits qui vont dans ce sens, toujours, o combien, actuel.

> *Un bon prince n'accepte jamais aucune guerre, excepté quand, après avoir tout tenté, il ne peut l'éviter par aucun moyen. Si nous étions dans ces dispositions-là, il n'y aurait pour ainsi dire jamais de guerre nulle part.*

> *...à supposer qu'on ait le droit jamais d'appeler juste une guerre.*

> *Augustin a trouvé l'un ou l'autre cas où il ne condamne pas la guerre : mais toute la philosophie du Christ la condamne. Les apôtres la réprouvent partout, et ces saints docteurs dont on veut qu'ils aient admis la guerre dans tel ou tel cas, dans combien de passages ne l'ont-ils pas condamnée et maudite? Pourquoi aller chercher au détour d'un passage de quoi autoriser nos vices?*

Montaigne *1533-1592*
ou l'homme au naturel

Né au château de Montaigne en Dordogne, Montaigne, de son vrai nom Michel Eyquem de Montaigne, apprend dès son plus jeune âge le latin comme en se jouant : son précepteur allemand, ne connaissant pas le français, ne lui parlait qu'en cette langue.

Il étudie le droit, sans doute à Toulouse, succède, à vingt et un ans, à son père comme Conseiller de la Cour de Périgueux, et à vingt-quatre ans entre au Parlement de Bordeaux en tant que magistrat. Il y restera treize ans, avant de revendre sa charge pour se retirer en ses terres (1570) et voyager.

Il fait, en 1558, connaissance d'Etienne de La Boétie, son aîné de trois ans et comme lui magistrat au même Parlement de Bordeaux, auquel le liera une amitié devenue proverbiale («parce que c'était lui, parce que c'était moi») qui ne s'éteindra pas avec la mort soudaine de ce dernier, cinq ans plus tard.

Il se marie à trente-deux ans. De son mariage il aura six filles qui toutes mourront en bas âge, sauf une qui lui survivra. Sa femme semble n'avoir joué dans sa vie qu'un rôle plus qu'effacé. Quant à sa mère, avec laquelle il ne s'est jamais bien entendu, elle lui survivra — elle meurt en 1601.

En 1572 a lieu l'épouvantable massacre de la Saint-Barthélemy (trois ou quatre mille huguenots parisiens sont assassinés dans l'enthousiasme fanatique que «couronne» un Te Deum (louange de remerciement!) suggéré par le pape!) par lequel la France entre en guerre civile. C'est à cette date, et dans un tel climat, que Montaigne commence la rédaction de ses célèbres *Essais*. Pendant huit ans, Montaigne y travaille au troisième étage de sa tour, dans sa «librairie». Il y lit Plutarque, Sénèque, beaucoup de Mémoires et de livres d'histoire ainsi que les philosophes sceptiques.

De 1580 à 1581 il part pour un long voyage — «pour frotter et limer notre cervelle contre celle d'autrui» — qui lui fera visiter l'Allemagne, la Suisse et l'Italie.

Rentré de son long périple, il sera élu maire de Bordeaux pour quatre ans. En 1585, la peste ayant éclaté à Bordeaux, il erre de logis en logis avant de pouvoir rentrer chez lui.

Pendant tout ce temps il travaille à ses Essais dont, en 1582, avait paru une deuxième édition. La troisième édition, augmentée d'un bon tiers, ne paraîtra qu'après sa mort en 1595.

C'est en assistant à une messe, dite en sa chambre, qu'il meurt le treize septembre 1592.

« Vivre à propos »

Montaigne ose dire « je », Montaigne ose ne pas s'en laisser accroire et ne prétend en remontrer à personne. Au « que sais-je ? » qu'il s'adresse il répond sereinement :

> *Il semble que nous n'avons autre mire de la vérité et de la raison que l'exemple et idée des opinions et usances du païs où nous sommes.*

Ou encore :

> *Les uns font accroire au monde qu'ils croient ce qu'ils ne croient pas. Les autres, en plus grand nombre, se le font accroire à eux-mêmes, ne sachant pas pénétrer ce qu'est croire.*

En roue libre, gaiement et véritablement indépendant, il poursuit sa quête, sceptique si l'on veut, mais bien plus antidogmatique, dans ce monde qui n'est, comme il dit, « qu'une branloire perenne » (une balançoire perpétuelle).

Indépendant, il l'est souverainement :

> *Il faut avoir femmes, enfans, biens, et sur tout de la santé, qui peut; mais non pas s'y attacher en manière que nostre heur (bonheur) en despende. Il se faut réserver une arrière boutique toute nostre, toute franche, en laquelle nous establissons nostre vraye liberté et principale retraicte de solitude.*

D'autant plus indépendant par rapport à autrui qu'il l'est aussi par rapport à lui-même, car, dit-il, « se trouve autant de différence de nous à nous-mêmes que de nous à autrui ».

En fait contre toutes les « logiques » de la foi, de la grâce, comme de la philosophie et de la théologie, lui ne dit qu'une chose qui est tout un programme :

> *Notre grand et glorieux chef-d'œuvre, c'est de vivre à propos.*

Ce qu'il dira ailleurs «savoir jouir loyalement de notre être», faisant comme Epicure, les mêmes distinctions :

> *Les cupiditez sont ou naturelles et necessaires, comme le boire et le manger; ou naturelles et non necessaires, comme l'accointance (fréquentation) des femelles; ou elles ne sont ni naturelles ni necessaires : de cette dernière sorte sont quasi toutes celles des hommes; elles sont toutes superfluës et artificielles car c'est merveille combien peu il faut à nature pour se contenter, combien peu elle nous a laissé désirer.*

«Pouvoir toute chose sur soi»

Vivre à propos, c'est aussi savoir que «la vraie liberté, c'est pouvoir toute chose sur soi».

Car, pour ce qui est des lois, le point de vue de Montaigne est éminemment socratique :

> *«...les loix se maintiennent en credit, non par ce qu'elles sont justes, mais par ce qu'elles sont loix. C'est le fondement mystique de leur authorité; elles n'en ont poinct d'autre.*
> *...Il n'est rien si lourdement et largement fautier que les loix, ny si ordinairement. Quiconque leur obeyt parce qu'elles sont justes, ne leur obeyt pas justement où il doibt...*

De même est-il adversaire non seulement de la révolution table-rase, mais encore du changement, source de tant de surenchère conflictuelle :

> *...de nos loix et usances, il y en a plusieurs barbares et monstrueuses : toutefois, pour la difficulté de nous mettre en meilleur estat et le danger de ce crollement (bouleversement), si je pouvois planter une cheville à nostre roue et l'arrester en ce point, je le ferois de bon cœur.*

Non pas que Montaigne soit adversaire de ce qui serait meilleur, mais manifestement il ne croit pas qu'il suffirait de «s'engager», au sens partisan de ce terme, pour que comme par enchantement tout en aille mieux. Au contraire, c'est bien de cet esprit de parti et d'engagement que la France pâtit et que les luttes s'enveniment. Pour lui, il lui suffit de ne pas se mentir à soi-même et de remplir sa charge comme l'usage le commande, car : «le Maire et Montaigne ont toujours esté deux, d'une separation bien claire».

«Tu meurs de ce que tu es vivant»

Vivre à propos, pouvoir toute chose sur soi, voilà et la liberté et la jouissance. Que vienne s'ajouter la «préméditation» de la mort, et l'homme prend la bonne mesure de son être naturel avec sérénité.

> *La préméditation de la mort est préméditation de la liberté. Qui a appris à mourir, il a désappris à servir.*
>
> *Tu ne meurs pas de ce que tu es malade; tu meurs de ce que tu es vivant.*
>
> *C'est la condition de votre création, c'est une partie de vous que la mort : vous vous fuyez vous-mêmes. Cet être qui est le vôtre, que vous jouissez, a également part à la mort et à la vie. Le premier jour de votre naissance vous achemine à mourir comme à vivre.*
>
> *... que philosopher c'est apprendre à mourir.*
>
> *... quand la jeunesse meurt en nous, qui est, en essence et en vérité, une mort plus dure que n'est la mort entière d'une vie languissante, et que n'est la mort de la vieillesse. D'autant que le saut n'est pas si lourd du mal être au non être, comme il est d'un être doux et fleurissant à un être pénible et douloureux.*
>
> *... vous êtes mort après la vie; mais pendant la vie, vous êtes mourant, et la mort touche bien plus rude-*

ment le mourant que le mort, et plus vivement et essentiellement.

Tous les jours vont à la mort, le dernier y arrive.

Ce n'est pas contre la mort que nous nous préparons. Un quart d'heure de passion sans conséquence, sans nuisance, ne mérite pas des préceptes particuliers. A dire vray, nous nous préparons contre les préparations de la mort.

«Chaque homme porte la forme entière de l'humaine condition»

S'il est vrai, comme le dit Montaigne, que «chaque homme porte la forme entière de l'humaine condition», on peut dire qu'il l'a portée de façon exemplaire, autrement dit sans se spécialiser, sans se dénaturer, s'acceptant, comme tout homme qui ne se «force» pas, «divers et ondoyant».

Cela étant, contre toutes les pseudo-logiques dogmatiques, voilà un homme qui avoue — fût-ce parfois à mots couverts — se préoccuper plus de santé que de salut, vivre en mortel plus qu'en captif d'une âme immortelle, s'en remettre au filtre de l'expérience plutôt qu'aux philtres de l'illusion ou des dogmes, et qui, lorsqu'il se laisse aller à dire «le fond du pot», confesse un anarchisme authentique : un pays sans «nom de magistrat, ni de supériorité politique», «sans lois, sans rois». Avec Montaigne meurt d'une certaine façon la philosophie qui a réponse à tout, dont les systèmes affirment plus qu'ils ne prouvent, dont les constructions savantes ennuyent encore plus qu'elles ne font accroire, et naît, fût-ce hors philosophie, cette «poésie sophistiquée», le plaisir de ne pas mentir, celui de vivre à propos, et de raison garder en tout.

Etre tout homme et tout honnête, non qu'il ne flanche ou n'erre, mais non pas sans aveu ou reprise, voilà l'honnête homme en ses essais.

Vers la science

Giordano Bruno *1548-1600*

ou les débuts de l'« infini »

Alors que pour les Grecs, l'infini est une imperfection de l'être, car il n'y aurait d'être parfait (c'est-à-dire sphérique, plein, dense...) que fini, Bruno, comme l'y invitait d'ailleurs toute la théologie chrétienne. voit dans l'infini le signe même de la perfection.

Tout le problème est alors de comprendre comment de l'infinité de Dieu émane l'infinité du monde. D'où la distinction de Bruno entre Dieu « totalement infini » et l'univers qui n'est que « tout infini »

> *Je dis que l'univers est tout infini parce qu'il n'a pas d'extrémités, de limite, de surface. Je dis que l'univers n'est pas totalement infini parce que chacune des parties de cet univers que nous pouvons considérer est finie et parce que chacun des mondes innombrables qu'elle contient est fini. Je dis que Dieu est tout infini parce qu'il exclut par soi toute limite et que tout ce qui peut lui être attribué est un et infini. Et je dis que Dieu est totalement infini parce qu'il est tout entier dans tout l'univers, infiniment et totalement dans chaque partie.*

C'est le rôle du philosophe que de connaître cette nature divine, éternelle, infinie dont tout est trace et aspect, si bien que chaque individu, chaque chose reflète à sa manière la totalité dont elle « émane ».

Quoi qu'il en soit de cette vision des choses, qui reprend l'intuition de Nicolas de Cuse sur l'« identité des contraires » dans l'infini divin, l'originalité de Bruno, et son mérite, est d'avoir posé la question de l'infinité cosmique qui est, à proprement parler, le point de départ de toute science : l'univers est infini, un et homogène en ses parties. Qu'il ait vu dans cette science de l'infinité la possibilité même de la magie comme activité que ne rend impossible ni la distance ni la matière, montre combien il était encore un homme de la Renaissance.

Dominicain défroqué, il mena une existence fort mouvementée de contestataire, poursuivant une libre recherche métaphysique et scientifique. Mais dans une Europe écartelée par les guerres de religion entre catholiques et protestants, livrée aux inquisiteurs de tous bords, il paya de sa vie ses idées hétérodoxes, «panthéistes» et «magiques».

Il moisira huit ans dans les cachots de l'Inquisition avant de finir brûlé vif sur un bûcher, à Rome, en l'an de grâce 1600.

Galilée *1564-1642*

Se rétractant, Galilée, au dire de la légende , frappant sans doute le sol de sa canne, ne put se contenir : *Eppur' si muove!* (Et pourtant, elle se meut).

Ce fait, même s'il est contraire aux Ecritures (saintes comme aristotéliciennes) et au sens commun obvie, est de double importance : d'abord comme fait brut qui s'inscrit parmi d'autres faits, dont la raison interroge le comment, ensuite comme fait purifiant, de par sa réalité même, ce qu'il y avait d'impur dans une vision philosophique ou théologique, qui n'en tenait pas compte ou le niait. En d'autres termes, il n'est du domaine ni de la philosophie ni de la théologie de s'occuper de questions dont l'incidence et la connaissance lui importent, certes, mais moins que ce qui les constitue en propre : la révélation pour la théologie, l'être conscient pour la philosophie.

Que la terre se meut (ce qui est un fait scientifique) ou

qu'elle ne se meut pas (ce qui était une opinion avant l'établissement du fait), ne change fondamentalement rien aux problématiques, philosophique ou théologique, dont la vérité — si tant est que ce mot convienne — ne relève pas de la science.

C'est parce que, à son époque, cette distinction n'était pas encore faite et que l'Eglise, sur la défensive, pratiquait l'amalgame liant la foi à ce qui ne relevait pas d'elle, que Galilée fut condamné, par le tribunal de l'Inquisition, à abjurer ses théories et resta près de dix ans en résidence surveillée jusqu'à sa mort. Qu'il ait préféré abjurer, se rétracter, plutôt qu'être brûlé comme hérétique ou hétérodoxe est tout à l'honneur de l'homme et du savant, car, contrairement aux religions, la science n'a pas besoin de martyrs, sa vérité n'étant pas fonction du sang versé en témoignage d'adhésion.

> *La philosophie est écrite dans ce grand livre que nous avons toujours sous les yeux (je veux parler de l'univers) mais pour en saisir le sens, — il faut d'abord en connaître la langue et déchiffrer les caractères avec lesquelles elle est écrite. Cette langue est celle des mathématiques, ces caractères sont des triangles, des cercles, d'autres figures géométriques sans lesquelles ce texte demeure lettre morte pour les hommes, sans lesquels ils ne peuvent que tourner en vain dans un labyrinthe obscur.*

Avec Galilée, non seulement se précise la révolution copernicienne qui avait détrôné le géocentrisme inexact au profit de l'héliocentrisme, mais surtout se construit et **une méthode expérimentale** faisant appel à des instruments de découverte (par exemple la lunette astronomique que Galilée construisit lui-même et qu'il utilisa pour ses observations) et un recours au langage mathématique, géométrique, abstrait donc, par lequel nous appréhendons le réel et le construisons théoriquement.

Que la terre soit reconnue par la science comme une planète parmi des millions d'autres ([110]) ne marginalise pas pour autant les religions révélées et «géocentristes en esprit», mais libère la science d'une autorité et d'un «cadre» qui ne sont pas les siens.

Les rationalismes

Descartes *1596-1650*

Gentilhomme de petite noblesse, Descartes fit ses études au collège royal de la Flèche, tenu par les jésuites. Ses dons et sa santé délicate lui feront bénéficier d'un traitement de faveur, dont il gardera l'habitude : se lever tard, réfléchir couché dans son lit.

A vingt ans, bachelier et licencié en droit, il se laisse tenter par la carrière des armes, qu'il abandonne quelque quatre ans plus tard. C'est d'ailleurs, alors qu'il était encore militaire, en garnison dans son «poêle» (pièce qu'un haut poêle, en son centre, chauffait) en Allemagne qu'il eut, le 10 novembre 1619, sa nuit «mystique» : il découvre «les fondements d'une science admirable» qu'accompagnent quelques rêves étranges qui l'exaltent.

Il voyage beaucoup, et, assez fortuné que pour n'avoir pas besoin de gagner sa vie, mène à Paris une vie à la fois mondaine — il se bat même en duel pour une femme — et scientifique — il fréquente des savants. Finalement, à trente-trois ans, il s'installe en Hollande où le rejoint sa servante — amie dont il eut, à trente-neuf ans, une fille qui mourut cinq ans plus tard, lui laissant «le plus grand regret qu'il eût jamais senti de sa vie».

Fatigué et outré de toutes les incessantes polémiques que suscite son œuvre chez les jésuites et les théologiens, Descartes passe deux ans (1647-1648) en France et y rencontre notamment Blaise Pascal. Ne trouvant à Paris ni tranquillité ni paix, il revient en Hollande. Depuis quelques années déjà il correspondait avec Elisabeth, princesse de Bohême, et avec la reine Christine ([111]) de Suède. Répondant, avec beaucoup de répugnance d'ailleurs, à l'invitation pressante de celle-ci, Descartes se rend en

Suède en 1649, et compose même, presque à sa plume défendant, les vers d'un ballet qui sera dansé lors d'une fête célébrant la paix de Westphalie. Il meurt à Stockholm d'une méchante pneumonie dont il s'était (mal) soigné à sa façon.

Une mathématique universelle

> *Je me plaisais surtout aux mathématiques, à cause de la certitude et de l'évidence de leurs raisons,... je m'étonnais de ce que leurs fondements étant si fermes et si solides, on n'avait rien bâti dessus de plus relevé.*

Tout le projet de Descartes, son besoin de certitude, comme son espérance de la trouver, se résument en ces quelques lignes qui expriment très clairement quelles lois il s'agit de trouver.

La méthode

Pour découvrir ces lois, il faut une méthode qui permette, d'une part, d'éviter l'erreur, d'autre part, de découvrir la vérité, c'est-à-dire :

> *« Un ensemble de règles certaines et faciles par l'observation exacte desquelles on sera certain de ne prendre jamais le faux pour le vrai, et, sans dépenser inutilement les forces de son esprit, mais en accroissant son savoir par un progrès continu, de parvenir à la connaissance vraie de tout ce dont on sera capable. » (Règles pour la direction de l'esprit-règle IV).*

Citons à tout le moins le début du célèbre *Discours de la méthode*, petit ouvrage d'une cinquantaine de pages, dont la lecture est toujours encore profitable.

> *« Le bon sens est la chose du monde la mieux partagée : car chacun pense en être si bien pourvu, que ceux mêmes qui sont les plus difficiles à contenter en*

toute autre chose n'ont point coutume d'en désirer plus qu'ils en ont. En quoi il n'est pas vraisemblable que tous se trompent; mais plutôt cela témoigne que la puissance de bien juger et distinguer le vrai d'avec le faux, qui est proprement ce qu'on nomme le bon sens ou la raison, est naturellement égale en tous les hommes; et ainsi que la diversité de nos opinions ne vient pas de ce que les uns sont plus raisonnables que les autres, mais seulement de ce que nous conduisons nos pensées par diverses voies, et ne considérons pas les mêmes choses. Car ce n'est pas assez d'avoir l'esprit bon, mais le principal est de l'appliquer bien. »

Quatre préceptes suffisent, selon Descartes, pour bien mener sa pensée.

1. d'avoir des idées claires et distinctes :

... ne recevoir jamais aucune chose pour vraie que je ne la connusse évidemment être telle; c'est-à-dire d'éviter soigneusement la précipitation et la prévention, et de comprendre rien de plus en mes jugements que ce qui se présenterait si clairement et si distinctement à mon esprit que je n'eusse aucune occasion de le mettre en doute.

2. d'analyser :

... diviser chacune des difficultés que j'examinais en autant de parcelles qu'il se pourrait et qu'il serait requis pour les mieux résoudre.

3. de synthétiser :

de conduire par ordre mes pensées, en commençant par les objets les plus simples et les plus aisés à connaître, pour monter peu à peu comme par degrés jusqu'à la connaissance des plus composés, et supposant même de l'ordre entre ceux qui ne se précèdent point naturellement les uns les autres.

4. de dénombrer :

... faire partout des dénombrements si entiers et des revues si générales, que je fusse assuré de ne rien omettre.

Je doute

Mais, aussi bizarre que cela puisse paraître, ayant reconnu la certitude mathématique universelle pour ce qu'elle est, ayant établi sa méthode, Descartes ne s'estime pas pour autant assuré d'être dans le vrai.

En effet, non seulement nos sens nous trompent, les conclusions de ceux qui raisonnent ne sont pas toujours les mêmes, mais encore les vérités mathématiques elles-mêmes pourraient être douteuses, et qui plus est où est la garantie que le Dieu qui nous a créés ne nous trompe pas ?

Ainsi Descartes (comme il le conseille à tout homme qui se veut philosophe, de le faire une fois dans sa vie) doute-t-il de tout, et tient-il pour faux tout ce qui ne lui apparaît plus que comme opinion douteuse. C'est ce qu'on appelle le doute hyperbolique ou radical à quoi nulle opinion n'échappe. Mais ce doute n'a rien d'un doute sceptique, car il est réellement méthodique : de quoi pourrais-je ne pas douter ?, et qu'est-ce, au fond, que douter ?

Je pense, donc je suis

Et c'est ici qu'intervient le moment capital de l'assurance de fait, de l'exception de fait : le fait même que je doute m'assure de l'existence d'un je suis (pensant). C'est cela qu'on appelle le *cogito* cartésien. Même si malin génie (un Dieu trompeur) il y avait, du fait même que je doute cela implique que je pense, donc que je suis (pensant).

Donc Dieu est

Parmi les pensées que je pense et dont la seule chose indubitable que je puisse en dire est que je les pense — mais cela ne suffit pas pour établir leur vérité, ni pour établir leur existence — il en est une qui ne saurait avoir sa cause en moi : celle de Dieu, Etre parfait et infini. Cette idée, mise en moi par Dieu, m'assure de son existence, car «qui connaît quelque chose de plus parfait que soi ne s'est pas donné l'être».

Et c'est d'ailleurs parce que Dieu existe que le monde persévère dans l'être, que ce que nous concevons clairement et distinctement est toujours vrai, que la bonté morale est cette décision d'une volonté libre (franc arbitre) éclairée par l'entendement.

> *Il n'y a que la volonté seule ou la seule liberté du franc arbitre que j'expérimente en moi être si grande que je ne conçois pas l'idée d'aucune autre plus ample et plus étendue, en sorte que c'est principalement elle qui me fait connaître que je porte l'image et la ressemblance de Dieu.*

Tout se passe donc pour Descartes, et philosophe et chrétien, comme si, ayant, d'une part, établi sa méthode pour bien penser, et scientifiquement et subjectivement, ayant, d'autre part, reconnu la véracité et l'existence de Dieu comme au fondement même de nos idées claires et distinctes et de notre franc arbitre, il devenait possible enfin de construire une morale rationnelle.

Malheureusement, du fait même du caractère fini de notre entendement et du caractère infini de notre volonté, comme aussi du dualisme de l'âme — substance immatérielle et pensante — et du corps — substance matérielle et étendue — comme enfin du jeu des passions dans le composé humain fait distinctement et de l'âme et du corps, l'établissement d'une morale rationnelle, couronnement de l'édifice cartésien, s'avère irréalisable.

Quoi qu'il en soit de ceci qui mériterait d'autres analyses que ce survol par trop elliptique, signalons tout de même que Leibniz et Spinoza articuleront tout autrement la métaphysique cartésienne, que Pascal y fera à sa façon objection, et que les encyclopédistes, Diderot et d'Alembert, la rejetteront purement et simplement, tout en en admirant la portée méthodologique.

Laissons, pour terminer, la parole à Descartes, s'exprimant sur le bonheur.

On peut dire généralement qu'il n'y a aucune chose qui nous puisse entièrement ôter le moyen de nous rendre heureux, pourvu qu'elle ne trouble point notre raison; et que ce ne sont pas toujours celles qui paraissent les plus fâcheuses, qui nuisent le plus. (Lettre à Elisabeth)

Quiconque a vécu en telle sorte, que sa conscience ne lui peut reprocher qu'il ait jamais manqué à faire toutes les choses qu'il a jugées être les meilleures (qui est ce que je nomme ici suivre la vertu) il en reçoit une satisfaction, qui est si puissante pour le rendre heureux, que les plus violents efforts des Passions n'ont jamais assez de pouvoir pour troubler la tranquillité de son âme.

Pascal *1623-1662*
ou le rationalisme du cœur

Nous ne pouvons faire l'impasse sur Pascal, l'écrivain génial des *Pensées* et des *Provinciales* (dix-huit Lettres « anonymes », où Pascal prend parti avec fougue pour la rigueur janséniste, contre le laxisme de la casuistique jésuite qu'il fustige avec une ironie mordante) car tout le monde connaît d'oreille et son célèbre pari apologétique et son « esprit de finesse » (la logique du cœur) qu'il oppose à l'« esprit de géométrie » (savant et cartésien) qui, seul, ne saurait suffire à persuader ni à rendre compte de tout (« le cœur a ses raisons que la raison ne connaît pas » — **cœur** chez Pascal signifie **intuition** ou **connaissance directe** et non la balançoire des passions).

C'est à trente et un ans que Pascal connut sa nuit d'extase mystique et de conversion, dont il gardait le souvenir inscrit sur un parchemin qu'il cousait dans la doublure de ses pourpoints. Ce texte d'une trentaine de lignes, désigné sous le nom de *Mémorial,* résume la certitude essentielle de Pascal (qu'il introduit lui-même sous le vocable à la fois énigmatique et transparent de : FEU) :

> *Dieu d'Abraham, Dieu d'Isaac, Dieu de Jacob, non des Philosophes et des savants. Certitude. Certitude. Sentiment. Joie. Paix. Dieu de Jésus-Christ.*

C'est cette certitude qui est au feu intime et de son essai projeté d'apologie du christianisme, dont nous n'avons que le brouillon (*Pensées*), et de son recours constant à l'« esprit de finesse ».

Le pari

Partant d'un lieu commun qu'il est impossible de prouver Dieu, Pascal utilise alors, au lieu de la preuve impossible, l'argument du pari. Sa démonstration s'établit comme suit :

1. Il faut parier. (Ou bien Pascal n'admet pas que l'on puisse refuser de parier, ou bien il obtient de son interlocuteur qu'il fasse comme s'il y était obligé.)
2. La raison peut choisir de parier pour ou contre, n'ayant pas de critère probant.
3. Mais la béatitude, c'est-à-dire le bonheur infini dans l'au-delà, commande que l'on n'hésite pas à gager une vie finie pour espérer gagner une vie infinie.

> *« Oui : mais il faut parier. Cela n'est pas volontaire, vous êtes embarqué. Lequel prendrez-vous donc ?... Votre raison n'est pas plus blessée en choisissant l'un que l'autre, puisqu'il faut nécessairement choisir. Voilà un point vidé. Mais votre béatitude ? Pesons le gain et la perte, en prenant croix que Dieu est. Estimons ces deux cas : si vous gagnez vous gagnez tout et si vous perdez, vous ne perdez rien. Gagez donc qu'il est, sans hésiter. »*

L'esprit de finesse

> *Il faut tout d'un coup voir la chose d'un seul regard, et non par progrès de raisonnement, au moins jusqu'à un certain degré.*
>
> *Deux excès : exclure la raison, n'admettre que la raison.*

Tout se passe, dans ces conditions, comme si de toute façon l'ordre du cœur, que la grâce d'un Dieu caché garantit, était au fondement de toute chose.

Spinoza *ou l'anti-Descartes* — *1632-1677*

Qu'il y ait eu avant Spinoza des philosophes, et de très grands, qu'il y en ait après lui, non moins grands, cela est incontestable, mais qu'on ait pu, en parlant de lui et de son système, évoquer la figure du Philosophe tel qu'en lui-même enfin la Philosophie s'incarnerait, donne la mesure et de la visibilité hymalayenne de son discours géométrique et de l'interminable révolution qu'il produit.

Baruch Spinoza naquit à Amsterdam — ville aussi florissante par son commerce que tolérante aux sectes et aux hétérodoxes, malgré ses propres querelles religieuses et politiques — dans une famille juive appartenant à la communauté «portugaise», composée de ceux dont les ancêtres avaient fui l'Espagne ou le Portugal au moment de l'édit d'expulsion de 1492.

Il reçut une éducation juive, apprit l'hébreu, commenta le Talmud. Mais participant à un mouvement d'idées de critique radicale qui liait en quelque sorte les libéraux juifs comme les contestataires protestants (sociniens, antitrinitaires, sectaires...), il rejette toute dogmatique, tant juive que chrétienne, ainsi que la prudence dans laquelle on le voudrait enfermer pour qu'il ne soit pas cause de scandale ou d'incommodité pour la communauté à laquelle il appartenait : la Nation juive. Si bien qu'il fut, à l'âge de vingt-quatre ans, excommunié de la synagogue ([113]) d'Amsterdam, ce qui n'empêcha pas que, juif indigne aux yeux des juifs bien-pensants, il n'en fut pas moins aux yeux des chrétiens le «Juif de La Haye» ou le «Juif de Voorburg», lieux qu'il habita par la suite lorsqu'il quitta, après son excommunication, Amsterdam. A dire vrai il quitta cette ville à la fois par mesure de prudence ([114]) et pour trouver la tranquillité nécessaire à ses travaux philosophiques qu'il poursuivait tout en assurant son gagne-pain par un travail de haute technicité artisanale : le polissage de lentilles.

Par esprit d'indépendance, il refusa l'offre qui lui fut faite d'enseigner; par vocation, et du fait sans doute aussi de sa complexion délicate, il resta solitaire.

A vingt-neuf ans, il rédige le *Traité de la réforme de l'entendement* (inachevé). En 1670, il publie, à La Haye, anonymement, le *Traité théologico-politique,* seule œuvre importante publiée de son vivant. Il renonça à faire publier *L'éthique,* qui est son œuvre majeure, devant les «rumeurs» dont il est l'objet et la victime.

Il rencontre Leibniz en 1676, l'année où il rédige son *Traité politique* qui demeura inachevé. Il meurt à quarante-quatre ans. Ses œuvres posthumes paraîtront quelques mois après sa mort.

Dieu, autrement dit : la Nature

> *Comme la Nature entière est une seule substance dont l'essence est infinie, toutes choses sont, par la Nature, unies en une seule qui est Dieu. (*Court Traité, *1660).*

Pour Spinoza, **Dieu est la Substance infinie,** «une substance consistant en une infinité d'attributs dont chacun exprime une essence éternelle et infinie». Spinoza emploie donc le concept de substance au sens fort : ce qui est en soi et est conçu par soi. Il en découle que chaque chose singulière est un mode fini de Dieu, autrement dit une modification de Dieu, modification qui possède certaines propriétés desquelles certains effets découlent nécessairement.

Ces modes finis, ou modifications singulières, sont produits par des modes infinis qui en «régularisent» la production ; ces modes finis et infinis affectent la substance que deux attributs («ce que l'entendement perçoit de la substance comme constituant son essence») «développent» : l'étendue, la pensée.

Nous ne pouvons entrer dans les détails rigoureux de l'articulation substance/attributs/modes ; signalons-en tout de même le caractère nécessaire et moniste. En effet, il n'y a pas de dualisme dans la pensée de Spinoza, même s'il y a, bien sûr, des différences, comme entre fini et infini, «nature naturante» (essence) et «nature naturée» (modes).

Dire du système de Spinoza qu'il est panthéiste ou athée, c'est l'approcher sous un certain angle qui n'est pas entièrement faux mais qui ne rend pas compte exactement de sa rigueur géométrique qui construit une machinerie théorique, dont la productivité est inépuisable et indépassable. Ce dont Spinoza avait d'ailleurs entièrement conscience, lui qui écrivit à A. Burgh :

> *Vous me demandez comment je sais que ma philosophie est la meilleure entre toutes celles qui ont jamais été, sont et seront enseignées dans le monde. Ce serait plutôt à moi de vous poser la question. Je ne prétends pas avoir trouvé la philosophie la meilleure, mais je sais que j'ai connaissance de la vraie. Me demanderez-vous comment je le sais, je répondrai : de la même façon que vous savez que les trois angles d'un triangle égalent deux droits, et nul ne dira que cela ne suffit pas, pour peu que son cerveau soit sain et qu'il ne rêve pas d'esprits impurs nous inspirant des idées fausses semblables à des idées vraies ; car le vrai est à lui-même sa marque et il est aussi celle du faux.*

L'idée adéquate

Un triangle a trois côtés, la somme de ses angles est égale à deux droits. Voilà le modèle même d'une idée adéquate, qui n'a ni origine ni finalité, mais est pur concept de l'entendement. Que le soleil nous semble proche, ou le bâton brisé dans l'eau, cela est une idée inadéquate (une image) qui relève de notre imagination ou de nos sens. Image donc qui n'est pas «fausse» en soi mais liée aux propriétés mêmes de notre œil, chose naturelle, rencontrant le soleil ou le bâton, autres choses naturelles. **L'idée** inadéquate (ou image) s'impose donc nécessairement et n'est «vaincue», non moins naturellement et nécessairement, que par plus forte, plus adéquate qu'elle : **le concept.**

> *Lorsque nous regardons le soleil, nous imaginons qu'il est éloigné de nous de 200 pieds environ; cette erreur ne consiste d'ailleurs pas dans cette seule imagination, mais dans le fait que, en imaginant ainsi le soleil, nous ignorons sa vraie distance et la cause de cette imagination. Car, plus tard, encore que nous sachions que le soleil est éloigné de nous de plus de six cents fois le diamètre de la terre, nous n'imaginerons pas moins qu'il est près de nous.*

C'est d'ailleurs grâce à «la mathématique qui s'occupe non des fins mais des essences et des propriétés des figures» que l'homme dispose d'une «règle de vérité» qui lui permet d'abandonner préjugés et illusions.

L'homme-désir

Prendre la mesure de Dieu, c'est prendre la mesure de la Nature comme substance infinie, nécessaire et suffisante. Cela étant, tout est en quelque sorte comme un rapport de forces, comme s'il y avait plus de force, de puissance dans une idée adéquate que dans une image ou une illusion, plus de force dans la raison que dans la passion, et comme nous le verrons plus loin, plus de force dans un Etat démocratique que dans la tyrannie ou l'anarchie.

En effet, tout être, toute chose «veut» — non par vouloir propre, par libre arbitre, mais par nécessité, du fait même de ses propriétés — persévérer dans son être essentiel, dans sa force, dans sa puissance. Si bien que l'homme est essentiellement désir, non un ensemble de facultés ou de capacités.

> *Chaque chose, selon sa puissance d'être, s'efforce de persévérer dans son être.*
> *J'entends ... sous le nom de Désir tous les efforts, impulsions, appétits et volitions de l'homme...*
> *Le désir est l'essence même de l'homme, c'est-à-dire l'effort par lequel l'homme s'efforce de persévérer dans son être.*

A telle enseigne que c'est **le désir qui est au fondement de nos actes et non l'illusoire jugement moral (bien/mal) et le libre arbitre.** Il y a là, chez Spinoza, un étonnant renversement de nos raisonnements habituels. Tout se passe comme si — ce qui est d'ailleurs vrai — j'«aime» la vie parce que je vis, et non l'inverse : je vis parce que j'aime la vie. De même — ce qui est tout aussi vrai mais moins reconnu — j'aime cette femme parce que je vis avec elle, et non : je vis avec cette femme parce que je l'aime. Car, c'est la passion et non la raison qui nous donne l'illusion de choisir.

> *Nous ne faisons effort vers aucune chose ... parce que nous jugeons qu'elle est bonne; c'est l'inverse : nous jugeons qu'une chose est bonne parce que nous faisons effort vers elle, que nous la voulons et tendons vers elle par appétit ou désir.*

Ce désir, inscrit en moi comme essence nécessaire, déborde non seulement ma pensée consciente (de mon désir, mais ignorante de ses causes — et c'est déjà en quelque sorte toute la psychanalyse !), mais encore les passions qui en manifestent la force : force croissante de la joie, force décroissante de la tristesse ; l'une, la joie, culminant dans l'homme raisonnable vainqueur des contraintes extérieures dont il accepte la nécessité au même titre que sa nature propre, l'autre, la tristesse, culminant dans « l'homme entièrement vaincu par des causes extérieures qui sont contraires à sa nature propre » et qui, partant, se suicide.

Donc la raison « corrige » la passion, comme le concept corrige l'image, et au lieu de pâtir sous la contrainte extérieure, nous agissons avec plus de force, d'effet, de productivité en assumant notre essence nécessaire. Si bien qu'être de désir d'être « un homme libre ne pense à aucune chose moins qu'à la mort ; et sa sagesse est une méditation non de la mort, mais de la vie », même si « la force, en vertu de laquelle l'homme persévère dans l'existence, est limitée, et est infiniment surpassée par la puissance des causes extérieures ».

La fin de l'Etat est la liberté

Pour que chacun et tous puissent persévérer dans l'être et produire tous les effets nécessaires d'une puissance multipliée, « à l'homme rien de plus utile que l'homme ». Mais pour que cela soit autre chose qu'une vue de l'esprit, encore faut-il que la loi décide du juste et de l'injuste.

> *Il n'y a rien dans la nature que l'on puisse dire appartenir de droit à l'un et non à l'autre, mais tout est à tous, c'est-à-dire que chacun a droit dans la mesure où il a pouvoir. Dans un Etat au contraire, où la loi commune décide ce qui est à l'un et ce qui est à l'autre, celui-là est appelé juste, qui a une volonté constante d'attribuer à chacun le sien, injuste au contraire celui qui s'efforce de faire sien ce qui est à un autre.*

Instituant cette justice, c'est-à-dire au fond une règle ordonnant la puissance de chacun, l'Etat donne à l'enchevêtrement des désirs la liberté de se produire pour le bien de chacun et de tous. Il ne moralise pas, mais exerce sa puissance, sa fonction : assurer l'ordre raisonnable qui est liberté bien comprise.

> *Non, je le répète, la fin de l'Etat n'est pas de faire passer les hommes de la condition d'êtres raisonnables à celle de bêtes brutes ou d'automates, mais au contraire il est institué pour que leur âme et leur corps s'acquittent en sûreté de toutes leurs fonctions, pour qu'eux-mêmes usent d'une Raison libre, pour qu'ils ne luttent point de haine. de colère ou de ruse, pour qu'ils se supportent sans malveillance les uns les autres. La fin de l'Etat est donc en réalité la liberté.*

Leibniz *1646-1716*
ou l'anti-Spinoza

Fils d'un professeur d'université, Leibniz se forma l'esprit très jeune en puisant dans la bibliothèque paternelle ce qu'il désirait lire. Il entre à l'université à quinze ans et fut reçu docteur en droit à vingt ans. Entré dans la carrière diplomatique, il est chargé de plusieurs missions qu'il entreprend dans l'esprit de donner vie à une politique européenne, unie contre l'infidèle (l'Orient), et réunie en elle-même (rapprocher protestants et catholiques).

En 1676, il rend visite à Spinoza à La Haye, et accepte le poste de bibliothécaire et de conseiller des ducs de Hanovre, postes qu'il occupa pendant quarante ans, jusqu'à sa mort.

Inventeur du calcul infinitésimal, fondateur d'une des premières revues d'informations scientifiques, Leibniz est l'auteur d'une œuvre immense, constituée surtout de nombreux opuscules touchant énormément de sujets : droit, histoire, morale, logique..., dont la plupart ne seront publiés qu'après sa mort.

Sa tentative d'inventer un langage symbolique universel qui réduirait toutes les opérations mentales au calcul, est probablement ce qui, de son œuvre, a été le moins reconnu et perçu de son vivant, mais, redécouvert cent ans plus tard, en est encore aujourd'hui le rayon le plus actuel.

Quant à son œuvre de métaphysicien rationaliste et de moraliste «optimiste» où tous les points de vue s'entre-expriment et se renvoient l'un l'autre, dans une dynamique où se vit et se pense l'un et l'infini, deux ouvrages l'exposent. L'un, à destination d'un large public : *Théodicée* ([115]) *Essais de théodicée sur la bonté de Dieu, la liberté de l'homme et l'origine du mal* publié en 1710. L'autre, où se résume son système métaphysique : *Monadologie*, publié en 1714.

Leibniz meurt en 1716, solitaire et presque oublié.

La monadologie ou la dynamique des êtres

Ce qui existe, ce sont des substances actives, c'est-à-dire des monades, des sortes de «points métaphysiques», des atomes énergétiques. Eléments premiers de toutes choses, elles constituent l'univers.

D'un point de vue externe, les monades sont des substances simples, c'est-à-dire sans parties, donc indivisibles; sans étendue, donc sans figures; elles commencent par création, elles finissent par annihilation.

D'un point de vue interne, elles se modifient de par elles-mêmes selon le principe interne de leurs perfections, donc sans intervention extérieure. En effet, «les monades n'ont point de fenêtres par lesquelles quelque chose puisse entrer ou sortir».

Du point de vue de leur perfection, elles se rangent en trois groupes :

1. Monades «premières» ou «nues» : possèdent de petites perceptions, mais pas de mémoire. Exemple : *les plantes*.
2. Monades «âmes» : possèdent des perceptions plus claires et aussi la mémoire. Exemple : *les animaux*.

3. Monades «esprits» : possèdent la raison, la perception. Elles sont donc conscientes des lois de leurs transformations. Exemple : *les hommes.*
En quelque sorte Leibniz retrouve ici la distinction scolastique traditionnelle des trois âmes : végétative, animale, humaine, sauf qu'à proprement parler, chez lui, ces âmes monadiques sont des sortes d'«automates incorporels» et qu'elles sont à la fois toutes semblables (elles sont toutes des «représentants» du monde dans sa totalité) et toutes différentes (chacune est un point de vue unique sur l'univers). De fait, il existe à la fois un ordre hiérarchique des monades, selon la perfection, et un ordre de compatibilité des monades possibles, selon l'harmonie préétablie par Dieu, Horloger de toutes les monades-horloges et Monade des monades.

C'est cette dynamique interne qui est au principe même du système de Leibniz et qui en constitue son caractère assez étonnant, puisqu'au fond tout se passe comme si, dans la consécution du temps et la coextension de l'espace, chaque monade, sans porte ni fenêtre, close donc sur elle-même, n'en poursuit pas moins ses transformations, le déploiement de ses «plis», selon sa nature, dans l'harmonie préétablie par Dieu. Comme si exister c'est être harmoniquement l'un (le «semblable») et l'infini (le «différent»).

Au fond, la métaphysique des monades n'est pas moins déterministe que la Substance (Nature/Dieu) de Spinoza, sauf que pour Leibniz, théologien chrétien, Dieu est la raison nécessaire du monde contingent.

> *Nos perceptions confuses sont le résultat des impressions que tout l'univers fait sur nous.*
>
> *«Le présent est gros de l'avenir : le futur se pourrait lire dans le passé; l'éloigné est exprimé dans le prochain. On pourrait connaître la beauté de l'univers dans chaque âme si l'on pouvait déplier tous les replis, qui ne se développent sensiblement qu'avec le temps.*

Le meilleur des mondes possibles ou l'optimisme

> *Entre une infinité de mondes possibles, il y a le meilleur de tous, autrement Dieu ne se serait pas déterminé à en créer aucun.*

Il nous est impossible, en quelques lignes, de rendre compte de cette pensée extrêmement subtile dont Leibniz est l'inventeur et à vrai dire le seul représentant. A tout le moins essayons de présenter pourquoi Leibniz peut dire que nous vivons dans le meilleur des mondes possibles, ce qui n'est pas évident pour Voltaire (voir *Zadig*) ni pour beaucoup de ceux pour qui le monde comme il va ne va pas bien, et qui en plus, ne voient pas pourquoi un autre monde, meilleur, n'aurait pas été possible, surtout que pour Leibniz la volonté de Dieu n'intervient que pour faire coexister les possibles, non pour les créer en tant que tels.

> *Car tous les possibles prétendant à l'existence dans l'entendement de Dieu, à proportion de leurs perfections, le résultat de toutes ces prétentions doit être le monde actuel le plus parfait qu'il soit possible. Et sans cela il ne serait point possible de rendre raison pourquoi les choses sont allées ainsi plutôt qu'autrement.*

Autrement dit, compte tenu de la compatibilité entre les possibles (c'est-à-dire entre les compossibles : tout possible compatible avec tous les autres possibles), tout est pour le mieux dans le meilleur des mondes possibles. Dans ces conditions, il s'ensuit que non seulement le mal est possible (comme possible compatible avec tous les autres possibles) mais encore nécessaire puisque sans lui le monde ne serait pas le meilleur des mondes possibles ! Donc, puisque tout arrive de par la volonté de Dieu, — c'est le point de vue de Leibniz théologien —, la raison — c'est le point de vue de Leibniz philosophe —, ne peut qu'intégrer le mal comme possible nécessaire pour le meilleur des mondes possibles !

Il va sans dire que nous laissons à Leibniz la responsabilité de sa thèse. Remarquons cependant qu'au fond pour lui, le mal est dans les détails, car l'ensemble reste fécond.

Qui dit «meilleur» ne dit d'ailleurs pas «parfait» mais tout simplement que le «bien» l'emporte sur le «mal», l'ensemble sur le détail.

Qu'on ait donc appelé le système leibnizien optimiste n'est pas aussi paradoxal qu'il pouvait sembler à première vue.

Pour Leibniz, Dieu «sait» l'avenir, mais ne le fait pas. Dieu «permet» le mal, mais ne le fait pas.

La fin de la *Théodicée* comporte un apologue qui résume le point de vue de Leibniz : Sextus, méchant de toute éternité, est compris dans le meilleur des mondes possibles où son crime est nécessaire pour que ce monde soit le meilleur. Tout se passe comme si la monade Sextus, possible librement méchant, est nécessaire à ce monde le meilleur possible qui, sans lui, eût été moins meilleur!

C'est ici que le point de vue, le commentaire de chacun importe, car après tout, Sextus c'est aussi toutes les autres monades!

> *Vous voyez que mon Père (Jupiter, ici métaphore pour Dieu) n'a point fait Sextus méchant, il l'était de toute éternité, il l'était toujours librement, il n'a fait que lui accorder l'existence, que sa sagesse ne pouvait refuser au monde, où il est compris; il l'a fait passer de la région des possibles à celle des êtres actuels. Le crime de Sextus sert à de grandes choses, il rend Rome libre, il en naîtra un grand empire, qui donnera de grands exemples. Mais cela n'est rien au prix du total de ce monde dont vous admirerez la beauté, lorsqu'après un heureux passage de cet état mortel à un autre meilleur, les Dieux vous auront rendu capable de la connaître.*

Les empirismes

Français ou Allemands, les philosophes du XVIIe s. sont rationalistes mais de façon plutôt abstraite, c'est-à-dire que leurs discours, leurs jugements se fondent sur la Raison comme source de tout savoir, sans pour autant nier ce qu'une vérification expérimentale est à même d'apporter comme preuve, information, connaissance.

Au fond, sauf à considérer le monde comme pure production de l'esprit humain, toute philosophie rationnelle est à la fois conceptuelle et expérimentale et résulte d'une élaboration où concepts et expériences se répondent. Autrement dit, une expérience n'a de sens intelligible que pour autant qu'un concept permette de l'intégrer dans un champ de savoir, et un concept n'a de réalité que pour autant qu'une expérience sensible la «précède» («rien n'est dans l'esprit qui ne fut d'abord dans le sens»).

C'est dire que, selon l'accent porté, telle philosophie sera plus expérimentale que rationnelle, et telle autre plus rationnelle qu'expérimentale, mais en définitive, jamais le discours tenu ne pourra, sauf dans certaines pensées radicales, faire exclusion de l'autre.

Bien sûr les procédures logiques et démonstratives, comme les mathématiques en tant qu'outils, ou l'axiomatique, «existent», semble-t-il, en dehors de toute expérience au sens strict, comme pures sciences ou pures constructions. Il n'empêche que leur connaissance importe aux sciences du réel et, par là, rejoint l'expérience en en «mathématisant» l'intelligibilité.

Quoi qu'il en soit de ces problèmes difficiles, cette page n'a d'autre objet que de signaler ceci : au moment même où le rationalisme, avec son discours métaphysique et théologique occupe le devant de la scène, un autre type de discours s'énonce et singulièrement en Angleterre : discours critique, plus raisonnable que purement rationnel, et en tout cas opposé à tout rationalisme dogmatique.

Ainsi de **John Locke** (Angleterre, 1632-1704) qui déclare :

> *Notre affaire dans le monde n'est pas de connaître toutes choses, mais celles qui regardent la conduite de notre vie.*

Pour Locke, il n'y a pas, contrairement à Descartes, d'idées innées en nous, sinon d'ailleurs les enfants et les idiots les posséderaient. Notre esprit, en effet, est pour lui une page vide sur laquelle s'inscrivent les informations venues du monde extérieur. **Toute la matière de nos pensées est fournie par nos observations**, celles que nous faisons sur le monde des objets extérieurs, celles que nous faisons sur les opérations internes de notre âme.

Il fut par ailleurs l'inspirateur du préambule de la constitution américaine et de la Déclaration des droits de l'homme, comme aussi le fondateur du libéralisme politique, doctrine selon laquelle la souveraineté de l'Etat s'arrête là où règnent les droits individuels inaliénables (propriété, liberté économique, satisfaction des besoins).

La deuxième grande figure de l'empirisme est **David Hume** (Edimbourg, 1711-1776) dont la pensée influença, entre-autres, J.J. Rousseau dont il fut aussi le protecteur, et Kant, qu'il réveilla de son «sommeil dogmatique».

Avec Hume, l'empirisme donne toute sa mesure en tant que critique du dogmatisme rationaliste qui affirme plus qu'il ne prouve, plus que de raison. En effet, Hume rejette non seulement la métaphysique inutile à la méthode expérimentale qui, elle, est seule capable d'établir les principes explicatifs de la nature humaine, mais aussi la prétention indue d'une conscience, dans sa réflexion sur soi, à établir le fondement absolu des choses. S'il est sceptique, il n'a rien d'un sceptique radical, car le scepticisme radical serait, lui aussi, dogmatique.

Hume rejette aussi la causalité comme fondement rationnel, comme nécessité. Pour lui, il n'y a donc rien d'absolu, ni vérité absolue, ni morale absolue ni nécessité absolue. **Tout est affaire d'impressions, de sensations, d'i-**

dées, de croyances, desquelles il établit la nature et les relations.

Trois conclusions, parmi d'autres, peuvent nous intéresser.

1. Les idées naissent des sensations. (« Par idées, j'entends les images affaiblies des impressions dans la pensée et le raisonnement »).

2. L'habitude et l'expérience lient les idées que nous inférons de nos impressions. La croyance qui en résulte n'a pas de fondement rationnel absolu car rien ne prouve absolument que le soleil se lèvera demain. C'est évidemment très probable, mais ce n'est pas une certitude absolue. Puisque la causalité n'est qu'une croyance, il n'y a pas de cause nécessaire et partant ni métaphysique, ni preuve de Dieu par l'argument de la cause nécessaire. Au fond, toutes les croyances hors expériences sont croyances illégitimes.

3. Morale, vertu, droit et justice sont des croyances plus ou moins fondamentales, plus ou moins artificielles. La grande originalité de Hume est d'avoir insisté sur l'utilité de l'artificiel, de l'invention artificielle, qui seule permet à l'homme de dépasser la partialité de ses passions, plus néfastes que l'égoïsme pur et simple. Il s'agit donc non tant de limiter l'égoïsme de façon contractuelle que d'inventer des artifices, des conventions qui permettent aux passions de s'étendre plus loin que les parents (« causes »), les amis (proches), les semblables (« mêmes »), de passer ainsi d'une « sympathie limitée » à une « générosité étendue ».

Son œuvre majeure est le *Traité sur la nature humaine*, paru en 1739, alors qu'il n'avait que vingt-huit ans. Il est aussi, et cela compte, un des rares philosophes doués d'humour, dont le style clair, plaisant, teinté de bonhomie sceptique régale le lecteur. Ses *Dialogues sur la religion naturelle* sont exemplaires et de ce ton et de cet esprit.

Les philosophes éclaireurs ou le Siècle des Lumières

Nous arrivons au terme de notre IIIe chapitre,et, malgré que son titre soit d'un simplisme qui ne rende pas compte de toute la richesse des thèmes et des thèses, des voies et des voix, ils semble bien pourtant — à remarquer combien le terme réforme (qu'il s'agisse des mœurs, de l'Eglise, ou de l'entendement), comme le terme révolution (qu'il s'agisse d'héliocentrisme, de millénarisme, de rationalisme ou d'empirisme) furent chaque fois pertinents — que l'Europe, pour ne pas dire l'Occident, par une sorte de dynamisme spécifique, était à la fois en train de se répandre dans le monde comme de s'émanciper de la tutelle des dogmes, des préjugés, des illusions et des autorités de droit divin.

Mais, avant qu'avec les révolutions américaine et française un nouvel aménagement du temps et de l'espace, un nouveau type de relations sociales, un nouveau rapport de l'homme à lui-même, et un nouvel espoir historique n'exhaussent (et ne fassent donc aussi délirer) l'Occident. il appartenait au Siècle des Lumières, siècle de l'émancipation (relative et équivoque comme de bien entendu) d'amener l'individu et la société à réfléchir et à sentir cette nouveauté comme impliquant à la fois le rejet des tutelles abusives de tous les dogmatismes et l'établissement d'une anthropologie enfin mieux consciente de la nature de l'homme et de celle de la société.

Que cette émancipation, produit de multiples rapports de force, se soit aussi opérée grâce aux œuvres de philosophes «plaisants et utiles», dont la plume contait et racontait, hors tout dogmatisme métaphysique (la philosophie n'est plus dans la philosophie), d'exemplaires histoires du roman de l'homme, où la leur, elle-même, parfois s'illustrait, montre bien de quel degré de liberté cet «usage public de sa raison en tous les domaines» (Kant) témoigne.

Cet état d'esprit nouveau, mixte de modernisation, de subjectivité, de libéralisation et de libéralisme, de progressisme, fait en quelque sorte passer la philosophie, et son souci de fondement métaphysique et d'ordre rationnel absolu, à une «phil-anthropie» cosmopolite et humaniste, dont la finalité est d'inscrire la paix dans la civilisation et la civilisation dans la paix perpétuelle.

L'époque, d'ailleurs, rendait cette idée pensable, qui jouissait d'une paix relative après les terribles guerres de religion et où les querelles dynastiques se réglaient entre spécialistes (diplomatie et «guerres en dentelles»).

Que ces auteurs qui ont nom Voltaire, Diderot, Rousseau, qui écrivent en français, cette langue devenue l'idiome universel de la liberté, utilisent l'adjectif «philosophique» pour préciser parfois la portée de leurs Contes, de leurs Lettres, montre bien leur intention fondamentale de produire une réflexion utile, c'est-à-dire philosophique, à partir d'un texte littéraire. Et c'est, d'ailleurs, bien à cause de ce caractère de «texte littéraire» qu'ils sont, aux yeux de beaucoup, écrivains avant que d'être philosophes, et parfois même non comptés parmi ces derniers.

Ces auteurs, éclaireurs d'un monde nouveau, «nouveaux philosophes» conseillent des «souverains éclairés» (Frédéric II, Catherine II, Joseph II). Emancipés de toute philosophie dogmatique, il n'y a pas plus de philosophes-rois que de philosophes-écrivains, mais des rois philosophes et des écrivains philosophes, dont la philosophie éclaire le métier : aux rois de réformer les institutions, aux écrivains celui de réformer les mœurs et les idées.

La raison éclairée devient ce nouveau liant collectif que la religion divisée et divisante ne peut plus être. Aux problèmes de salut, de grâce, d'eschatologie dans lesquels se complaisait une humanité sous l'emprise du Dieu des religions officielles, la raison éclairée substitue l'efficacité humaine du progrès dans la civilisation.

Que Voltaire, Diderot et Rousseau furent aussi victimes de censure et d'exils, ce ne sont là que péripéties temporaires d'un combat déjà gagné. D'ailleurs que la zone de plus grande résistance soit précisément en France, la révolution qui y éclata le manifeste d'une certaine façon

Vers 1750

VOLTAIRE (1694-1778) **ROUSSEAU** (1712-1778) **DIDEROT** (1713-1784)	1748 *L'esprit des lois* - Montesquieu 1749 *Histoire naturelle* — Buffon 1750 *Discours sur les sciences et les arts* — Rousseau 1751 *Premiers volumes de l'Encyclopédie* de Diderot 1751 *Siècle de Louis XIV* — Voltaire

Ces quelques dates parlent de par elles-mêmes et de la contemporanéité de nos auteurs et de l'esprit du temps.

Bien sûr, Voltaire est déiste ([116]), alors que le dernier Diderot est plutôt athée et que Rousseau est saturé de religiosité. Bien sûr encore, Diderot est à la fois, ou en alternance, virtuose du sentiment et penseur paradoxal, alors que Voltaire se tient plutôt dans le registre d'une réflexion ironique et caustique et que Rousseau alterne les épanchements du cœur et les rigueurs véhémentes d'un prophète. Quoi qu'il en soit, par delà leurs oppositions et variétés ils forment le tuf commun d'un nouvel esprit et d'une même quête.

Comme la place nous manque et que ces écrivains philosophes sont, de ceux qu'on lit, les plus lus — et ceux dont les œuvres se trouvent le plus facilement en toutes sortes de collections — nous nous bornerons ici à donner pêle-mêle quelques citations, réservant la dernière page de ce chapitre au *Contrat social* de Rousseau.

Si tout n'est pas bien, tout est passable. (Voltaire)

Un jour tout sera bien; voilà notre espérance;
Tout est bien aujourd'hui; voilà l'illusion. (id)

D'un bout du monde à l'autre, elle parle, elle crie .
Adore un Dieu, sois juste et chéris ta patrie. (id)

Même si l'édifice est teinté de notre sang, souillé de nos crimes, il y a un architecte. (id)

On dirait que mon cœur et mon esprit n'appartiennent pas au même individu. (Rousseau)

... tout cet effroyable appareil de philosophie. (id)

L'obéissance à la loi qu'on s'est prescrite est liberté. (id)

Ils ont beau me crier : Soumets ta raison; autant m'en peut dire celui qui me trompe : il me faut des raisons pour soumettre ma raison. (id)

Pour moi, je vois partout que les maux auxquels nous assujettit la nature sont beaucoup moins cruels que ceux que nous y ajoutons. (id)

L'homme n'est peut-être que le monstre de la femme, ou la femme le monstre de l'homme. (Diderot)

On demandait un jour à quelqu'un s'il y avait de vrais athées. Croyez-vous, répondit-il, qu'il y ait de vrais chrétiens?

Il n'appartient qu'à l'honnête homme d'être athée. (id)

Il existait un homme naturel : on a introduit au dedans de cet homme un homme artificiel; et il s'est élevé dans la caverne une guerre continuelle qui dure toute la vie. (id)

Vous préférez donc l'état sauvage à l'état policé? Non. La population de l'espèce va toujours en croissant chez les peuples policés, et en diminuant chez les nations sauvages. La durée moyenne de la vie de l'homme policé excède la durée moyenne de la vie de l'homme sauvage. Tout est dit. (id)

Le consentement des hommes réunis en société est le fondement du pouvoir. Celui qui ne s'est établi que par la force ne peut subsister que par la force. (id)

Egaré pendant la nuit dans une forêt immense, je n'ai qu'une petite lumière pour me conduire. Survient un inconnu qui me dit : Mon ami, souffle la chandelle pour mieux trouver ton chemin. Cet inconnu est un théologien. (id)

Nous parlerons contre les lois insensées jusqu'à ce qu'on les réforme ; et, en attendant nous nous y soumettrons car il y a moins d'inconvénients à être fou avec des fous qu'à être sage tout seul. (id)

Le contrat social

Kant : *Rousseau est le Newton du monde moral.*

C'est à trente-huit ans, sur la route de Vincennes, que Rousseau, jusqu'alors musicien et musicologue, fut, comme avant lui, à leur heure, Paul, Augustin, Pascal et tant d'autres, soudainement converti à une nouvelle vision des choses qui décida de sa carrière d'écrivain prophétique : « l'homme est bon naturellement »... « c'est par les institutions seules que l'homme devient méchant ».

Douze ans lui suffiront pour construire, œuvre après œuvre, un diagnostic circonstancié et les remèdes appropriés. Pour cela il sera vilipendé par les Encyclopédistes que son discours « perfectionniste » mais anti-progressiste consternait, par Voltaire que sa religiosité chrétienne révulsait et par tous ceux, les mêmes et d'autres, qu'effarouchait ou accablait sa critique radicale du désordre établi. Traqué, proscrit, ses dernières années furent assombries de ce qu'ajoutait à ses tourments réels une hypersensibilité empreinte de « folie » (persécution et culpabilisation).

■ **Le diagnostic** est clair : les sciences, les arts, l'inégalité sociale ont dénaturé l'homme ; les connaissances, le luxe, la puissance ont corrompu l'homme et l'ont dévoyé de son aptitude essentielle au bonheur naturel.

Mais l'état présent de l'homme indique aussi le point de non-retour : quoi qu'il en soit de cet état d'innocence et de bonheur de l'homme en communion exclusive avec la Nature — au fond, degré zéro de l'homme paradisiaque qui n'a pas encore goûté aux fruits de l'arbre de la science du bien et du mal — il est impossible à l'homme d'aujourd'hui («civilisé» et/ou «naturel») d'y rétrograder. L'innocence est perdue et le bonheur est à retrouver autrement.

Au fond, Rousseau regrette qu'il y ait culture et que le retour à l'état de nature soit impossible. Aussi, puisque culture il y a et que nature oblige, la solution, pourrait-on dire, s'impose quasi géométriquement : que jamais la culture ne devienne une contre-nature mais au contraire s'en inspire, dans le même temps que l'homme devienne «civil». Autrement dit, puisque l'homme de la Nature en son bonheur paradisiaque innocent (dans les deux sens de ce terme) a disparu, puisque l'homme dénaturé par la civilisation est «partout dans les fers», la seule voie est dans l'association d'hommes naturels, mais volontairement dénaturés, entièrement libres parce que totalement associés. Ainsi donc la volonté générale se substitue à l'universel théorique comme au comptage majoritaire; l'association comme liberté repousse l'idée même de sujétion; chaque peuple est souverain dans une humanité de fait non encore universelle.

■ Trois voies permettent **le remède** :
1. L'éducation de l'enfant, futur libre citoyen (*Emile*).
2. Au sein d'une société rurale et «patriarcale», le mariage monogame (*La nouvelle Héloïse*).
3. La volonté générale comme fondement d'une société légitime et juste (*Le contrat social*).

Laissons Emile et La nouvelle Héloïse pour nous attacher — un court instant, hélas — au *Contrat social*.

> *L'homme est né libre, et partout il est dans les fers... Comment ce changement s'est-il fait, je l'ignore. Qu'est-ce qui peut le rendre légitime? Je crois pouvoir résoudre cette question.*

Résumons : de même que la conscience est au cœur de l'homme, la volonté générale est au cœur de la Cité. De même que l'homme obéit à sa conscience, il obéit à la volonté générale comme à lui-même, car celle-ci est l'association des consciences formant un peuple souverrain, assurant sécurité et liberté pour tous. En se soumettant à la volonté générale l'homme aliène volontairement sa liberté sans pour autant l'assujettir.

> *... trouver une forme d'association qui défende et protège de toute la force commune la personne et les biens de chaque associé, et par laquelle chacun s'unissant à tous, n'obéisse pourtant qu'à lui-même, et reste aussi libre qu'auparavant.*
>
> *...l'aliénation sociale de chaque associé avec tous ses droits à toute la communauté.*
>
> *Que signifient ces mots Universalité et Généralité, qui sont ici la même chose? Le genre considéré par abstraction, ou ce qui convient au tout dont il s'agit, et le tout n'est tel qu'à l'égard des parties. Voilà pourquoi la volonté générale de tout un peuple n'est point générale pour un particulier étranger; car ce particulier n'est pas membre de ce peuple.*
>
> *Chacun de nous met en commun sa personne et toute sa puissance sous la suprême direction de la volonté générale; et nous recevons en corps chaque membre comme partie indivisible du tout.*

Et nous terminons, pour de bon, ce chapitre sur une parole du Vicaire Savoyard qui, mieux qu'un point d'interrogation, est une halte de sagesse : «Sachez être ignorant : vous ne tromperez ni vous ni les autres».

Après la révolution

Pour des raisons de commodité — il faut bien partir de quelque chose — et d'évidence — les révolutions américaine et française ont eu lieu — nous avons intitulé ce chapitre : après la révolution, comme si, à la digérer, la pensée philosophique se transformait quelque peu tout en poursuivant à sa manière, répétitive et nouvelle, son inlassable quête du fondement des choses, du qu'en est-il de l'homme, des sociétés humaines et de leurs projets.

Quoi qu'il en soit, après la révolution commence, sinon le devenir de la liberté, à tout le moins son histoire en l'homme, dans la société et dans les civilisations. Tout se passe comme si le présupposé même de l'idée de progrès — tellement visible dans les révolutions scientifique et industrielle, dans le colonialisme «civilisateur» et le capitalisme — amenait l'esprit à penser, lui aussi en termes de progrès continu, permettant enfin une «totalisation» ordonnée.

Notre livre s'étant construit sur un choix qui privilégiait une sorte de patrimoine commun allant des Grecs au Siècle des Lumières en passant par les religions révélées, les Réformes, l'Humanisme, les rationalismes, il ne nous reste que peu de place pour rendre compte des XIXe et XXe siècles

Le lecteur voudra bien en tenir compte devant la minceur des notices, des coups de sonde, et du survol cavalier que nous ferons de ces deux siècles. Bien sûr, une optique privilégiant ces deux siècles et amincissant les époques antérieures eût été un autre choix possible, peut-être même plus intéressant pour le lecteur d'aujourd'hui, mais nous n'en savons rien.

En tout cas il n'est pas le nôtre, l'honnêteté commande d'en avertir le lecteur. Quant à la solution impeccable qui eût été celle de consacrer le même nombre de pages (et de densité compréhensible à de non-spécialistes), elle est au-dessus de nos capacités et aurait excédé de toute façon le nombre de pages alloué.

Nous nous efforcerons tout de même de donner de ce XIXe s. un aperçu qui ne soit ni trop faux ni trop fade.

Kant *1724-1804*
ou la Critique

Né en la ville de Koenigsberg en 1724, Kant y meurt quatre-vingts ans plus tard, sans l'avoir jamais quittée.

Sa mère très dévote et piétiste marqua beaucoup son enfance, mais déjà dans le collège qu'il fréquenta de huit à seize ans, et où il fut bon élève, son esprit critique eut l'occasion d'appréhender le côté hypocrite et contraint de l'éducation religieuse confite en dévotion et en règles extérieures.

De seize à vingt-deux ans, Kant suit les cours de philosophie et de physique de sa ville, alors qu'il est inscrit à la Faculté de théologie. A cette époque, la philosophie théorique est rationaliste et la physique, considérée comme «philosophie de la nature», est empirique. Par ailleurs, les idées et écrits de Newton sont déjà bien répandus et familiers à Kant, qu'influencèrent aussi les idées de Hume et de Rousseau.

Au terme de ses études universitaires, n'ayant pas de fortune personnelle, Kant est de vingt-deux à trente ans précepteur dans des familles nobles. Ce qui lui donna l'usage du monde et des salons où il est un convive particulièrement apprécié pour sa conversation. Il fut aussi maniaque et méthodique dans sa vie qu'il le fut dans ses écrits. On raconte qu'il faisait chaque soir, toujours à la même heure, au coucher du soleil, une promenade dont l'itinéraire était à ce point constant et ponctuel que les ménagères de sa ville savaient, le voyant passer, qu'il était l'heure de mettre la soupe sur le feu. Un jour, plongé dans la lecture d'*Emile* de Rousseau qu'il venait de recevoir, il en oublia sa promenade. On le crut malade et des amis accoururent voir ce qu'il en était.

Marié à la philosophie, il resta donc célibataire.

En 1755, à l'âge de trente et un ans, débuta à la fois sa carrière d'enseignant à l'université de sa ville et sa carrière d'écrivain. C'est à l'âge de quarante-six ans qu'il devint enfin professeur titulaire — ce qui le met à l'aise financièrement. Et ce n'est que fort tardivement, la cinquantaine à son dernier quart, qu'il connut la célébrité avec sa première grande œuvre : la *Critique de la raison pure* (1781). La deuxième : *Critique de la raison pratique*, parut en 1788, et la troisième : *Critique de la faculté de juger*, en 1790.

Grand lecteur et convive disert, malgré un tempérament plutôt mélancolique et flegmatique, il fit de son temps de vie, et cela malgré une santé fragile, un usage à ce point minutieux et rigoureux qu'il eut certes le droit, quand il mourut à quatre-vingts ans, de dire : c'est bien (es ist gut).

Si nous plaçons Kant en début de ce chapitre et non au terme du chapitre consacré au Siècle des Lumières auquel il appartient en plein, c'est parce que, d'une certaine façon, son œuvre s'inscrit plus comme un nouveau départ que comme un terminus. Avec Kant, c'est tout un nouveau point de vue révolutionnaire qui s'impose, et quoique la majeure partie de son œuvre précède la révolution, il lui donne déjà son sens, avant même qu'elle ne survienne, par le contenu critique de toute sa philosophie.

C'est dire qu'il est tout à la fois pré-révolutionnaire, révolutionnaire et post-révolutionnaire, sa critique amenant la raison à se connaître comme sujet et objet de la critique, et à se reconnaître comme raison finie, centre de gravité d'un devoir-être moral qui donne sens à la vie humaine.

C'est en répondant philosophiquement (« on ne peut apprendre la philosophie, on ne peut qu'apprendre à philosopher ») aux trois questions qu'il se pose : que puis-je connaître ?, que dois-je faire ?, que m'est-il permis d'espérer ? que Kant inaugure une philosophie consciente d'elle-même, de ses conditions de possibilité et de son engagement pratique.

La critique de la raison pure et le malentendu métaphysique

Résumons (ô combien !) : les choses en soi (noumènes) ne sauraient être pour nous. C'est notre raison finie et les formes de notre sensibilité qui nous permettent d'appréhender a priori les objets que l'expérience nous fournit. Si toute la connaissance ne venait que de l'expérience, alors toute connaissance ne serait qu'a posteriori, et donc hors toute nécessité et universalité. Nous serions dans ce cas réduits au scepticisme le plus total. Mais, heureusement pourrait-on dire, nous connaissons les choses par ce que nous y mettons nous-mêmes. Autrement dit, c'est notre entendement qui « éclaire » les objets pour les connaître a priori, et non les objets qui « éclairent » notre entendement pour en être connus de lui, de même que c'est la terre qui tourne autour du soleil et non l'inverse (retournement opéré par la révolution copernicienne). D'où le rejet de toute métaphysique qui prétend connaître le noumène, l'existence de Dieu et l'immortalité de l'âme, sans intuition sensible.

La métaphysique dogmatique prend ses croyances pour des savoirs et tombe de ce fait dans toutes sortes de difficultés insurmontables. En conclusion, la métaphysique, comme savoir, résulte d'un malentendu sur les conditions mêmes de légitimité d'un savoir qui ne peut être qu'a priori et débuter avec l'expérience.

Difficile d'en dire plus ici. Limitons-nous à quelques citations éclairantes, mais ne nous cachons pas qu'il y a là matière à longue et rigoureuse étude.

> *Si toute notre connaissance débute avec l'expérience, cela ne prouve pas qu'elle dérive toute de l'expérience.*
>
> *Intuition et concepts constituent les éléments de toute notre connaissance; de sorte que ni des concepts, sans une intuition qui leur corresponde de quelque manière, ni une intuition sans concept, ne peuvent donner une connaissance.*
>
> *Aucune connaissance a priori ne nous est possible que celle, uniquement, d'objets d'une expérience possible.*

L'impératif catégorique ou la raison pratique

Toute la deuxième critique de Kant, *Critique de la raison pratique*, pourrait se placer sous le signe de l'anthroponomie, autrement dit l'homme en tant qu'être raisonnable soumis inconditionnellement à l'impératif catégorique.

> *Agis toujours de telle sorte que tu puisses ériger la maxime de ton action en loi universelle…*
> *Agis toujours de telle sorte que tu traites l'humanité dans ta personne aussi bien qu'en la personne d'autrui comme une fin et jamais comme un moyen…*
> *Agis toujours comme si tu étais législateur en même temps que sujet.*

Il faut bien comprendre que ces règles sont des règles formelles ne donnant aucune recette matérielle précise et dont uniquement l'intention formelle (par devoir), à dire vrai, importe : «agis comme tu dois, advienne que pourra».

Nous ne pouvons ici faire tout le cheminement serré et rigoureux de Kant, par lequel il établit que la tâche pratique de l'homme lui commande de croire en la liberté, l'immortalité de l'âme, l'existence de Dieu, non en tant qu'objets d'un savoir (impossible) mais en tant qu'objets d'une croyance nécessaire, fondée sur l'obligation même de l'action morale en tant que telle. Si bien que Kant (dé)montre par là la supériorité de la fonction pratique de la raison par rapport à sa fonction théorique limitée.

C'est en tant qu'être en soi, **noumène,** que l'homme est soumis librement à l'impératif catégorique, car en tant qu'être qui apparaît, **phénomène,** il est soumis aux causalités naturelles qui expriment leur propre devoir-être : tel effet suit telle cause.

La liberté formelle de l'homme est d'agir par devoir, tandis que les possibilités et modalités de l'action relèvent du domaine de l'expérience et des lois naturelles. Si, par mon action juste, faite par devoir, je me suis rendu digne d'être heureux, ce bonheur dans sa matérialité dépend d'autre chose aussi que de ma pure bonne volonté. En effet, tel événement naturel ou telle mauvaise volonté d'autrui peuvent m'empêcher de jouir du bonheur dont mon action bonne me rend digne.

L'acte vertueux me rend digne du bonheur mais ne saurait évidemment en aucun cas le garantir. D'une certaine façon, on pourrait dire qu'agissant par devoir j'ai l'imperdable bonheur d'agir en conformité avec mon être moral, sans pour autant être assuré de jouir du bonheur dont je serais digne. C'est pourquoi, aussi, Kant prévoit comme idée nécessaire de ce que je puis espérer : la rétribution future comme l'état d'une âme immortelle digne ou du bonheur ou du «châtiment».

En fait, Kant n'apporte aucune morale nouvelle, car il eût été évidemment ridicule de croire que les hommes aient dû l'attendre pour se comporter avec la moralité que chacun découvre spontanément en lui-même quand il déclare agir par devoir. Le bon sens y suffit. Kant simplement — mais c'est là le difficile — établit avec précision et de façon formelle ce qu'est critiquement la moralité : un impératif catégorique.

■ **Quelques citations** choisies permettront de compléter et de nuancer ce qu'aurait de trop aride et de trop ardu ce qui précède.

Ce peut être à certains égards un devoir de prendre soin de son bonheur : d'une part, parce que le bonheur (auquel se rapportent l'habilité, la santé, la richesse) fournit des moyens de remplir son devoir, d'autre part, parce que la privation du bonheur (par exemple la pauvreté), amène avec elle des tentations de violer son devoir. Seulement, travailler à son bonheur ne peut jamais être immédiatement un devoir et encore moins un principe de tout devoir.

L'homme conscient de son devoir n'est pas, dans le monde, phénomène mais noumène; il n'est pas une chose mais une personne.

Le devoir est la nécessité d'accomplir une action par respect pour la loi morale.

Dire qu'on peut être trop vertueux, *c'est-à-dire trop attaché à son devoir, reviendrait à peu près à dire qu'on peut rendre un cercle trop rond ou une ligne droite trop droite.*

Le concept de liberté dérive de l'impératif catégorique du devoir.

On ne peut démontrer l'existence de Dieu, mais on ne peut s'empêcher de procéder suivant le principe de cette idée et d'accepter les devoirs comme des commandements divins.

Il est impossible de comprendre la production d'un être doué de liberté par une opération physique. On ne peut pas même comprendre comment il est possible que Dieu *crée des êtres libres; en effet, il semble que toutes leurs actions futures devraient être prédéterminées par ce premier acte et comprises en la chaîne de la nécessité naturelle, et par conséquent elles ne seraient pas libres.*

Projet de paix perpétuelle

Kant fut aussi l'auteur d'un petit opuscule de moins de cent pages : Projet de paix perpétuelle (1795), qui garde toute sa percutante actualité et dont nous détachons deux citations.

> *La guerre n'étant qu'un triste moyen imposé par le besoin dans l'état de nature (là où n'existe aucune cour de justice pour pouvoir juger avec force de droit) afin de soutenir son droit par la violence, aucune des deux parties ne peut en ce cas être qualifiée d'ennemi injuste (cela présumant déjà une sentence de juge), mais c'est l'*issue *qui décide (tout comme dans les jugements, dits de Dieu) de quel côté se trouve le droit.*

> *Il faut l'avouer : les plus grands maux qui accablent les peuples civilisés nous sont amenés par la guerre, et à vrai dire non pas tant par celle qui réellement a ou a eu lieu, que par les* préparatifs *incessants et même régulièrement accrus en vue d'une guerre à venir.*

La peine de mort

Dans le débat «éternel» entre partisans et adversaires de la peine de mort, on sera peut-être étonné de voir Kant se ranger dans celui des partisans de cette peine. Mais à y bien réfléchir il y a là une attitude logique de sa part, qui n'en appelle pas moins une critique que chacun fera pour son compte.

> *Si le criminel a commis un meurtre, il doit* mourir *Il n'existe ici aucune commutation de peine qui puisse*

satisfaire la justice. Il n'y a aucune commune mesure *entre une vie, si pénible qu'elle puisse être, et la mort et par conséquent aucune égalité du crime et de la réparation, si ce n'est que par l'exécution légale du coupable sous la condition que la mort soit délivrée de tout mauvais traitement qui pourrait avilir l'humanité dans la personne du patient.*

Nous ne pouvons mieux quitter Kant que sur cette déclaration sublime dont la partie en grasses figure d'ailleurs comme épitaphe sur sa tombe au cimetière de Koenigsberg :

> *Deux choses remplissent le cœur d'une admiration et d'une vénération toujours nouvelles et toujours croissantes, à mesure que la réflexion s'y attache et s'y applique :* **le ciel étoilé au-dessus de moi et la loi morale en moi.**

Hégel *1770-1831*

ou la dialectique

Jamais peut-être un philosophe, une philosophie, n'aura donné lieu à une telle diversité d'interprétations et à un tel pillage. Chacun a son Hégel et même ceux qui s'opposent à son «système» s'en nourrissent, fût-ce en le contestant ou lui tournant le dos. On pourrait même prétendre, à suivre la logique de Hégel, que ceux qui le contestent n'en ont pas moins leur moment prévu en ce système où ils apparaissent comme de pauvres, futiles, ou au contraire, orgueilleux et grandioses Ulysses s'égarant sur le chemin d'Ithaque. Car tout se passe comme si Hégel, nouvel Ulysse, était, lui, arrivé au bon port vers lequel déjà l'humanité s'achemine sans en avoir encore conscience !

C'est à Stuttgart où il naquit en 1770 que Hégel fit ses humanités. A dix-huit ans il entre au séminaire protestant de Tübingen. Il sera ensuite précepteur en divers lieux, puis professeur extraordinaire (Iena, 1805), puis professeur et directeur du lycée de Nuremberg (1808). Il se marie à quarante et un ans et aura deux fils : Karl — ô ruse, prénom « prémonitoire » — et Immanuel — ô ironie, prénom « dépassé ».

En 1816 il est nommé à la chaire de philosophie de l'université de Heidelberg, et en 1868 à la chaire de philosophie de Berlin. Son audience et sa réputation sont universelles : il est en quelque sorte l'Aristote de son siècle.

Il meurt à Berlin en 1831, victime d'une épidémie de choléra.

■ **Œuvres majeures, publiées de son vivant**

1806 *Phénoménologie de l'esprit* (« introduction » anthropologique à l'œuvre suivante).
1812 *Science de la logique* (l'Etre dans son unité dialectique).
1817 *Encyclopédie des sciences philosophiques.*
1818 *Principes de la philosophie du droit.*

La lecture des gazettes est une sorte de prière du matin réaliste

Certes, Hégel est un auteur difficile, très difficile. Il n'empêche qu'il se voulait concret et très exactement « penser la vie ». Penser la vie, penser l'histoire, penser l'Etre, penser l'Absolu comme Sujet et le Sujet comme Absolu, c'est au fond de cela qu'il s'agit. Qu'il faille, pour ce faire, recourir tant à « la lecture des gazettes » qu'à un cheminement théorique triadique*, c'est ce que toute son œuvre développe, car :

> *L'art, la religion et la philosophie ne diffèrent que par leur forme ; leur objet est le même.*

* Triades : trois termes ; aussi bien la Trinité que le Schéma position/opposition/dépassement (réduite abusivement à la formule, qui n'est pas hégélienne de thèse/antithèse/synthèse).

Etre = Pensée

Toute la science philosophique n'est à vrai dire que le système de ces développements et le savoir de ceux-ci.

Au départ de tout, il y a cette égalité **être = pensée,** ce qui permet d'affirmer (encore faut-il bien le comprendre, ce qui n'est pas simple) :

> *Tout ce qui est rationnel est réel, tout ce qui est réel est rationnel.*

Cette égalité (Etre=Pensée) se donne à découvrir et à réaliser selon une dialectique ternaire ou triadique : l'**être** s'oppose au **non-être** (néant) et «se dépasse» dans le **devenir.** A quoi simultanément correspond par exemple un même mouvement dans la pensée : le concept général s'oppose au concept particulier et se dépasse dans l'individuel.

Au fond, ce qui est, ce qui est véritablement, c'est l'Idée, le Sujet, l'Absolu, qui se développe en s'opposant à soi et en se dépassant. Ainsi, toute manifestation particulière est une manifestation de l'Absolu et comme telle, dynamique comme lui.

Cet Absolu-Sujet est donc :

1. posé et pensé en-soi (Logique)
2. s'objectivant pour-soi (c'est-à-dire hors de soi) (Nature)
3. revenant à soi, à la fois donc en-soi et pour-soi (Esprit).

La philosophie comme pensée de la pensée dépasse à la fois le savoir extérieur de l'art comme le savoir intérieur de la religion, en les «dépassant» comme savoir et extérieur et intérieur, comme Idée absolue.

Nous ne pouvons ici ni suivre ni même présenter Hégel ; nous ne pouvons que répéter que son point de vue intègre tous les points de vue, c'est-à-dire les dépasse selon la «méthode» dialectique qui, posant un point de vue lui en oppose aussitôt un autre, pour finalement les dépasser par une dynamique qui retient-contient et la position et l'opposition. Il convient toutefois de remarquer que position et opposition doivent s'entendre comme contraires d'un même devenir plutôt que comme contradictoires.

En gros, et pour faire vite, disons qu'il s'agit donc de dépasser l'Etre et le Néant plutôt que l'Etre ou bien le Néant, la vie et la mort, et non la vie ou bien la mort, l'objectif et le subjectif, et non l'objectif ou bien le subjectif.

La conscience malheureuse

Elle est la conscience qui ne se dépasse pas, qui reste en panne ou se dépasse mal (sans se comprendre).

La dialectique du Maître et de l'Esclave en est l'exemple privilégié.

Pour sauver sa vie, dans l'alternative exclusive « si je vis, toi tu meurs », l'un choisit de se soumettre à l'autre et devient ainsi l'esclave du plus fort, le maître, qui est ainsi le seul à vivre « pleinement », ayant risqué sa vie, du travail de l'esclave.

Mais en fait, le maître devient par là même esclave de l'esclave (et celui-ci le maître du maître) qui le fait vivre, et donc dépendant, et donc non libre. C'est pourquoi, pour dépasser dialectiquement cette dialectique du maître et de l'esclave, et donc de tous les esclavages — aussi bien celui qui fait l'homme esclave de Dieu, comme de la liberté formelle ou du nihilisme — il ne faut rien moins que l'histoire du travail et le travail de l'histoire.

Les ruses de la Raison et de l'Histoire

En effet, le fond de l'Etre (Devenir, Sujet absolu) est liberté, laquelle se réalise comme par ruse, chacun collaborant sans le savoir à la maturation du devenir en Sujet absolu. Ruses de la raison et de l'histoire où « le sérieux, la douleur, la patience est le travail du négatif ».

Que Hégel ait produit la vision théorique, c'est-à-dire la

dialectique qui permet de comprendre la rationalité du devenir comme déploiement du sujet absolu et ait cru que lui, et l'Etat prussien (modèle, à ses yeux, du droit et de l'efficacité bureaucratique, et donc de la liberté) en réalisaient l'Esprit, c'est là où le cercle se boucle sur lui-même.

Et certes, pour reprendre une de ses comparaisons, il est vrai que la prière du vieillard, prononçant les mêmes paroles que l'enfant dans la sienne, est lestée de toute une Odyssée (un en-soi pour-soi qui fait retour à soi) dont l'enfant n'a même pas idée; il n'empêche qu'à tout le moins le malheur — et singulièrement politico-historique — reste entier, malgré art, religion, philosophie.

Certes, Hégel a pensé la vie, et fortement (et il faudrait au moins l'avoir lu en entier pour en parler décemment); toujours est-il que s'il est vraisemblable que la dialectique soit et le devenir et ce qui le pense, il n'en reste pas moins qu'on ne voit pas pourquoi les vérités cesseraient d'être partielles pour devenir enfin le Savoir absolu et l'Etat absolu? Et, s'il est vrai, comme le dit Hégel, que «l'histoire n'est pas le lieu de la félicité — les périodes de bonheur y sont ses pages blanches» — pourquoi faudrait-il qu'au nom du Sujet absolu et de son Devenir on doive préférer les noircir? Dira-t-on qu'au plus noir au mieux c'est, ou plus modestement et «gentiment» : tant mieux s'il y a beaucoup de blanc.

■ Pour sauver cette plus que boîteuse présentation, laissons au moins la parole à Hégel et égrenons **quelques citations** qui donnent à penser.

L'art reste pour nous, quant à sa suprême destination, une chose du passé.

L'artiste n'a pas besoin de philosophie et s'il pense en philosophe, il se livre à un travail qui est justement en opposition avec la forme du savoir propre à l'art.

Le point de vue général de l'histoire philosophique n'est pas abstraitement général, mais concret et éminemment actuel parce qu'il est l'Esprit qui demeure éternellement auprès de lui-même et ignore le passé... l'Idée est en vérité ce qui mène les peuples et le monde, et c'est l'Esprit, sa volonté raisonnable et nécessaire, qui a guidé et continue de guider les événements du monde.

L'Etat est la forme historique spécifique dans laquelle la liberté acquiert une existence objective et jouit de son objectivité.

Un mot célèbre dit qu'une demi-philosophie éloigne de Dieu ... mais que la vraie philosophie conduit à Dieu. Il en est de même avec l'Etat.

Le droit, l'ordre éthique, l'Etat constituent la seule réalité positive et la seule satisfaction de la liberté.

La raison est aussi puissante que rusée. Sa ruse consiste en général dans cette activité entremetteuse qui en laissant agir les objets les uns sur les autres conformément à leur propre nature, sans se mêler directement à leur action réciproque, en arrive néanmoins à atteindre uniquement le but qu'elle se propose.

Selon ma façon de voir, tout dépend de ce point essentiel : appréhender et exprimer le Vrai, non comme substance, *mais précisément aussi comme* sujet.

Chacun est le fils de son temps. De même aussi la philosophie, elle résume son temps dans la pensée. Il est aussi fou de s'imaginer qu'une philosophie quelconque dépassera le monde contemporain que de croire qu'un individu sautera au-dessus de son temps, franchira le Rhodus.

La philosophie vient toujours trop tard. En tant que pensée du monde, elle apparaît seulement lorsque la réalité a accompli et terminé son processus de formation... La chouette de Minerve ne prend son vol qu'à la tombée de la nuit.

Comte *1798-1857*
ou le positivisme

Curieux positivisme que celui de cet homme qui fit des trois femmes ayant marqué sa vie (sa mère, sa « véritable » épouse, et sa servante qu'il adopta) trois « anges gardiens » au panthéon du culte positif personnel qu'il institua en tant que Pape de l'Humanité ([117]).

Dramatique vie, par ailleurs, que celle de ce penseur qui, à vingt-huit ans, connut une « crise cérébrale » qui lui valut d'être interné quelques semaines, mais qui interprète cet épisode de sa vie comme une régression (vers les stades antérieurs parcourus par l'humanité) heureusement suivie d'une remontée vers le stade positif.

Philosophie « antique » aussi, après tout, que celle de ce philosophe inventeur de la philosophie positive, comme dernier stade de l'évolution de l'humanité, mais qui voit dans la religion (qu'il entend au sens étymologique de « ce qui relie ») la clef de voûte de son Système, et dans la morale (« vivre pour autrui, afin de revivre dans autrui ») la suprême science fondamentale. N'est-il au fond platonicien, quoique positiviste et fils de son siècle hanté par la notion de progrès (millénarisme laïc), celui dont la maxime triadique de la Synthèse subjective (1856) fut :

L'amour pour principe, l'ordre pour base et le progrès pour but.

Né à Montpellier en 1798 dans une famille « éminemment catholique et monarchique », il fit ses études à l'Ecole polytechnique où il occupa, par la suite, divers postes de suppléance qu'il perdit l'un après l'autre. Entre-temps, il fut de 1817 à 1824 collaborateur de Saint-Simon l'industriel optimiste de l'harmonisation sociale, avec lequel il se brouilla, mais qui ne l'en influença pas moins.

Il donna des leçons particulières et fit quelques petits travaux de traduction. Souvent à court d'argent, il fut toujours à la merci, pour ses cours et ses publications, de mécènes généreux, et vécut d'ailleurs finalement grâce au «subside positiviste» d'une poignée d'amis et de disciples.

Il fut très tôt en possession de sa pensée, qu'animait une double vocation : celle de mathématicien, celle de réformateur social. En effet, déjà à vingt-quatre ans, il publie un *Plan des travaux scientifiques nécessaires pour réformer la société*. En 1826, il commence à titre privé son *Cours de philosophie positive*, d'abord à la maison puis dans une salle publique. Interrompus au moment de sa «crise cérébrale», ces Cours seront publiés de 1830 à 1842. Dans ceux-ci il développe sa «rectification radicale» qui consiste à «substituer l'étude des lois à la recherche des causes», classe les sciences par ordre de complexité croissante et de généralité décroissante, et découvre la loi des trois stades par lesquels passe (l'individu comme) la société :

1. **l'état théologique** : des origines au XIIIe s. : pensée fictive (puissances divines), action conquérante et civique — a/fétichisme, b/polythéisme, c/monothéisme, d/civilisation catholico-féodale.
2. **l'état métaphysique** : du XIVe au XVIIIe s. : pensée abstraite, action défensive et collective — «révolution occidentale».
3. **l'état positif** : avec le XIXe s. : pensée scientifique (lois), action industrielle et universelle — régime final : ordre et progrès.

En 1844, il rencontre Clotilde de Vaux, auprès de laquelle il vécut l'amour «platonique» d'une «année sans pareille». Après la mort de celle-ci survenue en 1846, il lui voua un culte tel qu'elle devint pour lui «sainte Clotilde», patronne de l'humanité ! C'est sans doute cette rencontre qui le «parfait» en tant qu'homme et du même coup «parfait» sa philosophie ([118]). Il lui écrivait en 1846 : «Pour devenir un parfait philosophe, il me manquait surtout une passion, à la fois profonde et pure, qui me fit assez apprécier le côté affectif de l'humanité».

C'est donc, si l'on veut bien le croire, en tant que parfait philosophe — ou philosophe «parfait» — que son œuvre se continue par son Système de politique positive ([119]) (1851-1854) où la religion, ce qui relie, devient synthèse morale anti-théologique : non plus aimer, connaître et servir Dieu, mais **aimer, connaître et servir l'humanité**, c'est-à-dire le Grand Etre. Néanmoins, le Système prolonge à maints égards, malgré son subjectivisme positif religieux, la doctrine intellectuelle des Cours.

La philosophie positive

> *Tout est relatif, voilà la seule chose absolue.*
>
> *C'est par les mathématiques que la philosophie positive a commencé à se former : c'est d'elles que nous vient la* méthode.
>
> *Toute disposition habituelle à trop compliquer les explications constitue réellement une tendance vers la folie, en introduisant un excès de subjectivité. Un esprit actif ne trouve dès lors aucune limite à l'extravagance de ses créations arbitraires. Chaque démenti qu'il reçoit du monde extérieur peut toujours être éludé en compliquant d'avantage ses constructions intérieures.*

On ne peut pas dire qu'il se soit toujours tenu à cette «règle», sauf à l'exagérer en niant la psychologie introspective comme aussi toutes les recherches (fussent-elles mathématiques) trop abstraites à son goût, et en lui tournant le dos par la propre extravagance de son culte religieux positif comme par celle de certaines appellations (Terre=Grand Fétiche ; Espace=Grand Milieu).

> *Aucune rénovation mentale ne peut vraiment régénérer la société que lorsque la systématisation des idées conduit à celle des sentiments seule socialement décisive, et sans laquelle la philosophie ne remplacerait jamais la religion.*

La politique positive ou religion positive

> *Il serait autant irrationnel de supposer plusieurs religions que plusieurs santés.*
>
> *La notion de* droit *doit disparaître du domaine politique comme la notion de* cause *du domaine philosophique.*
>
> *Si notre instinct du bien, doit ordinairement aux femmes son premier essor, elles nous initient encore mieux au sentiment du beau, étant aussi propres ò l'inspirer qu'à l'éprouver.*
>
> *Il faut naturellement distinguer trois pouvoirs sociaux, d'après les trois éléments nécessaires de la force collective, en correspondance spontanée avec les trois parties essentielles de notre constitution cérébrale. Le pouvoir matériel est concentré chez les grands ou les riches; le pouvoir intellectuel appartient aux sages ou aux prêtres; et le pouvoir moral réside parmi les femmes : ils reposent respectivement sur la force, la raison et l'affection.*

Et pour conclure, voici la règle des règles, et conclusion générale :

> *Régler le présent d'après l'avenir déduit du passé.*

Max Stirner *1806-1856*
ou l'Unique

Aux trois stades dialectiques hégéliens (position/opposition/dépassement), aux trois stades historiques comtiens (théologique/métaphysique/positif), Stirner répond par sa propre triade : **réalisme, idéalisme, égoïsme**.

Son but est de renverser l'idéalisme qui écrase l'homme-moi sous l'abstraction l'homme-espèce (divin, historique, social, spirituel, essentiel) alors qu'il n'y a que le MOI (unique, individuel, réel, asocial...).

Or, ce moi est «essentiellement» aliéné par l'Etat qui construit, pour pouvoir fonctionner, un homme sans particularités, c'est-à-dire un être de raison, au lieu de reconnaître ce qu'est chaque homme-moi : un être de passion libre et fluctuante.

L'Etat me floue qui me rend esclave de moi-même en me faisant calquer ma volonté particulière sur la volonté générale.

De même, la société me berne qui me prend à son service pour me permettre, grâce au travail imposé à tous et considéré comme source de toute noblesse humaine, de m'approprier ce qui ne relève que de mon seul intérêt et de ma seule pratique libre de toute norme.

Le moi, à se débarrasser de toutes ces idoles, règles, ordres et règlements, recouvre sa disponibilité : s'appartenir à soi-même, être créateur de ses propres échanges subjectifs qu'aucune objectivité ou objectivisation ne doit dénaturer. Une maxime en résume le «fondement», et partant le projet : «**Fais-toi valoir toi-même**».

Plus question de passer par la connaissance qui s'aliène en objectivité, par la société et l'Etat qui nous rendent égaux et gueux, car tout passe par le moi créateur et continûment changeant.

Il ne semble pas que l'on soit jamais allé plus loin, du moins dans l'écriture, dans la présentation cohérente d'un anarchisme individualiste. C'est en 1845 que l'unique Stirner publie son quasi unique livre, aussi unique dans l'histoire de l'anarchisme que «définitif» : *L'Unique et sa propriété*.

A refuser d'être autre chose que soi-même, le discours devient parole unique ou cri, et la «pensée» rien de plus que ce que la parole dit en disant ce que le moi fait «égoïstement» et spontanément, en consommant la vie avec force et fête, en se consumant ce faisant. Ce moi est-il froid, est-il chaud, il est en tout cas très proche du «cela» des pulsions de la psychanalyse.

Ce que tu as la force d'être, tu as aussi le droit de l'être.

Il faut agir de façon immorale pour agir de façon personnelle.

En attaquant les pensées, c'est ma peau que je défends contre elles.

Je ne me suppose pas, parce que à chaque instant je me pose et je me crée.

Kierkegaard *1813-1855*

L'existence est le récif sur lequel la pensée pure fait naufrage.

Pour une fois qu'un auteur dit avec humour et allant à l'essentiel pourquoi il s'oppose à la pensée d'un autre (Hégel) qui n'est pas loin de monopoliser toute l'attention de ses pairs et sous-pairs, taisons-nous et lisons :

Si Hégel avait publié sa Logique sous le titre « la pensée pure » sans nom d'auteur, sans date, sans préface, sans remarques, sans contradiction interne professorale, sans explication gênante de ce qui ne peut s'expliquer que de soi-même, s'il l'avait publiée comme un pendant aux bruits de la nature à Ceylan : les propres mouvements de la nature, cela aurait été grec. Ainsi aurait agi un Grec, si l'idée lui en était venue. L'art consiste en la reduplication du contenu dans la forme, et là-dessus on doit particulièrement s'abstenir de toutes réflexions faites dans une forme inadéquate. Or, la logique, *avec toutes ses remarques, fait une impression aussi drôle que si un homme montrait une lettre du ciel, et laissait lui-même dedans le buvard qui ne décèle que trop clairement que la lettre du ciel a son origine sur la terre.*

Exister ne peut se faire sans passion, et qu'importe alors que la raison, qu'elle soit théologique, scientifique ou morale, récuse, comme impure, la passion.

Exister, si on ne prend pas ce terme d'exister en un sens banal, ne peut se faire sans passion.

D'ailleurs, foi et doute sont aussi, quoiqu'on pense, des passions.

Foi et doute ne sont pas deux genres de connaissance à déterminer en continuité l'un de l'autre, car ni l'un ni l'autre n'est un acte de connaissance, ce sont des passions contraires.

Et de même que la passion est au fondement de l'âme, la contingence est au fondement de l'histoire.

Tout ce qui est historique est contingent, car justement par le fait que cela arrive, que cela devient historique cela reçoit son moment de contingence, car la contingence est précisément le seul facteur de tout ce qui devient.

Si bien, pourrait-on dire que tout le sérieux est absurde et ce sérieux absurde est, à dire vrai, la foi.

Quand Socrate croyait qu'il y a un Dieu, il maintenait fermement l'incertitude objective avec toute la passion de l'intériorité et c'est dans cette contradiction, ce risque, que réside justement la foi. Maintenant il en est autrement, à la place de l'incertitude objective nous avons la certitude que cela, objectivement est l'absurde, et cet absurde maintenu fermement dans la passion de l'intériorité, est la foi. L'incertitude socratique est comme une fine plaisanterie en comparaison du sérieux de l'absurde, et l'intériorité socratique existentielle est comme l'insouciance grecque en comparaison de la tension de la foi.

En ces quelques citations nous sommes loin d'avoir épuisé tout le parcours de Kierkegaard (stade esthétique, stade éthique, stade religieux), à tout le moins en avons-nous rendu la tonalité qui importe et qui fait de Kierkegaard, sinon le premier existentialiste, du moins de son œuvre le premier existentialisme auquel les suivants puiseront, selon cette incitation, formulée par Kierkegaard, et qui rend chaque (en), (con)quête unique :

Trouver une vérité qui en soit une pour moi-même.

Kierkegaard écrivit beaucoup (de petits volumes et un abondant Journal), ne quitta qu'une seule fois Copenhague pour un voyage à l'étranger (Berlin 1846), n'épousa pas celle que pourtant il aimait, tellement était «trop» haute son idée du mariage, fut bien sûr contesté en tant qu'écrivain religieux (ce qui fut sa vocation et la réalisation de celle-ci) par les autorités religieuses officielles. Peut-être n'est-il plus profond portrait de lui-même que celui qu'il nous donne : «De très bonne heure, j'ai appris que triompher c'est vaincre au sens de l'infini ce qui au sens du fini revient à souffrir».

Mais qu'on ne s'y trompe pas, il y a un humour kierkegaardien très percutant. Qu'on en juge par ces deux exemples.

> *Il arriva que le feu prit dans les coulisses d'un théâtre. Le bouffon vint avertir le public. On pensa qu'il faisait de l'esprit et l'on applaudit; il insista; on rit de plus belle. C'est ainsi, je pense, que périra le monde : dans la joie générale, des gens spirituels qui croiront à une farce.*

> *J'ai vu que la signification de la vie était d'obtenir un gagne-pain, son but d'obtenir un titre; le suprême plaisir de l'amour de trouver une jeune fille dans l'aisance; les délices de l'amitié de s'entraider en cas de gêne. J'ai vu que la sagesse était la propriété de la majorité; que de faire un discours impliquait l'inspiration; qu'on était courageux en osant se faire frapper*

d'une amende de 10 Röd. et qu'il y avait de la cordialité dans le souhait de bonne digestion après un repas ; et que c'est un signe de piété de communier une fois par an. J'ai vu tout cela, et j'ai ri.

Marx *1818-1883*

Du marxisme — mais non de Marx et de sa pensée — on pourrait dire que chacun croit en savoir assez que pour se déclarer pour ou contre. Mais, c'est du fait même du caractère militant de cette nouvelle vision du monde, que chacun se sent comme obligé ou d'y adhérer, ou de la refuser, ou plus complexement, d'y souscrire tout en la transformant, ou de la réfuter tout en en retenant quelque point de vue pertinent.

Comme, d'autre part, des leaders et des penseurs prétendent en assurer et en continuer l'héritage, que des millions de militants en constituent les forces vives, que des régimes plus ou moins dictatoriaux ou totalitaires s'en réclament, c'est dire que le marxisme est une question militante, idéologique, et surtout pas une question académique ou philosophique au sens conventionnel de ce terme. D'ailleurs, n'est-ce Marx lui-même qui disait :

> *Les philosophes n'ont fait qu'*interpréter *le monde de différentes manières, ce qui importe, c'est de le* transformer.

Et pour ceux qu'une comparaison plus crue n'effarouche pas :

> *La philosophie est à l'étude du monde réel ce que l'onanisme est à l'amour sexuel.*

Etant donné ce caractère complexe, ambigu et volontariste du marxisme (ou même plutôt des marxismes), ce n'est pas de celui-ci qu'il sera question ici, mais plus modestement et plus «simplement» de Marx et de sa pensée, ou du moins de ce qui peut en être dit en deux-trois pages sans que le ridicule ne nous tue.

Signalons toutefois qu'il nous sera difficile de séparer la pensée de Marx de celle d'Engels ([120]), son compagnon de pensée et de lutte, puisqu'aussi bien *L'idéologie allemande* (1845-6; publiée seulement en 1933), *La Sainte Famille* (1845) et *Le manifeste du parti communiste* (1848) seront le fruit de leur collaboration. Et il semble que ce soit dans ces ouvrages plus précisément qu'est fait usage du terme de **matérialisme historique,** comme exprimant l'essence de leur nouveau matérialisme commun — opposé au «vieux» matérialisme abstrait —, comme usage aussi de la méthode dialectique. Ce ne sera que dans la pensée de Lénine et de ses «successeurs» que le matérialisme historique apparaîtra comme cas particulier d'un matérialisme dialectique ([121]), unissant totalement une méthode (dialectique) à une théorie (matérialiste). Nous n'en dirons pas plus.

Marx naquit au sein d'une famille bourgeoise d'origine juive, mais assimilée et convertie au protestantisme (luthérien) pour raison de convenance sociale plus que de foi. Il devint docteur en philosophie en 1841 avec une thèse sur le matérialisme antique, puis fut, en tant que journaliste, collaborateur de la «Gazette rhénane», interdite en 1843.

A vingt-sept ans, il se réfugie à Paris, où il fréquente les divers groupes socialistes et rencontre Engels. Expulsé de France en tant que révolutionnaire, il continue à Bruxelles ses études d'économie et d'histoire. Expulsé de Bruxelles, il repasse par Paris dans la France d'après la révolution de 48, puis se réfugie définitivement à Londres (1849) où il poursuit, dans un isolement qu'aggravent misère et maladie — trois de ses enfants mourront dans un âge tendre faute de soins médicaux et de bonne nourriture — ses travaux d'économie.

Un titre célèbre les résume : *Le Capital* (le livre I paraît en 1867, les livres II et III seront publiés par Engels après sa mort).

Rappelons aussi qu'il fut à la tête de la 1re Internationale

([122]) (Association Internationale des Travailleurs), fondée à Londres en 1864. Ses dernières années furent adoucies par un confort matériel dont il n'avait jamais joui auparavant, et par des témoignages d'admiration, de respect, et de «soumission» dont sa nature ombrageuse et vindicative était friande.

Rigide, discipliné, intransigeant, peu porté aux débats intimes, aux introspections et souffrances de l'«âme», il était tout entier dévoué à la cause et plein d'abnégation pour elle.

Il incarne typiquement cette dureté révolutionnaire qui, s'il est vrai qu'elle «correspond» aux duretés mêmes de la vie aliénée, exploitée et humiliée du prolétaire, n'en est pas moins porteuse, elle aussi, d'une dureté qui, animée de bonne conscience (parce que prétendûment rationnelle) peut s'avérer pire encore.

Gravement malade, fortement affecté par la mort de sa fidèle compagne (morte en 1881) et par la mort subite de sa fille aînée et aimée (1883), il mourut assis dans le fauteuil de son bureau où il somnolait.

Le matérialisme historique

Pour Marx, l'homme rationnel est celui qui, dans l'inéluctable «lutte des classes» de son temps, prend, sans discussions académiques inutiles et sans compromis, le parti de la classe progressiste. Mais les masses, non-rationnelles et crédules, sont par là-même victimes des sots et des salauds, ce qui justifie, afin d'éviter une transition trop retardée ou douloureuse inutilement, le recours à la dictature du Parti, avant-garde consciente et rationnelle de la classe progressiste (le prolétariat) aidée dans son combat par le penseur scientifique du matérialisme historique, qui, de son poste théorique et pratique, prend part à la lutte.

Nous nous limiterons à quelques citations pour illustrer la «pensée pratique» et la «pratique pensée» de Marx dans son combat militant pour la victoire du prolétariat, la classe progressiste de la société de son temps

> *Ce n'est pas la conscience des hommes qui détermine leur existence, c'est au contraire leur existence sociale qui détermine leur conscience.*

Autrement dit :

> *Ce n'est pas la conscience qui détermine la vie, mais la vie qui détermine la conscience.*

La question de savoir s'il y a lieu de reconnaître à la pensée humaine une vérité objective n'est pas une question théorique, mais une question pratique. C'est dans la pratique qu'il faut que l'homme prouve la vérité, c'est-à-dire la réalité et la puissance de sa pensée dans ce monde et pour notre temps. La discussion sur la réalité ou l'irréalité d'une pensée qui s'isole de la pratique est purement scolastique.

... la force est l'accoucheuse de toute vieille société en travail. La force est un agent économique.

La vie sociale, dont la production matérielle et les rapports qu'elle implique forment la base, ne sera dégagée du nuage mystique qui en voile l'aspect, que le jour où s'y manifestera l'œuvre d'hommes librement associés, agissant consciemment et maîtres de leur propre mouvement social.

La religion est le soupir de la créature accablée par le malheur, elle est le cœur d'un monde sans cœur, comme elle est l'esprit d'un monde sans esprit : elle est l'opium du peuple.

La société a toujours évolué dans le cadre d'un antagonisme, celui des hommes libres et des esclaves dans l'antiquité, des nobles et des serfs au Moyen Age, de la bourgeoisie et du prolétariat dans les temps modernes.

Le travail aliéné renverse le rapport de telle façon que l'homme, du fait qu'il est un être conscient, ne fait précisément de son activité vitale, de son essence *qu'un moyen de son* existence..

La question juive et Marx

Nous avons laissé la «question juive», qui fut un thème constant de la pensée occidentale (et de sa pratique) à Saint Thomas d'Aquin. Par la suite cette question s'est transformée sans pour autant jamais disparaître de l'horizon occidental. Et si la Renaissance et divers mouvements illuministes s'intéressent au judaïsme mystique de la Kabbale, si certains Réformateurs firent en quelque sorte retour au pur Dieu monothéiste de la Bible, différent du Dieu trinitaire des Eglises officielles, tout en retenant l'ordre prophétique évangélique non-mondain et non-violent comme nouveau commandement de ce même Dieu unique, si les humanistes en tant que tels professèrent la plus grande tolérance envers le judaïsme, sinon envers les Juifs, si les Encyclopédistes et les révolutionnaires voyaient la solution de la question juive dans l'émancipation citoyenne, le XIXe s. lui, troublé par l'histoire, le «progrès», la lutte des classes, le nationalisme, garde plus que jamais cette question au cœur de sa problématique. Comme si la libération de l'homme et des sociétés impliquait la solution de la question juive, à la fois solution concrète d'un problème humain — celui du Juif en tant qu'homme — mais aussi solution d'un judaïsme métaphorique, figure récurrente du malaise occidental.

Tout se passe comme s'il existait, au cœur de la pensée chrétienne et de la pensée occidentale, une infiltration de cet autre, inassagi et irréductible, qui, de l'intérieur, affaiblit la chrétienté ou l'Occident dans sa marche vers l'unité, vers une concurrence qui, l'élection juive demeurant, perd légitimité et efficacité. Comme si, de même que le christianisme n'était pas parvenu à «digérer» le judaïsme dont il est à la fois la continuité et la rupture, de même les nations, à se constituer, ne parvenaient pas à digérer le Juif, qui non seulement leur échappe mais encore, de par la résistance et la liberté hors normes dont il est la métaphore, est comme au principe caché du frein qui les empêche de se réaliser pleinement. Comme si tout ce qui manquait à la société pour s'unifier et se libérer, c'était de se débarrasser du judaïsme métaphorique (dont à la limite le christianisme ne serait qu'un rejeton masqué), comme aux nations de se débarrasser de l'étranger par excellence (parce qu'il n'a pas de patrie à lui) faute de le pouvoir assimiler totalement.

Qu'au stade où il n'était pas encore le Marx du matérialisme historique, mais jeune penseur idéologue, bêtement antisémite et anti-bourgeois d'humeur, Marx ait eu « besoin » de recourir à la métaphore du judaïsme pour signifier le frein et l'obstacle dont la société civile devait se libérer pour se transformer, reste dramatique et digne de psychanalyse. Mais il ne s'agit pas là, à proprement parler, d'antisémitisme au sens strict, puisque la métaphore dont Marx use désigne une pratique (l'Argent) qui passe infiniment la pratique juive sociale, et qu'en plusieurs endroits de son texte il établit comme une sorte d'égalité métaphorique entre judaïsme-christianisme-argent et bourgeoisie.

Que le fait d'user de la métaphore du judaïsme pour parler de l'homme d'argent comme d'un homme juif, ou de l'argent comme Dieu juif, etc. soit absolument insultant et odieux moralement — surtout à une époque où la misère et l'insécurité juives étaient plus réelles que les privilèges et la réussite de quelques-uns (et où par ailleurs, il y avait quelque insulte à dénier globalement aux Juifs toute religiosité authentique) — entâche non seulement la probité intellectuelle mais surtout le tact moral de Marx, quoique par la suite il n'en fasse plus du tout usage, la bourgeoisie, au sens strict et métaphorique, remplaçant plus « scientifiquement » les Juifs et le judaïsme.

Que ce soit par haine de soi ou opportunisme que, dans un moment de crise, il y recourt, ne nous intéresse pas ici. Qu'il prenne ce faisant la succession d'une tradition philosophique « antisémite » (Kant, Hégel, Fichte, Schopenhauer) ne nous retiendra pas non plus, faute de place. Nous nous bornerons à faire deux remarques que le lecteur poursuivra, s'il veut, à sa guise.

1. Si nul peuple n'a besoin de la compagnie de l'autre pour être lui-même, cet autre non seulement ne lui manquera pas (on ne manque pas de ce qu'on n'a pas et qu'on ne recherche pas) mais encore sera potentiellement victime, aux mains du peuple où il sera, d'être dominé, d'être expulsé ou même tué, au gré des intérêts, des crises d'identité ou de folie de ce dernier.
2. Si l'autre — à tort ou même partiellement à raison — est affecté pour quelque motif que ce soit (religieux, économique, comportemental) d'un coefficient négatif, il sera la victime désignée d'un processus de bouc émissaire : chargé de tous les péchés (les siens et la masse des autres), il sera le prix de la réunion des « mêmes » contre l'autre.

Que le peuple juif ou la grande famille juive, que le judaïsme ou la judéité, furent précisément dans notre Occident d'abord chrétien, puis post-chrétien et nationaliste, l'autre, inassagi et irréductible, expliquerait sans doute la persistance de la question juive. Qu'aujourd'hui, dans les états démocratiques, elle ne subsiste plus que comme « question » résiduelle, réactivée quelque peu par la « question sioniste », ne signifie pas encore sa disparition totale, et encore moins sa disparition en tant que métaphore de l'altérité, principalement souffrante. Les slogans : « nous sommes tous des Juifs allemands », ou « les Palestiniens sont les Juifs des Juifs », malgré leur caractère de polémique politique, ne sous-entendent, à leur manière, pas autre chose. Il semble que malgré son apparence marginale la question juive, devenue aujourd'hui la question sioniste, reste au cœur de l'Occident étendu un des foyers de cette ellipse où le Même et l'Autre poursuivent un difficile et complexe engagement.

Nietzsche *1844-1900*
*ou le Plushomme**

Né en Saxe en 1844, Nietzsche perd son père, pasteur protestant, à l'âge de cinq ans. Entre mère et sœur se passent son enfance et son adolescence. Après de brillantes études de philologie classique à Bonn, il devient, à vingt-cinq ans, professeur à l'université de Bâle. Il lit à cette époque Schopenhauer et se lie d'amitié avec Wagner.

Poursuivant sa critique de la métaphysique, de la religion et de la morale, il s'éloigne de Schopenhauer et rompt avec Wagner. En outre, gravement malade, il quitte son poste de professeur à Bâle, et dès lors mène une existence errante (Suisse, Nice, Italie) de plus en plus marquée par les tourments conjoints de la maladie et du génie, de la solitude et de l'incompréhension, dont ne parviennent à le sauver ni l'amitié de Paul Rée, ni la rencontre, à terme catastrophique pour lui, avec Lou Salomé. En 1889, frappé de démence, il est interné, puis soigné par sa mère et sa sœur; il meurt onze ans plus tard sans avoir recouvert la raison.

S'il est un penseur que chacun tire à soi, c'est bien Nietzsche, dont la sœur abusive facilita la récupération par l'idéologie nazie. Quoi qu'il en soit de la défiguration et de la récupération de son œuvre par toutes sortes de courants avec lesquels Nietzsche n'a pas grand-chose à voir, il n'empêche que le caractère souvent aphoristique de son œuvre et l'emploi souvent contradictoire de termes dans une pensée volontairement non systématique, facilitèrent par là même toutes sortes de manipulations plus ou moins adroites, surtout lorsqu'on ne se donne pas la peine d'envisager l'œuvre dans sa dynamique globale et qu'on en privilégie tel ou tel texte ou moment particulier.

* Nous préférons ici utiliser le terme approchant de plushomme plutôt que le déplaisant terme de «surhomme» aux connotations si fâcheuses.

Sans pouvoir entrer dans la dynamique complexe de cette pensée radicalement critique et radicalement vitale, c'est-à-dire corporelle, signalons-en quelques points forts.

L'erreur

D'entrée de jeu, et comme pour devoir d'abord (et constamment) déblayer le terrain, Nietzsche dénonce, et ensuite déconstruit, toutes les erreurs qui procèdent de la conceptualisation textuelle formant tous les discours métaphysiques, religieux et moraux, que toute philosophie manifeste comme par une sorte de platonisme latent.

> *La pire, la plus tenace, la plus pernicieuse des erreurs connues a été celle d'un faiseur de systèmes, je veux dire l'invention par Platon de l'esprit pur et du bien en soi.*

Au fond, le concept n'atteint pas la chose même, pas plus d'ailleurs que le subjectif (sentiment) n'«embellit» la science.

> *Notre entendement est une force de surface, il est* superficiel, *c'est ce qu'on appelle aussi «subjectif». Il connaît au moyen de* concepts *: notre penser est un classer, un nommer, donc quelque chose qui revient à l'arbitraire humain et n'atteint pas la chose même.*
>
> *De même que l'art des jardins rococo naquit du sentiment : «la nature est laide, sauvage, ennuyeuse, - allons! embellissons-la (embellir la nature)!; » — de même, du sentiment : «la science est laide, aride, désolante, difficile, ardue, — allons! embellissons-la!» renaît constamment quelque chose qui s'appelle la* philosophie.

D'où la vocation nietzschéenne fondamentale : «surmonter la métaphysique», c'est-à-dire montrer comment les philosophes lisent fautivement le texte de la nature parce que, de propos délibéré, ils ont construit contre le devenir et la vie une machine de guerre : l'être (concept, substance, chose-en-soi...).

Le réel étant «changeant, non-identique à lui-même, relatif» toute autre représentation qu'on en donne (être, concept, substance...) est la «pire des erreurs».

La valeur

Si Nietzsche rejette la «morale», c'est parce que, en quelque sorte, elle accomplit le *désir* qui, en l'homme, est la décadence de la **volonté de puissance**. En effet, tout se passe comme si la volonté de puissance, origine de toute les valeurs, étant non seulement scindée en «volonté de vie» (volonté forte et ascendante, se surmontant sans cesse) et «volonté du néant» (volonté faible et décadente qui se «démonte») mais aussi lieu de leur combat, le désir — de par son aspiration à la satisfaction, et non donc à la création — visait en réalité au repos, au néant, et construisait, pour ce faire, l'idéal de son rêve : l'ontologie morale, c'est-à-dire : «*une idiosyncrasie de décadents guidés par l'intention cachée de se venger de la vie, intention d'ailleurs couronnée de succès*».

La volonté de puissance, volonté forte et ascendante, par laquelle chaque corps a de quoi se former comme «devenir en tant qu'invention, vouloir, négation de soi, acte de se surmonter soi-même», se mue en son affaiblissement qui lie de façon décadente et les forts et les faibles, saisis par le désir non-créatif qui se construit fantomatiquement un monde de valeurs dont la vie est exclue, alors que :

> *le monde apparent, c'est un monde vu selon des valeurs, ordonné, choisi d'après des valeurs, donc à un point de vue utilitaire, dans l'intérêt de la conservation et de l'augmentation de puissance d'une certaine espèce animale.*

C'est ce **pragmatisme vital** qui fait toute la différence entre la volonté de puissance, comme morale aristocratique (celle des forts qui surmontent désir et danger) et, pourrait-on dire, la volonté d'impuissance comme morale du ressentiment du faible qui se venge de la vie, ou du fort qui se laisse appâter par le désir ou apitoyer par faiblesse.

> *Croyez-moi! Le secret pour récolter la plus grande fécondité, la plus grande jouissance de l'existence, consiste à* vivre dangereusement!

> *Le droit des autres est une concession faite par notre sentiment de puissance au sentiment de puissance de ces autres. Si notre puissance se montre profondément ébranlée et brisée, nos droits cessent : par contre, si nous sommes devenus beaucoup plus puissants, les droits que nous avions reconnus aux autres jusque là cessent d'exister pour nous.*

Et il en est de même de l'Etat comme de l'individu, mutatis mutandis :

> *La démocratie moderne est la forme historique de la* décadence de l'Etat.

> *L'Etat, c'est le plus froid de tous les monstres froids : il ment froidement et voici le mensonge qui rampe de sa bouche : «Moi, l'Etat, je suis le Peuple».*

Que Nietzsche, dans sa présentation expérimentale et utopique du Surhumain, ne s'adresse pas à l'homme du plat bonheur, mais à l'homme capable de se surmonter, d'être toujours au-delà de lui-même en des actes dont la grandeur, la force et la passion seraient dignes d'un«éternel retour», il n'est peut-être manière plus exacte de la comprendre que dans ces deux aphorismes d'un nietzschéisme cinglant :

> *Si la foi ne rendait pas heureux, il n'y aurait pas de foi : combien peu de valeur elle doit donc avoir.*

> *Nous éclatons de rire rien qu'à voir «l'homme et le*

> *monde» placés l'un à côté de l'autre, et séparés par la sublime prétention du petit mot «et».*

Que cette volonté de puissance puisse être mal comprise, les exemples ne manquent pas, qu'elle ne soit pas sans «danger» pour qui tente la vivre, l'exemple de la vie de Nietzsche le confirmerait plutôt, qu'elle soit tragique et enivrante, dyonisiaque et pourtant apollinienne aussi, c'est ce qui en fait, entre autres, l'opposé exact du savoir total hégélien : un gai savoir qui toujours se surmonte jusqu'à l'amour du destin (amor fati).

■ De son œuvre, citons au moins **les titres principaux :**
La naissance de la tragédie (1872)
Humain, trop humain (1878)
Le gai savoir (1881-1882)
Ainsi parlait Zarathoustra (1884)
Le crépuscule des idoles ou *Comment philosopher à coups de marteau* (1888)
et son œuvre posthume : *La volonté de puissance.*

Comme ces étudiants qui n'ayant pas assez de temps pour étudier tout sacrifient, au petit bonheur-la chance, telle ou telle partie de leurs cours, nous aussi, mais pour d'autres raisons, connues du lecteur, nous ferons l'impasse sur de pourtant aussi considérables penseurs que Stuart-Mill, Spencer et Schopenhauer.

A tout le moins voilà leurs noms cités ici : coups de chapeau à ces oncles que nous n'avons pas invités, faute de place.

Bergson *1859-1941*
ou le restaurateur de la métaphysique

Académicien français, prix Nobel, grand-croix de la Légion d'honneur, Bergson est un philosophe dont la carrière universitaire fut un modèle de réussite et de célébrité. Il fut aussi un diplomate occasionnel et un « notable » culturel.

En tant que restauratrice d'une métaphysique spiritualiste et opposée à la relativité einsteinienne, sa philosophie intuitionniste et vitaliste n'est plus du tout à la mode. Sa pensée en tout cas n'est pas dénuée d'attraits, ne serait-ce que pour la fluidité de son style et la pertinence de certaines pages et images.

C'est dans son opposition à l'a priori kantien que Bergson restitue, selon lui, le réel, le concret, l'immédiate expérience.

C'est en s'opposant à Spencer (et à son évolutionisme de complexité croissante, inspirée du transformisme de Darwin) qu'il invente la « durée », comme intuition intérieure, comme temps sans espace, comme « donnée immédiate de la conscience », à bien dégager de ce faux immédiat qu'est le mixte espace-temps ou temps spatialisé qui relève de la science.

L'immédiat, ce cœur du réel est donc durée. Celle-ci investit aussi bien l'acte libre d'un être qui mûrit, que la mémoire pure, que l'élan vital créateur, que la marche de l'humanité que scande l'apparition événementielle de héros et de mystiques.

La durée est ce « quelque chose » d'irréductible, d'indéfinissable, d'impondérable, au cœur de tout vivant, c'est-à-dire l'esprit. Cette durée, vécue, intérieure, vitale, est au fond synonyme de l'âme, et réintroduit par là même toute la métaphysique, mais à partir d'un point de vue anti-intellectualiste, vitaliste. L'âme-durée, indépendante d'un corps spatialisé, est de par ce fait probablement immortelle.

S'il faut un certain temps pour que le sucre fonde dans la tasse, le sucre bergsonien, aujourd'hui pour beaucoup, ne fond ni ne sucre. Et pourtant, le plus paradoxal est que d'une certaine façon Bergson dans son refus du concept, du platonisme, du kantisme, de l'hégélianisme, dans son vitalisme, fut-il spiritualiste, dans son culte des grands hommes serait comme un Nietzsche — dont ses thèmes le rapprochent — qui aurait mal tourné (ou Nietzsche, un Bergson qui aurait mal tourné). Evidemment le génie est du côté de Nietzsche. Serait-il tout ?

Ses œuvres

Essais sur les données immédiates de la conscience (1889)
Matière et mémoire (1896)
Evolution créatrice (1907)
Deux sources de la morale et de la religion (1932)

C'est dans cette dernière œuvre que Bergson oppose la morale sociale close, faite d'habitudes sociales, à la morale ouverte, dynamique et originale des héros et des mystiques.

■ **Quelques citations** *laissent le dernier mot à Bergson.*

Je ne nie pas l'utilité des idées abstraites et générales, pas plus que je ne conteste la valeur des billets de banque. Mais de même que le billet de banque n'est qu'une promesse d'or, ainsi une conception ne vaut que par les perceptions éventuelles qu'elle représente.

Connaître une réalité, c'est au sens usuel du mot « connaître » : prendre des concepts déjà faits, les doser, et les combiner ensemble jusqu'à ce qu'on obtienne un équivalent pratique du réel. Mais il ne faut pas oublier que le travail de l'intelligence est loin d'être un travail désintéressé. Nous ne visons pas, en général, à connaître pour connaître, mais à connaître pour un parti à prendre, pour un profit à retirer, enfin pour un intérêt à satisfaire.

Sans donner de la conscience une définition qui serait moins claire qu'elle, je puis la caractériser par son trait le plus apparent : conscience signifie d'abord mémoire.

La conscience correspond exactement à la puissance de choix dont l'être vivant dispose; elle est coextensive à la frange d'action possible qui entoure l'action réelle : conscience est synonyme d'invention et de liberté.

L'obéissance au devoir est une résistance à soi-même. Pour un être conscient, exister consiste à changer, changer à se mûrir, se mûrir à se créer indéfiniment soi-même.

On appelle liberté le rapport du moi concret à l'acte qu'il accomplit. Ce rapport est indéfinissable, précisément parce que nous sommes libres.

L'avenir est là; il nous appelle, ou plutôt il nous tire à lui; cette traction ininterrompue qui nous fait avancer sur la route du temps, est cause aussi que nous agissons continuellement. Toute action est un empiètement sur l'avenir.

Le XXe siècle ou la reprise éclatée

1. Marx-Engels 1818-1883 — 1820-1895
2. Nietzsche 1844-1900
3. Freud 1856-1939
4. Bergson 1859-1941
5. Husserl 1859-1938

Si, par leurs dates d'entrée et de sortie de vie, «Marx-Engels» et Nietzsche appartiennent au XIXe s. leur impact — fût-ce au travers des défigurations «totalitaires» lénino-stalino-maoïste pour le «premier», national-socialiste pour le second —, crible en plein notre XXe. Ils sont ce qui du XIXe poursuit sa course non académique au XXe.

Et si Husserl et Freud participent du XXe, c'est qu'ils le marquent toujours, alors que Bergson, pourtant leur contemporain, et malgré ce qu'il annonce déjà comme point de vue «phnénoménologique», appartient déjà au passé (et même en quelque sorte «révolu») : ce en quoi le XXe ne se reconnaît plus.

C'est pourquoi ce chapitre débutera avec Husserl et Freud pour s'achever avec Heidegger, mort en 1976, et Sartre, mort en 1980.

Nous ne nous faisons aucune illusion sur le contenu de

ce chapitre sautillant qui ne pourra qu'être, au mieux, une présentation cavalière de quelques thèmes et auteurs, au «détriment» d'autres, au pire, un «patchwork» décousu. Dirions-nous pour notre défense que cela n'a pas beaucoup d'importance, étant donné que les textes de ces auteurs existent et qu'un guide «touristique» n'est pas tenu à plus, dans le temps (et l'espace) qui lui est imparti ? Nous le disons.

Justifions quand même notre titre : la reprise éclatée.

Pas plus que le progrès des sciences n'a mis fin au malheur des hommes, et singulièrement politique, la philosophie comme savoir absolu (Hégel), comme savoir de l'âge scientifique (Comte), comme savoir de ce qu'on peut savoir, doit faire et peut espérer (Kant), comme savoir de la transformation pratique du monde (Marx-Engels), comme ceci ou comme cela, n'a mis fin aux questions que l'homme (dont le philosophe n'est après tout qu'un cas particulier) se pose, au questionnement inlassable qu'il poursuit sur ce qu'il se donne à questionner, comme sur ce qu'il trouve comme réponses.

C'est dire qu'au fond tout se reprend, tout se repose, tout se repense, même s'il est des acquis qui semblent définitifs et des voies de garage (ou d'erreurs) reconnues.

Cette reprise n'a donc rien de particulier au XXe s., sauf qu'elle est, pourrait-on dire, pour la première fois la «reprise» d'un sujet troué, dont «on» sait qu'il restera tel même «reprisé».

Quelque chose s'est «définitivement» envolé, échappé, sur quoi jusqu'à présent l'homme faisait fond : le sujet, aussi bien l'homme comme sujet, que Dieu comme sujet, que le monde comme sujet.

En effet, qu'en est-il de l'homme-sujet saisi par l'inconscient, du Dieu-sujet saisi par la «mort», du monde-sujet saisi par le probable, et, last but not least, des sociétés qui se savent mortelles, «entropologiques» ([123]), et dont la chair, captive du cerveau qu'elle nourrit, mémorise, depuis quelque quarante ans déjà, comme un futur déjà advenu et qui peut grossir, à la fois Auschwitz et Hiroshima, le Goulag et la science sans conscience.

Comme en état d'apesanteur spirituelle, l'homme est en quête d'un nouveau centre de gravité, en quête d'une nouvelle révolution (non-violente?); comme aiguillonné par cet état nouveau, par le danger sourd qui le point de partout, sa pensée éclate tous azimuts comme pour encore apprivoiser ce qui lui reste d'avenir.

Il s'agit bien alors d'une reprise éclatée dans un monde en crise éclatante.

Husserl *1859-1938*

ou la phénoménologie

Husserl naquit à Prossnitz (Autriche-Hongrie) en 1859 dans une famille d'origine juive. Il étudia aux universités de Leipzig, Berlin, Vienne, principalement les mathématiques et la philosophie. En 1883-4, à Vienne, il suit les cours du philosophe et psychologue Fr. Brentano, qui exerça une influence importante sur la direction de sa pensée et avec lequel il se lia d'ailleurs d'amitié.

A vingt-sept ans, il se convertit à la foi chrétienne (luthérienne évangélique) et l'année suivante épousa une institutrice, d'origine juive, elle aussi convertie à la même église, et dont il eut trois enfants. Il poursuit une carrière universitaire que consacre en 1919 un titre de doctor juris honoris causa de l'université de Bonn. En 1928, à soixante-neuf ans, il est professeur honoraire de l'université de Berlin. Heidegger lui succède à ce poste sur proposition d'Husserl lui-même. En 1933, il est une première fois rayé de la liste des professeurs de l'université, à cause de son origine juive. Cette «radiation raciale» — encore plus abominable en son principe que les radiations ou persécutions, de tous temps, pour motif religieux ou d'hétérodoxie — sera en un premier temps reportée — un de ses fils étant mort au «champ d'honneur» au cours de la 1re Guerre Mondiale — puis confirmée en 1936.

Il meurt deux ans plus tard presque octogénaire.

Il est extrêmement périlleux d'essayer en quelques lignes de présenter la pensée de Husserl, d'autant plus qu'elle n'est pas à proprement parler un système achevé. En plus, il y en a non seulement plusieurs lectures possibles, mais encore, il semble bien qu'il existe aussi plusieurs Husserl — c'est ce qui explique les filiations différentes : phénoménologue et/ou spéculatif. Un Husserl qui «reprend» la pensée grecque dans sa visée de l'Etre (et qui essaye donc de fonder la phénoménologie), et le même (ou un autre) qui se «contente» d'en faire, mais qui, en tout cas dans sa visée historique, est non seulement équivoque mais encore moins significatif culturellement que l'hégélianisme et le marxisme.

La conscience de ou intentionnalité

On peut sans doute faire débuter la réflexion phénoménologique de Husserl à partir de cette formule dont il est redevable à Brentano, dont il fut l'élève :

> *Toute conscience est conscience de quelque chose. Tout état de conscience en général est, en lui-même, conscience de quelque chose, quoi qu'il en soit de l'existence réelle de cet objet et quelque abstension que je fasse, dans l'attitude transcendantale qui est mienne, de la position de cette existence et de tous les actes de l'attitude naturelle*

C'est ce que Husserl appelle aussi l'intentionnalité, car au fond il n'y a pas de «je pense» qui ne soit en même temps je pense un quelque chose, c'est-à-dire un objet pensé, un cogitatum.

> *Le mot* intentionnalité *ne signifie rien d'autre que cette particularité foncière et générale qu'a la conscience d'être conscience* de *quelque chose, de porter, en sa qualité de* cogito, *son* cogitatum *en elle-même.*

Et s'il n'y a de conscience que de conscience de quelque chose, de même il n'y a d'objet que *pour* une conscience, non pas que ma conscience crée l'objet en le visant (intentionnalité, conscience de), mais parce que cet objet n'a de sens que le sens que je lui donne en le pensant.

Les réductions

■ La réduction eidétique ou les essences

Mais ce sens que je donne à l'objet en le pensant ne saurait être le sens sceptique d'un moi empirique, c'est-à-dire une impression subjective, « psychologique » au sens du psychologisme ([124]).

C'est en faisant varier tous les aspects du « comment c'est » de l'objet, comme en en supprimant tous les aspects psychologiques et accidentels, que je parviens à retenir du phénomène (ce qui est là où c'est) son essence universelle (*eidos* : grec : forme ou essence ; d'où eidétique). Tout se passe donc comme si je déshabillais le phénomène de ses accidents, en même temps que ma pensée de sa gangue psychologique, pour réduire le donné concret qui m'apparaît (phénomène) à son essence. De là découle toute une ontologie formelle.

■ La réduction phénoménologique ou suspension du jugement (*epoché*)

Le sujet méditant sur l'objet suspend son jugement quant à toute croyance naïve à l'égard de ce monde :

> *Quand je procède ainsi, je ne nie donc pas ce « monde » comme si j'étais sophiste ; je ne mets pas en doute son existence comme si j'étais sceptique ; mais j'opère l'*époché *« phénoménologique » qui m'interdit absolument tout jugement sur l'existence spatio-temporelle.*

■ La réduction transcendantale ou le moi pur (sujet transcendantal)

Non seulement le monde est mis entre parenthèses mais également le moi empirique du sujet — moi biologique et moi psychologique (subjectif) — et la conscience d'autrui (alter ego). Par cette réduction dernière est recherchée l'activité intentionnelle de l'égo pur qui s'atteint comme évidence nécessaire, comme conscience constituant le monde en deça de tous les «de» (conscience de). Le sujet se saisit comme moi (ego) pur ou transcendantal.

L'ego pur est donc irréductible, sujet absolu et nécessaire, tout comme tous les autres egos (alter ego). Au fond cet ego est informalisable et anhistorique.

En résumé(!) : le monde est l'objet pensé d'un sujet pur qui, l'intuitionnant, lui donne un sens qui n'épuise ni l'objet pensé ni la créativité (donation de sens) du moi pensant.

Quelques citations ne seront peut-être pas superflues.

Nous sommes par notre activité philosophique les fonctionnaires de l'humanité.

Quiconque veut vraiment devenir philosophe devra «une fois dans sa vie» se replier sur soi-même et, au-dedans de soi, tenter de renverser toutes les sciences admises jusqu'ici et tenter de les reconstruire. La philosophie — la sagesse — est en quelque sorte une affaire personnelle du philosophe. Elle doit se constituer en tant que sienne, *être* sa *sagesse,* son *savoir qui, bien qu'il tende vers l'universel, soit acquis par lui et qu'il doit pouvoir justifier dès l'origine et à chacune de ses étapes, en s'appuyant sur ses intuitions absolues.*

L'Europe a un lieu de naissance. Je ne songe pas, en termes de géographie, à un territoire, quoique elle en possède un, mais à un lieu spirituel de naissance, dans une nation ou dans le cœur de quelques hommes isolés et de groupes d'hommes appartenant à cette nation. Cette nation est la Grèce antique du VIIe et du VIe siècles avant Jésus-Christ. C'est chez elle qu'est apparue une attitude d'un genre nouveau à l'égard du monde environnant; il en est résulté l'irruption d'un type absolument nouveau de créations spirituelles qui rapidement ont pris les proportions d'une forme culturelle nettement délimitée. Les Grecs lui ont donné le nom de philosophie; correctement traduit selon son sens originel, ce terme est un autre nom pour la science universelle, la science du tout du monde, de l'unique totalité qui embrasse tout ce qui est.

La raison n'est pas une faculté ayant le caractère d'un fait accidentel*; elle n'englobe pas sous sa notion des faits accidentels, mais elle est* une forme de structure universelle et essentielle de la sujectivité transcendantale en général.

La mathématique, — l'idée d'infini, de tâches infinies — est comme une tour babylonienne : bien qu'inachevée elle demeure une tâche pleine de sens, ouverte sur l'infini; cette infinité a pour corrélat l'homme nouveau aux buts infinis.

Tout bien pesé, je suis d'avis qu'il n'y a jamais eu et qu'il n'y aura jamais de science objective de l'esprit, de doctrine objective de la psyché, l'objectivité consistant à condamner les psychés, les communautés personnelles à l'inexistence, en les soumettant aux formes de l'espace et du temps.

Freud *(1856-1939)*

Freud naquit à Freiberg en 1856 dans une famille de commerçants juifs. C'est à Vienne — où ses parents, cherchant meilleure fortune, s'installent lorsqu'il a cinq ans — que Freud, à part quelques voyages (Paris, Berlin, Angleterre, Italie) et l'exil, en 1938, auquel bien malgré lui la montée du nazisme l'oblige, vécut sa vie et sa carrière de savant.

Quoi qu'il en soit de leur importance réelle quant à son œuvre, sa situation familiale singulière et sa judéité le marquèrent indéniablement. En effet, son père s'était remarié à quarante ans avec une jeune femme de vingt ans sa cadette, qui aurait pu être, par l'âge, l'épouse du fils qu'il avait d'un premier mariage; celui-ci, d'ailleurs, marié, a un enfant dont Freud sera, lorsqu'il naîtra, un an plus tard, l'oncle! C'est dire qu'il y a dans cette constellation familiale un inhabituel téléscopage des générations.

Ainsi, pour Freud, son père a quasi figure de grand-père (patriarche), comme sa mère figure de grande sœur de la même génération que ses demi-frères; et lui-même, l'oncle d'un neveu dont il est d'un an le cadet.

Quant à sa judéité, elle l'installait «visiblement» dans un état «minoritaire», qu'accentuait l'antisémitisme ambiant, mais que compensait, du moins ainsi l'estimait-il, une propension à la critique et au jugement interprétatif, bénéfice du culte traditionnel voué par la famille juive aux études en général.

Mû par une intense soif de savoir, Freud s'inscrit à la Faculté de Médecine de l'université de Vienne où il suit les cours de sciences naturelles et un peu de philosophie. En outre, de vingt à vingt-six ans, il sera l'élève de Brücke (Institut de physiologie) auprès de qui se précise sa vocation de savant matérialiste, positiviste dans un domaine qui aurait pu rester sa spécialité : l'anatomo-pathologie. A vingt-cinq ans il est reçu docteur en médecine. S'intéressant à la neurologie, il manque découvrir le neurone; il se trompe sur l'inocuité de la cocaïne; à Paris, chez Charcot, à la Salpétrière, il observe les manifestations de l'hystérie. Il s'intéresse aussi à l'hypnose et à l'électrothérapie.

Par goût et formation, plus chercheur et savant que médecin praticien, mais n'ayant pu faire une découverte importante qui l'aurait rendu célèbre et matériellement libre, il se voit contraint, étant en plus marié (1886) de recourir à la pratique médicale malgré lui. Et c'est, pourrait-on dire, grâce à cette obligation que Freud commence à devenir Freud.

En effet, sa pratique médicale le met surtout en contact

avec des patients qui ne sont pas des malades «officiels» pour une médecine «officielle», mais qui n'en sont pas moins victimes d'un mal-être se traduisant par des comportements hystériques ou des troubles névrotiques. Que la cause des névroses, comme de l'hystérie, soit toujours d'origine sexuelle, c'est ce que quelques-uns soupçonnaient sans oser l'admettre, en faire l'analyse et en tirer les conséquences théoriques et pratiques.

L'origine de la psychanalyse freudienne est bien d'abord dans ce courage d'accepter le tout de l'observation et de l'expérimentation et d'en constituer progressivement l'explication.

A l'âge de quarante ans, père déjà de cinq enfants, mais noué par plusieurs problèmes qui le mettent dans un état de malaise et d'angoisse proche de celui de ses patients névrosés, Freud entreprend une autoanalyse (par le biais de ses rêves et de ses actes manqués) et découvre ainsi progressivement ce que nous allons maintenant, laissant de côté sa biographie, essayer d'exposer à gros traits : l'analyse (économique, dynamique et structurelle) de la psyché (l'«âme») : la psychanalyse.

L'inconscient

> *L'inconscient est le psychique lui-même et son essentielle réalité. Sa nature intime nous est aussi inconnue que la réalité du monde extérieur, et la conscience nous renseigne sur lui d'une manière aussi incomplète que nos organes des sens sur le monde extérieur.*

C'est par une sorte de même résistance, qui fait que le savant s'occupant de l'hystérie en rejette l'étiologie sexuelle, ou qui fait que l'on rejette le «complexe d'Œdipe» comme anormalité vicieuse, que l'on repousse aussi l'inconscient :

> *J'ai acquis en outre l'impression de ce que la théorie de «l'inconscient» se heurtait principalement à des résistances d'ordre affectif qui s'expliquent par ce fait*

que personne ne veut connaître son inconscient, et partant trouve plus expédient d'en nier la possibilité.

■ Dans un premier temps, Freud dégage un système qu'on appelle la première topique : **Inconscient, Préconscient, Conscient**. Tout se passe comme si la conscience refoulait, à cause de la censure morale et sociale, le désir interdit ou impossible dans l'inconscient, et ainsi le constituait.

Mais, ayant constaté que si tout refoulé est bien dans l'inconscient, celui-ci n'est pas pour autant uniquement «rempli» de refoulé, mais de pulsions (libido=pulsion pansexuelle=Eros=pulsion de vie; Thanatos=pulsion de mort) et d'instances (le Ça, le Moi, le Sur-moi).

■ D'où la deuxième topique : **Ça, Moi, Sur-moi**.

Le *Ça* est, pourrait-on dire, ce qui nourrit l'inconscient pulsionnel, autrement dit la couche ou le lieu des pulsions. Le *Sur-moi*, en quelque sorte, la compression du moi et du ça par autrui (principalement les parents et, par métonymie (contiguïté structurelle) tous les représentants de l'autorité et du principe de réalité. Le *Moi* : le lieu d'un équilibre, solide ou fragile, qui s'édifie entre les pulsions du Ça et les compressions (exigences et interdits) du Sur-moi.

Le complexe d'Œdipe

Que la pulsion première ou libido soit au fondement même de l'humanité, c'est ce que révèle pathologiquement la névrose, et normalement le vécu même de l'histoire «sexuelle» de tout un chacun. Par là-même, le «complexe d'Œdipe» comme désir qui porte l'enfant séducteur (et non séduit) ([125]) à vouloir la mort du parent qui monopolise l'attention et l'amour de l'autre qu'il convoite : la mère pour le fils, le père pour la fille, trouve sa signification et son explication universelles, d'où découle «logiquement» l'interdiction culturelle de l'inceste.

La culture

Au même titre que l'adulte «normal» a dépassé le complexe d'Œdipe, mais sans avoir eu à le réaliser, et investit par là-même sa libido en «génitalité» ([125bis]) et sublimations diverses, la société a dépassé, mais en l'ayant réalisé, le meurtre du père, et s'investit donc dans la place même, c'est-à-dire la culture, que ce «sacrifice» balise : la loi sur-moi comme sublimation sociale des pulsions.

La métapsychologie

Nous laissons bien sûr de côté tout ce qui concerne la cure psychanalytique et la dialectique du transfert et du contre-transfert qui relèvent du domaine «médical».

De la même façon que la révolution copernicienne a «humilié» la terre, autour de laquelle ne tourne plus le soleil, que Darwin a «humilié» l'homme, fruit de l'évolution et non coupure radicale d'avec celle-ci, que les matérialistes ont «humilié» Dieu en l'«incorporant» dans la nature, de même Freud a «humilié» l'homme derechef en humiliant sa psyché où la conscience affleure mais qu'elle ne fonde pas.

Que ces humiliations respectives soient tout autre chose qu'une humiliation, mais au contraire la possibilité même de bien observer, de bien expérimenter, et de fonder une interprétation théorique recevable pour une raison «expérimentée», c'est ce dont ces «humiliations» rendent l'homme capable et bénéficiaire. Qu'il faille, ce faisant, abandonner quelques illusions et consolations, comme aussi subir quelques «retombées» inutiles, désagréables ou dangereuses, c'est ce dont le prix doit s'estimer.

Les hypothèses que Freud construit comme fondement du système psychanalytique, et qui constituent comme une sorte de métapsychologie — dont le rapport au psychologique serait du même ordre que celui du rapport de la métaphysique à la physique — donnent la mesure du projet, jusqu'à un certain point réussi, qu'il ambitionnait de réaliser : fonder les sciences humaines, c'est-à-dire, essentiellement, l'homme en tant qu'être naturel et culturel, pulsionnel et social.

L'illusion religieuse, en tant que métaphore de toutes les autres, pourrait bien être ce bandage et ce bandeau dont il conviendrait de se débarrasser pour affronter le désir en toute lumière et devenir adulte(s) comme nous étions enfant(s).

> *Un anthropologiste est-il à même de donner l'indice céphalique d'un peuple chez lequel régnerait la coutume de déformer par des bandages la tête des enfants dès leur premières années? Pensez au contraste attristant qui existe entre l'intelligence rayonnante d'un enfant bien portant et la faiblesse mentale d'un adulte moyen. Est-il tout à fait impossible que ce soit justement l'éducation religieuse qui soit en grande partie cause de cette sorte d'étiolement?*

■ Le lecteur n'aura aucune peine à replacer les **quelques citations** suivantes dans le cadre de ce que nous venons d'esquisser.

... c'est en pleine lumière que l'on triomphe du désir.

Notre conscience, loin d'être le juge implacable dont parlent les moralistes, est, par ses origines, de l'« angoisse sociale » et rien de plus.

Le royaume de l'imagination est une « réserve », organisée lors du passage douloureusement ressenti du principe du plaisir au principe de réalité, afin de permettre un substitut à la satisfaction des instincts (pulsions) à laquelle il faut renoncer dans la vie réelle.

La religion serait la névrose obsessionnelle universelle de l'humanité; comme celle de l'enfant, elle dérive du complexe d'Œdipe, des rapports de l'enfant au père.

La religion, quand on tente de déterminer sa place dans l'histoire de l'évolution humaine, n'apparaît pas comme une durable acquisition mais comme le pendant de la névrose par laquelle l'homme doit inévitablement passer sur la voie qui le mène de l'enfance à la maturité.

Le vrai croyant se trouve à un haut degré à l'abri du danger de certaines affections névrotiques; l'acceptation de la névrose universelle le dispense de la tâche de se créer une névrose personnelle.

Je crois qu'il faudrait longtemps avant qu'un enfant à qui l'on n'en aurait rien dit commençât à s'inquiéter de Dieu et des choses de l'au-delà.

Je ne crois pas qu'un événement à la production duquel ma vie psychique n'a pas pris part soit capable de m'apprendre des choses cachées concernant l'état futur de la réalité; mais je crois qu'une manifestation non intentionnelle de ma propre activité psychique me révèle quelque chose de caché qui, à son tour, n'appartient qu'à ma vie psychique; je crois au hasard extérieur (réel); mais je ne crois pas au hasard intérieur (psychique).

La question du sort de l'espèce humaine me semble se poser ainsi : le progrès de la civilisation saura-t-il, et dans quelle mesure, dominer les perturbations apportées à la vie en commun par les pulsions humaines d'agression et d'autodestruction?

Heidegger *(1889-1976)*

Heidegger vécut toute sa vie dans le pays de Bade (Allemagne du S.-O.) où il est né. Toute sa carrière universitaire se passe à l'université de Fribourg-en-Brisgau où il fut d'abord étudiant, puis professeur, et dont il fut nommé recteur en 1933. Marié en 1916, il sera père de deux fils.

En 1928, il succède à Husserl, dont il fut le disciple et

l'assistant. Recteur de l'université de Fribourg, il adhère au parti nazi (1933) et tient des discours et des proclamations dont le caractère «pseudo-messianique», apocalyptique et anti-humaniste ne fait aucun doute.

Un an plus tard cependant, Heidegger démissionne de son poste de recteur et quitte le parti nazi, sans faire plus que prendre ses distances par rapport à une idéologie, dont le caractère «authentique», continue d'éveiller sa sympathie. Il n'a jamais jugé nécessaire de condamner cette idéologie, fût-ce après la guerre, lorsque sa barbarie essentielle (Auschwitz) méritait — ô combien — , d'être scrutée, dénoncée, à tout le moins questionnée.

Jusqu'en 1952, il sera, par les autorités alliées, interdit d'enseignement à l'université de Fribourg.

Conférences, voyages (France, Grèce), cours, nombreuses publications occuperont le dernier quart de sa vie.

C'est retiré parmi les siens, à l'écart de la ville, au plus près de cette Forêt Noire qu'il a toujours aimée, recevant disciples et admirateurs, qu'il passe ses années d'octogénaire encore ingambe. Il meurt en 1976, à quatre-vingt-sept ans.

L'Etre et les étants

S'il fallait «résumer» la pensée de Heidegger, on devrait d'abord faire part de l'étonnement absolu du penseur devant l'interrogation fondamentale suivante :

> *Pourquoi y a-t-il des étants, des existants, des choses qui sont, plutôt que rien?*

Ensuite, montrer la différence irréductible qu'il y a entre l'Etre et les étants (l'être concret, qui existe, qui est).

La pensée de Heidegger est en quelque sorte paradoxale. En effet, si l'Etre n'est pas comme les étants sont — car alors l'Etre serait étant et non Etre — et si les étants ne sont pas comme l'Etre est — car alors les étants seraient

Etre — et si donc aussi l'Etre n'est pas un super-étant, ni l'étant un infra-être, le «lien» qui unit les étants à l'Etre est un lien paradoxal de dévoilement : l'Etre (=«non-Etre» ou Etre caché) rend manifestes les étants, tout en restant lui-même célé, caché.

Sans étants, l'Etre est vide, mais sans l'Etre il n'y a pas d'étants. Tout se passe comme si l'Etre était toujours la «somme» qui fait de chaque étant une «partie» déjà-là, ouverte à l'Etre, mais ne le constituant pas.

Quoi qu'il en soit de ce (non-) rapport Etre/étants qui est au cœur de la pensée heideggerienne, l'homme est cet étant privilégié, cet être-là (Dasein), cet étant pouvant poser la question de l'Etre. Entre l'Etre et les étants, l'homme, le Dasein, occcupe seul cette place d'intermédiaire où la question (de l'étant à l'Etre) se pose, et l'écoute (de l'Etre à l'étant) se fait.

L'être-là ou «Dasein»

L'homme ayant reçu par privilège ce pouvoir de médiation, ce pouvoir de questionner, il a en quelque sorte une dette envers l'Etre, est en quelque sorte institué comme le «berger de l'Etre», seul capable finalement de se poser la question sur la «maison de l'Etre».

L'homme, cet être-là, cet étant privilégié, peut bien sûr oublier la question de l'Etre. Il peut l'oublier de deux façons. Soit comme les métaphysiciens qui perdent de vue l'Etre en construisant un système des étants, soit comme l'homme inauthentique qui n'interroge pas son existence d'«être-pour-la-mort» mais vit sur le mode du «on» (ce qu'«on» dit, ce qu'«on» pense, ce qu'«on» fait ou ce qu'«on» ne fait pas).

Cet oubli de l'être, il est deux façons de le corriger. D'abord, et pour chacun, celui de vivre authentiquement, c'est-à-dire de vivre dans la temporalité mon destin d'être-pour-la-mort, de m'interroger ici et maintenant, de m'angoisser devant le néant, et partant, de saisir d'un même mouvement l'étant en tant que tel et l'être en tant que tel, pourrait-on dire comme «présence-absence» illuminée (étant) et illuminante (Etre).

Et la deuxième façon, qui n'est que la première à degré plus profond, d'être comme les penseurs et les poètes à l'écoute de la «voix de l'Etre», et, dans l'étonnement d'un arrêt silencieux, saisir que «le langage s'accorde avec l'Etre de l'étant».

Si le langage métaphysique manque l'Etre de l'étant, si la vie inauthentique est elle aussi oubli de l'Etre, il appartient encore en plus à la Technique pragmatiste d'achever ce processus «nihiliste» où l'étant manque à l'Etre qui lui faut.

Autrement dit, il faut arracher à l'oubli la question de l'Etre, vivre authentiquement, dans la compréhension de l'Etre, la finitude où nous sommes jetés comme être-pour-la-mort.

Fini le point de vue de la «connaissance» où l'Etre se perd de vue, ou celui de la «technique» où il risque de se perdre pour de bon dans la mainmise de l'étant sur les étants, retrouvons «la voix de l'Etre» qui, dans le langage des poètes et des penseurs, non dans celui des «philosophes», des métaphysiciens et des «on»-dit, dévoile sa présence-absence.

Que cette pensée soit pour les uns un sommet d'obscurantisme, et pour d'autres une fulguration du sens qui prélude à une nouvelle prise en charge du remerciement d'être, montre bien à la fois son ambiguïté et sa richesse, sans parler des difficultés mêmes d'une langue «technique» (jargon) et poétique (mystique?).

Qu'elle ait pu influencer la psychanalyse d'un Lacan, la critique littéraire d'un Blanchot, le marxisme d'un Axelos, la phénoménologie (éthique) d'un Levinas, signale, en tout cas, sa présence originale au cœur de notre modernité et de son souci.

■ Epinglons **quelques citations sur l'art, l'Etre, la mort, la technique.**

Mais l'Etre — qu'est-ce que l'Etre? L'Etre est Ce qu'il est. Voilà ce que la pensée future doit apprendre à expérimenter et à dire. L'« Etre » — ce n'est ni Dieu, ni un fondement du monde. L'Etre est plus éloigné que tout étant et cependant plus près de l'homme que chaque étant, que ce soit un rocher, un animal, une œuvre d'art une machine, que ce soit un ange ou Dieu. L'Etre est le plus proche. Cette proximité reste toutefois pour l'homme ce qu'il y a de plus reculé.

La métaphysique est de fond en comble platonique.

La Mort, en tant que fin de la réalité-humaine, en est la possibilité absolument propre, inconditionnelle, certaine, et, comme indéterminée, indépassable.

La technique mécanisée reste jusqu'ici le prolongement le plus visible de l'essence de la technique moderne, laquelle est identique à l'essence de la métaphysique moderne.

L'essence de l'art, c'est le Poème. L'essence du Poème, c'est l'instuuration de la vérité.

L'art advient de la fulguration *à partir de laquelle seulement se détermine le « sens de l'être ».*

Sartre *(1905-1980)*
ou la liberté comme condamnation

Né à Paris en 1905, Sartre, orphelin de père à un an, passa son enfance entre une mère catholique et un grand-père protestant, auprès de qui celle-ci, très jeune, était retournée avec son fils, après la mort de son mari. Sartre, enfant, considère cette très jeune femme, resoumise à ses parents, plus comme une grande sœur que comme une mère, et apprend auprès du vieillard majestueux, à la belle longue barbe blanche, qui aime jouer la comédie et les (grands-)pères nobles, l'art d'en jouer lui aussi. De cette enfance solitaire et «truquée» au milieu d'adultes qui l'adulent, le sauve une boulimie de lecture, puis d'écriture. A onze ans, il devient athée, l'année même où sa mère se remarie.

Reçu à l'Ecole Normale Supérieure en 1924, il est agrégé de philosophie à vingt-quatre ans.

Il sera professeur de philosophie au Havre, puis au Lycée Pasteur. En 1933-34 il est pensionnaire de l'Institut Français à Berlin, et découvre la phénoménologie (Husserl et Heidegger).

Au moment de la guerre il est mobilisé. Fait prisonnier,il se fait passer pour civil, est libéré et reprend son poste de professeur. En 1944, il quitte l'enseignement pour devenir directeur de la revue «Les Temps Modernes», et se consacrera dès lors entièrement à ses activités philosophique, littéraire (romans, théâtre, critique littéraire, essais politiques), journalistique, qu'il entrecoupera de nombreux voyages (USA, URSS, Afrique, Scandinavie...).

Il meurt en 1980 au faîte de la célébrité, ayant pourtant, fidèle à son éthique personnelle, refusé certains «honneurs», dont le prix Nobel.

Impossible ici de citer toute l'œuvre «polyphonique» de ce bourreau de l'écriture. Contentons-nous de rappeler les titres des trois ouvrages «proprement» philosophiques qui se détachent de celle-ci.

■ Deux pour spécialistes :
L'être et le néant-Essai d'ontologie phénoménologique (1943).
Critique de la Raison dialectique (1963)
■ Un pour grand public :
L'existentialisme est un humanisme (1946)

L'être et le néant

Impossible de résumer cette grosse brique de huit cents pages. Essayons tout de même d'en tracer le cheminement qui serait comme le point de vue de l'existentialisme athée.

1. L'en-soi (essence) et pour-soi (conscience de) sont irréductibles l'un à l'autre.
2. L'en-soi est plein, opaque, intemporel. Il «est» mais n'existe pas.
3. Le pour-soi (ou conscience de) est décompression de l'en-soi, c'est-à-dire néantisation ([126]) de celui-ci. Etre conscient, c'est n'«être» pas mais exister, c'est se projeter hors de l'en-soi qui n'existe pas mais «est». Tout se passe donc comme si l'existence non seulement précède l'essence, mais encore que l'essence ne sera jamais rejointe par l'existence, sauf dans la mort, «pur» en-soi que ne «troue» plus un pour-soi.
4. C'est cette possibilité de «néantiser» l'en-soi qui condamne l'homme à la liberté.
5. Cette liberté se vit donc dans l'angoisse du fait de son caractère mystérieux inévitable (nous y sommes condamnés) et imprévisible (il n'y a aucun déterminisme).

L'homme peut vouloir échapper à l'angoisse en mésusant de sa liberté par l'esprit de sérieux (faire comme si des choses-en-soi résultait un ordre nécessaire et prévisible) ou par la mauvaise foi (se mentir à soi-même, vivre sous le mode de l'inauthenticité).

Le bon usage de la liberté implique de vouloir la liberté pour soi et pour les autres, ce qui implique le refus de se transformer en «chose» — devenir chose-en-soi-pour-soi (et cause de soi), c'est-à-dire Dieu, étant à la fois contradictoire et impossible, étant donné qu'il est impossible de passer de l'existence à l'essence — comme celui d'aliéner ce pouvoir de néantiser qui est la liberté elle-même.

Quoi qu'il en soit de ce tracé maladroitement esquissé, peut-être les quelques citations ci-dessous jetteront-elles un peu plus de lumière sur ce «point de vue» qui n'est pas sans soulever quelques problèmes, car il y a chez Sartre des tics (métaphysiques) et des trucs (dépassements et dérapages) qui rendent perplexes.

Que, par ailleurs, ayant à ce point constaté, d'une part, que « l'homme est une passion inutile » puisqu'il lui est à jamais impossible de devenir cet en-soi-pour-soi qu'il tente devenir, ayant reconnu, d'autre part, l'impossibilité d'établir une réelle inter-subjectivité où chaque « je » cesserait d'être-pour-autrui cet objet qui fait que « l'enfer, c'est les autres », il ait été, fût-ce stupidement (en se trompant comme tout un chacun mais avec le poids de sa « surface » intellectuelle) ou « ultra-bolchéviquement » (en totalisant à tour de bras), un activiste révolutionnaire (plutôt « gauchiste »), un anticolonialiste conséquent et un défenseur des droits de l'homme, montre qu'il fut malgré tout un humaniste.

Qu'il n'y ait ni Dieu, ni être différent du paraître (phénomène), ni nature humaine, ne saurait empêcher qu'il y ait des valeurs humaines et que, condamnés à la liberté, nous ne soyons entièrement responsables de notre « faire ».

Il n'y a pas de nature humaine, puisqu'il n'y a pas de Dieu pour la concevoir.

Il ne peut y avoir de vérité autre, au point de départ, que celle-ci : je pense donc je suis, *c'est là la vérité absolue de la conscience s'atteignant elle-même.*

Ce qu'ils ont en commun (les existentialistes, chrétiens et athées), c'est simplement le fait qu'ils estiment que l'existence précède l'essence, ou, si vous voulez, qu'il faut partir de la subjectivité.

Il n'est pas un de nos actes qui, en créant l'homme que nous voulons être, ne crée en même temps une image de l'homme tel que nous estimons qu'il doit être.

Etre homme, c'est tendre à être Dieu; ou, si l'on préfère, l'homme est fondamentalement désir d'être Dieu.

En fait, nous sommes une liberté qui choisit mais nous ne choisissons pas d'être libres : nous sommes condamnés à la liberté.

Il n'y a de liberté qu'en situation *et il n'y a de situation que par la liberté.*

Autrui, c'est ce moi-même dont rien ne me sépare, absolument rien si ce n'est sa pure et totale liberté; c'est-à-dire cette indétermination de soi-même que seul il a à être pour et par soi.

*La notion d'*histoire naturelle *est absurde : l'histoire ne se caractérise ni par le changement ni par l'action pure et simple du passé; elle est définie par la reprise intentionnelle du passé par le présent; il ne saurait y avoir qu'une histoire humaine.*

Les existentialismes

Evoquer l'existentialisme, c'est surtout, pour notre époque, convoquer Sartre comme celui qui l'a «inventé», incarné et illustré sur tous les tons, celui de la liberté, comme celui de la «mode» ou de l'engagement. Mais on pourrait aussi remonter à saint Augustin, Pascal, Luther et surtout Kierkegaard. A partir du vécu et de la subjectivité irréductible, n'ont-ils pas, eux aussi, dans l'angoisse et la tension, construit une pensée existentielle en quête de sens, que celui-ci soit de salut et/ou de communication?

Mais si pour Sartre la «mort de Dieu» signifie que le pour-soi et l'en-soi ne se rejoignent jamais, autrement dit qu'il ne peut jamais y avoir synthèse mais uniquement et toujours lutte, tension, contradiction, il n'en est de même ni pour les existentialistes religieux ni pour les existentialistes de l'intersubjectivité. Car, pour eux, s'il y a bien tension, lutte, contradiction, angoisse, crise, négativité, — car tel est bien le vécu incontournable et mystérieux — il existe néanmoins, quoique d'une façon indéfinissable, improuvable, non-objective ni objectivable, mais pourtant évidente, un Absolu caché, un espoir inépuisable, un englobant radical, un salut.

Nous ne pouvons ici en dire plus, mais citer à tout le moins ces quelques noms de philosophes de l'existence pour qui celle-ci n'implique pas un athéisme, même si le «religieux» dont ils vivent et témoignent n'a pas grand chose à voir avec le «confessionnel» : **Jaspers** (1883-1969), **Karl Barth** (1886-1968), **Berdiaev** (1874-1948), **Gabriel Marcel** (1889-1974). Par certains côtés non négligeables, **Mounier** (1905-1950), **Jankélévitch** (1903-), **Lévinas** (1905-), **Buber** (1868-1975), **Jean Wahl** (1888-1974) peuvent eux aussi se rattacher à l'existentialisme, qui serait alors un existentialisme de la personne, saisie dans son extrême subjectivité tendue en son rapport à l'autre.

Compté aussi parmi les existentialistes, nous mettrons

quelque peu à part **Merleau-Ponty** (1908-1961) pour qui du sens advient uniquement par la donation interrogative, donc jamais totale ni nécessaire, dont l'homme décide plus comme un « je peux » que comme un « je pense », plus comme un « je vis » que comme un « je connais ».

Neo(s) et «nouveaux»

Dans ce mouvement de «reprise éclatée», par quoi, pour faire vite et imagé, nous avons caractérisé le XXe s., l'accent se porte surtout sur l'éclatement, mais parfois aussi sur la reprise en tant que telle. Reprise de ce qui fut oublié ou qui ne demande qu'à être poursuivi et enrichi, parfois à nouveaux frais.

Le néo-thomisme

C'est essentiellement à Jacques **Maritain** (1882-1973) et à Etienne **Gilson** (1884-1980) que l'on doit le «réajustement» du thomisme à la problématique du XXe s. : saisir par delà la crise de la modernité la nature de l'être comme dépendant de Dieu, et celle de la vérité comme cette lumière qui nous vient de Dieu.

Participer aussi aux combats des hommes en prenant position pour la justice sociale et pour un humanisme intégral. Ils n'eurent pas besoin d'être «de gauche» pour être anti-fascistes et anti-colonialistes, il leur a suffi de reprendre le message chrétien débarrassé de sa gangue idéaliste et conservatrice.

Le néo-positivisme ou positivisme logique

Le néo-positivisme ou positivisme logique reprend à nouveaux frais l'empirisme anglais et le positivisme de Comte et de ses disciples dans la mesure où ceux-ci s'opposent à toute métaphysique, à tout transcendantalisme, à tout idéalisme, mais il l'inscrit dans le cadre rigoureux de la logique et de la vérifiabilité.

Trois noms au moins sont à citer, qui représentent ce courant, aussi connu sous la dénomination de «Cercle de Vienne» : **Carnap** (1891-1931), **Russell** (1872-1970) et **Wittgenstein** (1889-1951).
En très gros traits les thèses centrales du néo-positivisme pourraient s'articuler comme suit :
a/ - toute proposition ayant un sens doit pouvoir se traduire dans un langage logique;
b/ - Les propositions analytiques sont vraies ou fausses par définition;
- Les propositions synthétiques sont vraies ou fausses par vérification (investigation empirique).

D'où il résulte que toute proposition synthétique invérifiable n'a pas de sens, ce que sont toutes les propositions (synthétiques) métaphysiques, idéalistes, transcendantales.

Exemple : La proposition «Dieu est Dieu» est comme toute tautologie, vraie. Tandis que la proposition «Dieu n'est pas Dieu» est comme toute contradiction, fausse.

Mais la proposition «Dieu est», est dénuée de sens (comme est dénuée de sens la proposition : la licorne est), car le symbole d'existence (est) ne peut être le prédicat d'un symbole d'objet (Dieu) en tant que sujet d'une proposition invérifiable.

A titre d'exemple de cette pensée néo-positiviste, citons quelques extraits du célèbre *Tractatus logico-philosophicus* (1921) de **Wittgenstein.**

La solution de l'énigme de la vie dans l'espace et le temps se trouve hors de l'espace et du temps.

Une réponse qui ne peut être exprimée suppose elle aussi une question qui elle non plus ne peut être exprimée. L'énigme n'existe pas. Si une question se peut absolument poser, elle peut *aussi trouver sa réponse.*

Les problèmes les plus profonds ne sont nullement *des problèmes.*

Le sens du monde doit se trouver en dehors du monde.

Dans le monde toutes choses sont comme elles sont et se produisent comme elles se produisent : il n'y a pas en lui *de valeur — et s'il y en avait une, elle n'aurait pas de valeur.*

Tout ce qui peut être dit peut être dit clairement; et ce dont on ne peut parler on doit le taire.

Les limites de mon langage *signifient les limites de mon propre monde.*

La mort n'est pas un événement de la vie. La mort ne peut être vécue.
Si l'on entend par éternité, non pas une durée temporelle infinie, mais l'intemporalité, alors celui-là vit éternellement qui vit dans le présent.

Notre vie est tout autant sans fin que notre champ de vision est sans limites.

La plupart des propositions et des questions qui ont été écrites sur des matières philosophiques sont non pas fausses, mais dépourvues de sens. Pour cette raison nous ne pouvons absolument pas répondre aux questions de ce genre, mais seulement établir qu'elles sont dépourvues de sens.

Le néo-marxisme

Le néo-marxisme a ceci de particulier que, se voulant un véritable marxisme — opposé donc à la « langue de bois » des partis et des instances orthodoxes officielles — non seulement il interprète Marx à la lumière de sa propre dialectique (matérialiste, historique, révolutionnaire), mais encore ne se refuse pas à emprunter aux autres discours (phénoménologique, freudien, lacanien, levi-straussien...) des concepts ou des thèses (hypothèses) éclairant le marxisme ou s'alliant à celui-ci.

D'où le néo-marxisme d'un Kostas **Axelos** (1924-) chez qui marxisme, phénoménologie (Heidegger) et nietzschéisme s'épaulent mutuellement pour organiser une pensée planétaire.

D'où le néo-marxisme de la nouvelle lecture de Marx que fait **Althusser** (1921-) en dégageant de leur expression parfois hégelienne ou humaniste la scientificité des authentiques notions marxistes.

D'où enfin, le freudo-marxisme d'un **Marcuse** (1898-1979) qui essaye — par exemple dans *Eros et civilisation* (1955) de faire la synthèse entre freudisme et marxisme par «dépassement» de ce qu'aurait de trop répressif le «principe de réalité» ([127]) freudien par rapport au «principe de plaisir». En effet, pour Marcuse le caractère répressif du principe de réalité est sur-répressif dans nos sociétés aliénées, et dépasse de loin ce que le «réel» exigerait. Sa pensée «utopique» et d'un «biologisme» assez sommaire n'en contient pas moins une critique pertinente de l'enfermement mental, sensible et social de l'homme dans un monde de plus en plus uniforme et unidimensionnel que ne travaille plus la négativité révolutionnaire et la diversité qualitative.

Marcuse appartenait à ce courant néo-marxiste de l'Ecole de Francfort (1924) (Horkheimer, Adorno, Habermas) dont toute la critique a essentiellement porté sur la perversion de la rationalité et sa confiscation et falsification tant par la bourgeoisie capitaliste que par la bureaucratie des Etats socialistes.

Signalons aussi le nom de **Ernst Bloch** (1885-1977) dont le néo-marxisme (il fut «pourtant» directeur de l'Institut Karl Marx) inclut l'utopie et le «principe espérance». Sa langue, pour en parler, a des accents bibliques et prophétiques. S'il ne fut pas un révolutionnaire au sens strict et militant, il n'en demeure pas moins qu'avec, entre autres, son *Thomas Münzer* (1921) il fait preuve d'une fougue et d'une véhémence révolutionnaires qui ne laissent aucun doute sur son projet philosophique d'émancipation totale de l'homme, dont la lente et douloureuse prise de conscience par l'individu importe, et porte l'espérance.

Pour terminer citons, à tout le moins, les noms de **Lukacs, Lefèvre** et **Goldmann** dont les pensées peut-être plus strictement marxistes n'en sont pas moins, par certains côtés, néo-marxistes car faisant usage de concepts, de thèmes et de méthodes dont la paternité est autre et dont la « marxisation » ne va pas sans problème ni problématique.

Les « nouveaux philosophes »

Sous peine d'amalgame ridicule il est impossible de trouver un lien qui unisse véritablement ceux qu'on appelle les « nouveaux philosophes », sauf à reconnaître que quelque chose de l'esprit de mai 68 passe dans leurs écrits, qu'habite par ailleurs un « je » qui ne craint pas de s'afficher en refusant toute autorité.

Nous ne pouvons ici faire plus qu'indiquer ce qui nous semble l'enjeu majeur de ces « nouveaux philosophes » : (re)construire en déconstruisant. Autrement dit, et plus vulgairement, dégonfler l'énormité oppressive des codes et des totalisations arbitraires, regonfler ce qui est comprimé ou exclu : l'homme, Dieu, le monde (réel), tels qu'ils ne sont pas morts mais portés par la conscience morale.

A vrai dire, seuls sont comptés comme « nouveaux philosophes », à proprement parler, ceux dont la reconstruction éthique dépasse en quelque sorte la pure déconstruction néo-nietzschéenne ou (anti)structuraliste et pour qui le désir libérateur ou la pureté révolutionnaire passe par la conscience morale, source d'une reprise du code « traditionnel » libéré de ce qui l'obère et le comprime, tandis que les déconstructeurs purs dénoncent inlassablement les codes, les pouvoirs, les aliénations, et seraient plutôt, eux, des « jeunes philosophes ».

■ Parmi ces «jeunes philosophes», quelque peu arbitrairement, nous en choisirons deux pour illustrer une même chaîne de déconstruction.

Michel Foucault (1926-) dont le livre-clef *Les Mots et les Choses* (1966) (sous-titre : Archéologie des sciences humaines) déconstruit les structures tant formelles qu'humanistes que chaque époque (du XVIIe au XXe s.) produit par mutation brusque, en faisant correspondre, dans un espace épistémologique ([128]) donné, choses et mots, mots et choses.

Il prévoit une nouvelle mutation en train de se réaliser-penser, et que préfigure sans doute aussi sa critique de tous les pouvoirs en tant que politique du vrai.

Derrida (1930-) dont la pensée est extrêmement subtile et absolument irrésumable. Un mot seulement : la philosophie étant indépassable, sauf à dire des banalités ou des naïvetés, il s'agit de ruser avec elle afin de permettre à la différance (cet «a» indique un caractère «actif», productif, comme différant par rapport à différent) de produire son aventure sans objet, ni sujet, sans origine ni fin, qui de déconstruction en déconstruction s'écrit toujours sur le mode du plus, du supplément.

Nous laisserons de côté, **Deleuze** (1925-), **Lyotard** (1924-) ainsi que **Serres** (1930-) et **R. Girard** (1923-), faute de place, et cela malgré l'intérêt et l'importance de leur pensée.

■ Quant aux **«nouveaux philosophes»** proprement dits, nous nous contenterons de trois noms. Non un palmarès, à peine une demi-note.

Jean-Paul Dollé (1950-) et sa *Haine de la pensée en ces temps de détresse* (1976) où la philosophie se réinvente par l'art, la poésie, la danse, le rire.

B.H. Levy (1948-) dont le *Testament de Dieu* et son appel à la résistance comme conduite morale, anti-totalitaire en son principe, n'est dépourvu ni d'ambiguïté fondamentale, ni de pertinence ponctuelle. A moins que ce ne soit l'inverse.

A. Glucksmann (1937-) et sa dénonciation tant des «maîtres-penseurs» que du Goulag, les premiers «autorisant» le second.

Conclusion ?

Faut-il conclure ? Surtout pas. Ajouter quelque chose ? Aux conditions de départ, la visite étant terminée, pourquoi l'allonger de quelques mondanités ?

Pourtant, nous aimerions « ajouter » quelque chose, et qu'importe après tout que cela soit « philosophique » ou non.

Qu'au sens vulgaire, la philosophie soit cet amour de la sagesse, comme au sens spécialisé, cette réflexion critique sur les fondements et la valeur de tout savoir et de tout faire, cela reste acquis comme intention toujours reprise et jamais achevée.

Qu'il y ait, pour certains, une méta-philosophie, cela relève sans doute de l'utopie scientiste ou religieuse.

Mais qu'il y ait une urgence (« infra-philosophique » ?) qui court-circuite toute philosophie qui la mettrait entre parenthèses, c'est ce que nous comprenons, non seulement, sous la maxime « d'abord vivre ensuite philosopher », mais encore, comme ce que, aux conditions de notre temps où Bombe et Bombance sapent à la racine tout vivre, nous refusons : après nous, le déluge ?

D'où ce qui suit.

> *« Lorsque vint le tour de Rabbi Yishmaël de subir le supplice des Romains, une voix céleste se fit entendre : Yishmaël, mon fils, tais-toi. Si tu pleures, je ramènerai le monde au néant. Une seule larme engloutirait la création tout entière.*
>
> *Et Rabbi Yishmaël n'a pas pleuré. Malgré sa douleur. Malgré sa colère. Il n'a rien détruit. »*

(*Entre deux soleils*, Elie Wiesel, p. 251,
Seuil 1970)

Laisser sa chance au monde, tabler sur l'avenir, miser sur demain, c'est opposer à la logique de la Bombe celle de la vie.

Si Pascal pouvait nous inciter à tout miser sur Dieu, car le gain serait infini par rapport à la mise, aux conditions qui sont les nôtres aujourd'hui, notre pari est autre et bien plus modeste : tout miser sur un monde imparfait (et donc perfectible), fait de violence et de douceur, d'insécurité et d'assurance, etc., car le risque serait infiniment moindre par rapport à celui que nous prendrions en misant sur la Bombe. Certes, un monde sans bombes nucléaires, ne serait pas pour autant un monde de paix, mais l'insécurité où nous serions n'aurait, à tout le moins — et c'est énorme — rien d'irréparable. D'autant plus que si maintenant nous détruisions les Bombes, cela serait signe que nous voudrions d'abord et avant tout sauver le monde, et par là même nous prouverions un réel sursaut de notre «esprit», dont il ne serait pas vain alors d'espérer d'autres mesures dans la foulée.

Appeler à détruire les Bombes, est l'acte «philosophique» du XXe siècle, et, en poser la question, le cogito pour notre temps : je pense, donc je refuse la mort de ce monde que la pensée habite.

Construisant leurs philosophies, Platon et Aristote en «déduisaient» (par une dialectique descendante) des lois ou des constitutions, capables de sauver la Cité. Aux conditions qui sont les nôtres aujourd'hui, il s'agit de sauver le monde, non par une «déduction» théorético-pratique, mais par un sursaut de tout notre être à la pensée que, devenus capables de faire sauter le monde, nous puissions en devenir coupables. Et, d'une culpabilité telle que tout rachat, repentir, rédemption, «compensation», seraient radicalement impossibles et impensables.

De même, se mettre à table sans se laver les mains est infiniment moins grave que se mettre à table et tabler sur une pensée qui se lave les mains de la faim d'autrui. Que dans notre monde ceux qui très scientifiquement et rationnellement font la Bombe (et ses nombreux «services») sont précisément ceux qui sont le plus à même de faire bombance, de faire la bombe à tout casser, signale de façon exemplaire, non seulement, qui mange, mais encore, qui «mange» qui. Penser la faim dans le monde ne serait non-philosophique qu'aux yeux de ceux qui très prosaïquement font déjà bombance et, gardant leur Bombe au chaud, tiennent en otage l'humanité et son avenir.

S'il fallait choisir de quoi nous sommes déjà devenus capables et coupables, Hiroshima et Auschwitz attendent toujours encore que leçon en soit véritablement tirée. «Après nous, plus de Juifs» — cela fut pensé et partiellement réalisé, sur quasiment toute l'Europe, pas plus tard qu'hier. «Tous mourront, que la Bombe touchera» — cela fut pensé et réalisé sur une Cité, pas plus tard qu'hier.

Et aujourd'hui, nous sommes capables de faire «mieux» : tous mourront, après nous il ne restera (presque) rien !

Penser aujourd'hui, sans *d'abord* penser (à) cela, est-ce encore penser ?

Pour que philosophie vive, il faut que vive l'homme.

Aujourd'hui, avec tout ce que cela implique, est-il tâche plus urgente que commencer à penser que l'homme est devenu un fabricant de mort absolue, et qu'à ce jeu insane l'humanité peut perdre la vie ?

Bibliographie

Le lecteur s'en doute, la bibliographie d'un tel sujet est immense. Pour lui en permettre l'approche la plus économique (aux deux sens du terme), nous lui signalons les ouvrages de référence «essentiels», les collections les plus spécifiques, les textes les plus accessibles.

Dictionnaires et ouvrages de références

1. *Dictionnaire de la philosophie,* D. Julia, Ed. Larousse, 1964.
2. *Petit dictionnaire de la philosophie,* A. Vergez et D. Huisman, F. Nathan, 1971.
3. *Dictionnaire des auteurs et des thèmes de la philosophie,* S. Auroux et Y. Weil, Hachette, coll. Faire le point, 1975.
4. *Dictionnaire philosophique de citations,* L.-L. Grateloup, id. 1979.
5. *Nouveau vocabulaire des études philosophiques,* S. Auroux et Y. Weil, id., 1975.
6. *Vocabulaire de la philosophie,* R. Jolivet — E. Vitte, 1977.
7. *La philosophie,* Livre de Poche-Encyclopédie du monde actuel (EDMA) 1977.
8. *La philosophie,* sous la direction de Fr. Châtelet, Marabout, 1979 (4 vol.).
9. *Histoire des grandes philosophies,* L. Jerphagnon, Privat, 1980.
10. *Dictionnaire des grandes philosophies,* L. Jerphagnon, Privat, 1980.
11. *Vocabulaire de la philosophie et des sciences humaines,* L.-M. Morfaux, A. Colin, 1980.
12. *Vocabulaire technique et critique de la philosophie,* A. Lalande, PUF, 1960.
13. *La philo (en bandes dessinées),* D. Huisman-Hachette, 1977.

14. *La philosophie,* Les dictionnaires Marabout-Université-Savoir Moderne, 3 vol. (épuisé).
15. *Philosophie, Religion,* Roger Caratini, Bordas Encyclopédie, éd. 1980.

Nous nous sommes, pour notre part, abondamment servi de ces différents ouvrages. Il aurait été fastidieux de signaler chaque fois l'origine de telle ou telle information, de tel ou tel accent porté, d'autant plus qu'une même information circule, mutatis mutandis, dans tous ces ouvrages, et que notre visite guidée ne prétend à aucune originalité. Nous ne pouvons donc que remercier en bloc tous ces auteurs qui nous ont aidé dans notre tâche. Notre dette la plus apparente n'en est pas moins d'avoir souvent puisé dans *Le dictionnaire philosophique de citations* celles qui convenaient le mieux à notre propos.

«Collections»

■ Que sais-je? (PUF)

Une cinquantaine de titres concernent la philosophie.

Petits ouvrages de plus ou moins cent-vingt pages, pour la plupart fort bien faits et permettant de faire le point sur un auteur, un courant, une époque, une doctrine. Tous ne sont pas de lecture «aisée», car si la plupart ne supposent qu'un niveau de connaissances «moyen» et restent en deçà d'une problématique par trop spécialisée, quelques-uns supposent un niveau de connaissances plus élevé et s'engagent dans une problématique assez technique où le profane perd vite pied, et donc envie et courage de poursuivre.

Citons quelques titres parmi d'autres
La philosophie antique, J-P. Dumont (n° 250)
La philosophie médiévale, Ed. Jeauneau (n° 1044)
Les philosophies de la Renaissance, H. Védrine (n° 1424)
Descartes et le rationalisme, G. Rodis-Lewis (n° 1150)
etc.

■ **Maîtres spirituels — Ecrivains de toujours** (Seuil)

Remarquables collections où chaque auteur est situé dans son époque, «raconté» dans sa vie, revivifié dans une problématique actuelle, et présenté par ses propres «textes». Notes et bibliographie (essentielle) complètent ces ouvrages, dont par ailleurs l'iconographie est particulièrement soignée.

Des cent titres de «Ecrivains de toujours», détachons les penseurs et philosophes suivants :

Erasme (n° 70)	Mounier (n° 51)
Freud (n° 82)	Pascal (n° 6)
Hegel (n° 80)	Sartre (n° 29)
Heidegger (n° 95)	Spinoza (n° 97)
Kierkegaard (n° 59)	Teilhard de Chardin (n° 58)
Montaigne (n° 3)	Voltaire (n° 28)

Parmi les quarante titres des «Maîtres spirituels» tous seraient à citer. Relevons à tout le moins

Socrate et la conscience de l'homme (n° 9)
Saint Augustin et l'augustinisme (n° 2)
Saint Thomas d'Aquin et la théologie (n° 17)
Luther et l'Eglise confessante (n° 28)
Epictète et la spiritualité stoïcienne (n° 23)

Le lecteur se fera certainement une joie de découvrir les autres titres. Ces petits ouvrages d'initiation et de présentation sont ce qui se fait de mieux dans le genre. Et le texte et l'iconographie sont de qualité.

■ **Philosophes de tous les temps** (Seghers)

Une centaine de titres, parus entre ± 1962 et ± 1972. Hélas, tous épuisés et quasi introuvables, sauf chez les bouquinistes.

Certains auteurs (Nicolas de Cuse, Schelling, Geulinckx, Abelard...) sauf, bien sûr, ouvrages spécialisés, n'existaient que dans cette collection.

Textes

Rien ne vaut évidemment la lecture (et lire c'est relire) des philosophes eux-mêmes, même si on n'entre pas dans l'œuvre de Platon, de Thomas d'Aquin, de Kant, de Hégel, et de tant d'autres, comme dans une œuvre romanesque. Sans doute le plaisir du texte philosophique est plus comparable à celui que procure l'alpinisme qu'à celui que délivre un plaisant bain de mer.

Les textes du XXe s., le lecteur les trouvera dans les collections «Idées»([1]), «Médiations»([2]), 10/18([3]), etc., comme il trouvera aussi les «grosses briques» et textes de haute technicité (au niveau de la pensée et/ou de l'appareil critique) dans des collections (par exemple : Bibliothèque des idées, Bibliothèque des sciences humaines, Gallimard) et chez des éditeurs spécialisés (Vrin, PUF...).

Pour débuter, et quant aux textes «classiques» (au fond tous les textes antérieurs au XIXe s.), le lecteur pourra faire confiance aux volumes de la collection Garnier-Flammarion (G-F). Traductions et notes permettent au lecteur de lire avec profit les grands auteurs «classiques» : Platon, Aristote, les présocratiques, Kant, Leibniz, Hume, etc.

... et puisqu'il n'y a pas de repas complet sans dessert :

— J-F. Revel, *Pourquoi des philosophes?* (coll. Libertés, n° 1, Pauvert 1964).
— P. Thullier, *Socrate fonctionnaire* (Essai sur (et contre) l'enseignement de la philosophie à l'Université, Ed. Complexe, 1982).
— Lichtenberg, *Aphorismes* (coll. Libertés, n° 36, Pauvert 1966).

([1]) Gallimard
([2]) Denoël/Gonthier
([3]) Union Générale d'Editions

Notices

([1]) Ionie : côte de l'Asie Mineure sur la mer Egée. Patrie d'Homère et des premiers philosophes grecs. Athènes est considérée comme la métropole du monde ionien.

([2]) Milet : ville ionienne en Asie Mineure. Grèce d'Asie.

([3]) Ville d'Asie Mineure. Colonie ionienne, au nord de Milet.

([4]) Comme le dit Voltaire : «moins il y a d'initiés, plus les mystères sont sacrés».

([5]) La guerre (*polemos*) est masculin en grec.

([6]) En lisant cette sentence vous avez certainement pensé à cette célèbre injonction de l'oracle de Delphes, repris par Socrate «Connais-toi toi-même!» Moi aussi.

([7]) Eléate : adjectif formé sur Elée, ville d'Italie du Sud (Grande Grèce), l'actuelle Salerne. Parménide et Zénon y sont nés, y ont vécu et enseigné, c'est pourquoi on les appelle les Eléates, ce qui permet de les classer et en fonction du lieu et en fonction de leur pensée. Il est traditionnel de classer Xénophane sinon comme le fondateur de cette école, du moins comme l'inspirateur de Parménide.

([8]) Agrigente, ville au sud de la Sicile. Colonie dorienne, une des plus belles villes de la Grande Grèce.

([9]) Abdère, ville grecque sur la côte de Thrace. Patrie de Démocrite et de Protagoras. Pour la petite histoire, les Abdéritains étaient réputés pour leur sottise.

([10]) Refus de se prononcer sur l'existence ou la non-existence de Dieu (ou des dieux), puisque manquent les preuves qui emporteraient la décision. Les partisans de l'existence sont appelés fidéistes (ils «ont» la foi), les négateurs sont appelés athées (sans Dieu/dieux, mais leur décision est arbitraire).

([11]) Le traité, non l'extrait que nous donnons et qui ne fait qu'annoncer le raisonnement.

([12]) Sextus Empiricus : chef de l'école sceptique (Athènes, 180-210 ap. J.-C.). Historien de la philosophie ancienne, impartial et méthodique.

([13]) L'oracle de Delphes, consulté par un de ses disciples, désigna Socrate comme le plus sage et le plus savant des hommes. C'est à partir de cet «événement» que Socrate se sent investi d'une mission divine dont son mystérieux «démon», comme une voix intérieure, sera tout à la fois la pointe extrême de sa conscience, son garde-fou constant, son rappel à soi-même et à sa vocation.

([14]) Béatitudes : les huit vertus que Jésus exalte dans le célèbre Sermon sur la Montagne : pauvreté, douceur, affliction, justice, miséricorde, pureté du cœur, pacifisme, non-résistance.

([15]) En passant il est intéressant de remarquer que si notre histoire officielle s'établit d'après la coupure-tournant : av. J.-C., ap. J.-C., l'an zéro de la philosophie (à tout le moins de notre philosophie) s'établit à partir de Socrate. En effet, avant Socrate ce sont les présocratiques, et après lui tout se passe comme si, sur le chemin qu'il a initié, il reste à jamais notre compagnon de route.

([16]) Que les femmes ne furent pas des interlocutrices qu'il recherchât, semble-t-il, nous rappelle la «face cachée» de ce monde «trop masculin».

([17]) Cette laideur de Socrate devait scandaliser les Athéniens pour qui la beauté extérieure était le symbole de la beauté intérieure. Mais Socrate expliquait fort bien cette «inadéquation» en disant que son visage était marqué par les passions qui, s'il ne s'était donné à sa vocation philosophique, auraient été les siennes.

([18]) Tyrannie des Trente : épisode sanglant (399) se situant entre la fin catastrophique de la Guerre du Péloponnèse, qui opposa Athènes à Sparte, et le rétablissement de la démocratie.

([19]) idem

([20]) Edifice qui servait à plusieurs usages religieux et politiques.

([21]) Figure de style par laquelle on fait parler quelqu'un ou quelque chose que l'on évoque comme nous interpellant.

([22]) Hadès : dieu du Royaume des morts et ce royaume lui-même ou Enfers.

([23]) Platon rapporte ces propos dans le *Phédon*.

([24]) Asclépios ou Esculape, dieu de la médecine. L. Robin suggère que Socrate demande de faire un sacrifice au dieu de la médecine pour le remercier d'avoir guéri son âme de la maladie d'être unie à un corps.

([25]) Théologie négative (ou apophatique) : théologie selon laquelle tout ce que nous pouvons dire de Dieu est ou faux ou approximatif, et que la seule certitude que nous ayons est que Dieu est l'inconnaissable par excellence. Nous savons ce que Dieu n'est pas, non ce qu'Il est.

([26]) De même qu'un philosophe n'est qu'un «ami de la sagesse» (et non un sage), de même un moraliste ne serait qu'un «philarète», un «ami de la vertu» (et non un vertueux).

([27a]) Discours qui va du particulier au général, avec tous les risques que le parcours ne soit pas rigoureux.

([27b]) Aristophane, auteur comique grec, a fait de Socrate une caricature pleine de charge grotesque et hargneuse.

Dans « *Histoires d'Almanach* », B. Brecht, avec son portrait de Socrate blessé, prend habilement la relève de cette moquerie-là, à la manière qui est la sienne : « anti-héroïque ».

([28]) Cratyle, philosophe héraclitéen qui initia sans doute Platon au « rien n'est, tout devient ». Titre aussi d'un des Dialogues de Platon sur la justesse des noms.

([29]) Ecole publique de culture physique, d'athlétisme.

([30]) Souverain de Tarente (Italie du Sud), mathématicien et stratège en qui Platon voyait le modèle du roi-philosophe.

([31]) En rejetant le postulat des parallèles d'Euclide et en prenant comme hypothèse que la somme des angles d'un triangle est supérieure (ou inférieure) à deux droits, on peut construire déductivement deux géométries non-euclidiennes. Ces géométries théoriques peuvent avoir ou non des champs d'application pratique, il n'empêche que rigoureusement déduites, elles sont « vraies ». Il se fait qu'en réalité il semble bien qu'elles trouvent espace où s'employer.

([32]) Démiurge dieu architecte de l'univers, dieu créateur, mais non entendu au sens judéo-chrétien de créateur à partir de rien (ex nihilo), mais au sens de créateur-fabricateur à partir d'une « matière » déjà là.

([33]) Père de Zeus dans la mythologie grecque.

([34]) Ou Assos, sur la côte de la Troade, en Asie Mineure.

([35]) Tout le monde connaît le sens moderne du vocable péripatéticienne. Entre la promenade enseignante et les rêveries d'un promeneur solitaire, il y a place pour d'autres promenades sur lesquelles il serait peu philosophique de jeter le manteau de Noé.

([36]) Callisthène, neveu d'Aristote, avait été formé par lui en même temps qu'Alexandre. Mais Callisthène, plus tard, ayant raillé les prétentions à la divinité d'Alexandre, ce dernier le fit périr (325). Cet événement tragique mit fin à l'amitié d'Aristote pour Alexandre.

([37]) Exemple de raisonnement par induction l'âne, le cheval, l'homme, le singe, l'aigle.. sont des mammifères. Donc, tous les mammifères vivent et se déplacent sur la terre ferme ou dans les airs. Conclusion approximative puisque nous savons (mais depuis peu) que la baleine est aussi un mammifère mais vit et se déplace dans l'eau.

([38]) Rappelons qu'elle n'a jamais été éditée par lui-même mais rassemblée, trois siècles plus tard, par Andronicos de Rhodes. Ces œuvres sont dites ésotériques car réservées à un enseignement oral pour le public averti de ses élèves. Quelques œuvres de jeunesse sont perdues et certains traités nous sont parvenus incomplets.

(39) Si Socrate accouche les esprits (comme sa mère accouchait les parturientes) et confirme ainsi la mission reçue de l'oracle delphique, Diogène aussi semble se recommander d'une mission reçue de l'oracle de Delphes qui lui aurait dit : «falsifie la monnaie». Injonction qu'il fallait évidemment prendre en son sens figuré de «renverser les valeurs établies» qui, comme l'argent, ont cours.

(40) Ces villes sont aujourd'hui en Turquie et leur nom est respectivement pour Antioche, *Antakya*, et, pour Pergame, *Bergama*.

(41) Sans prendre la peine selon la légende, de s'habiller au sortir du bain dans lequel il était plongé, dans la rue, tout nu, il aurait poussé ce cri : «eurêka!» (j'ai trouvé!). Joyeux mais distrait, il venait de découvrir ce à quoi tous les preneurs de bain avant lui n'avaient jamais songé, et qu'en son honneur on appelle principe d'Archimède. Pour rappel : tout corps plongé dans un liquide subit une poussée verticale qui, dirigée de bas en haut, égale au poids du liquide déplacé, et est appliquée au centre de gravité du corps en question.

(42) Hédonisme : doctrine d'Aristippe de Cyrène (la Libye actuelle) et de ses disciples (les Cyrénaïques) qui égale le plaisir (*hèdonè*, d'où hédonisme) au bien. Le plaisir en tant que tel est le souverain bien que l'homme a à rechercher. La plus grande succession de plaisirs momentanés fait la vie la meilleure et la seule heureuse.

(43) Les dieux, pour Epicure, sont corporels. En tant que tels ils appartiennent à la nature tout comme les astres et l'infinité des mondes. L'important est qu'ils sont indifférents à notre monde et que les fadaises et élucubrations dont ils sont l'objet sont des opinions creuses et dangereuses. Il n'empêche que, les postulant parfaitement heureux, Epicure nous invite à les imiter, au même titre qu'on pourrait s'inspirer de la beauté tranquille de la voûte étoilée pour en vouloir imiter le calme. Une telle «sensation» de la divinité en exclut l'usage polémique et traduit sans doute plus une convention du temps, purifiée à l'extrême, qu'une théologie véritable.

(44) Par Diogène Laërce (IIIe s.ap. J.C.) auteur de la première Histoire de la philosophie grecque (vies, doctrines et sentences des philosophes illustres — 10 livres). On s'en méfie, mais on s'en sert. Vulgarisateur de talent.

(45) Mode de vie où la privation et la mortification servent de moyens purificatoires pour obtenir la maîtrise de soi et le détachement absolu. A la limite, chez certains, conduit à la mort volontaire qui rompt le dernier fil qui sépare encore l'ascète de son absorption dans le Grand tout, absolu divin.

(46) Les côtes du «pied» de la «botte italienne» étaient des colonies grecques, de même que les côtes de la Sicile, sauf la pointe Est.

(47) Certes, leur «folie» lui était par trop singulière, était-ce une raison pour qu'il ne les traitât pas en prochain, lui pour qui «tout homme, fût-il mauvais, est mon parent?»

([48])A lire : *La vie des douze Césars*, de Suétone. On y en apprend de belles !

([49]) Ce qu'on appelle, depuis le XVIIe siècle, l'*étiologie*, la cause des maladies.

([50]) Du point de vue orthographique, mettons les choses au point une fois pour toutes : chrétien, christianisme, chrétienté : toujours sans majuscule ; juif, judaïsme, sans majuscule, mais Juif (nom ethnique) toujours avec majuscule ; musulman, islam sans majuscule, mais Islam (ensemble des peuples qui professent l'islam) toujours avec majuscule. Rien que cette différence de traitement entre juif et Juif, chrétienté et Islam, comme islam et Islam, est déjà révélatrice de tensions significatives dont nous essayerons de rendre compte.

([51]) A la limite, une religion qui viserait à sanctifier tout le vécu de l'homme pour en faire une « vie sainte », digne de rédemption, ne se donne pas à strictement parler de territoire « sacré » propre, ni ne connaît à proprement parler de territoire « profane » tout à fait autonome. Aussi peut-on dire, sans pour autant tomber dans le paradoxe, que les trois grandes religions monothéistes sont des « voies de sainteté », de sanctification, que le concept de religion, avec ses multiples sens restrictifs, couvre plutôt mal. On devient jour après jour juif, chrétien, musulman, plutôt qu'on n'entre en religion d'un coup ou à heures fixes.

Ceci dit pour amener le lecteur à ne pas percevoir la religion comme une spécialité curieuse qui s'ajoute ou ne s'ajoute pas à la vie de tous les jours, et dont celui qui se dit non-religieux serait indemne, mais bien plutôt comme une règle de vie et un imaginaire dont tout homme quel qu'il soit témoigne à sa façon. Tout se passe comme si, toujours, on « se faisait sa religion ». Nous aurons l'occasion d'y revenir.

([52]) Alliance noachique (Noé se dit en hébreu *Noakh*, d'où l'adjectif noachique) : alliance conclue par Dieu avec Noé en tant que « représentant » de l'humanité d'après le Déluge, par laquelle Dieu s'engage à ne plus détruire le monde et donne à l'humanité les sept lois fondamentales de la vie en société. Une obligation : instituer un code de lois pour que règne la justice. Six interdictions : blasphème, idolâtrie, meurtre,vol, adultère, manger de la viande d'un animal vivant.

([53]) Le judaïsme a toujours considéré l'islam comme authentiquement monothéiste, mais il lui a fallu, pour reconnaître dans le christianisme un monothéisme, accepter l'idée que le caractère « associatif » du Seul Dieu en trois personnes n'en altère pas radicalement la nature. Sa propre théologie l'y aide jusqu'à un certain point, elle qui connaît la « chekhina » (présence de Dieu accompagnant son peuple en exil), mais évidemment pas du tout quant à ce qui fait l'originalité du christianisme : l'incarnation divine.

([54]) Au point que, à certaines époques et chez certains peuples, ce lien a été ressenti comme tellement fort qu'il « justifiait » le droit de vie ou de mort du père sur son enfant.

([55]) «Soyez saints, car je suis saint» (Lévitique XIX,2).

([56]) Torah : la traduction habituelle de ce terme est celle de Loi. Mais il s'agit en réalité d'une loi au sens de voie, de chemin de vie, d'enseignement. Au sens strict il s'agit de l'enseignement du Pentateuque (les cinq livres : Genèse, Exode, Lévitique, Nombres, Deutéronome).

([57]) Rappelons ici que juif (avec une minuscule) signifie avant tout : de religion juive (fidèle à l'alliance, fidèle au judaïsme) et n'implique la qualité de Juif (au sens ethnique, avec une majuscule) que dans la mesure où seulement le Juif (ou tout converti qui, par sa conversion même, devient à la fois juif et Juif) est juif au sens initial et fondamental de participant à l'Alliance.

([57bis]) La judéité est un concept récent (± 1960) qui permet de distinguer le Juif du juif, c'est-à-dire le juif non-religieux (ou anti-religieux ou même converti à une autre religion) du juif religieux vivant le judaïsme de l'Alliance. Spinoza était certainement un Juif selon l'appartenance, l'ethnie, la personnalité de base, ou tout autre critère — sauf religieux — que l'on voudra, mais certainement pas un juif selon l'Alliance. C'est d'ailleurs pour cela qu'il a été exclu, quoi que l'on puisse penser de cette exclusion, de la communauté des fidèles.

([58]) Karaïsme (ou Caraisme) : doctrine de ceux qui s'en tiennent exclusivement à la Bible (la «Torah écrite») et récusent l'autorité du Talmud (la «Torah orale»). Les Karaïtes jugeaient à la fois inutile et dangereux le commentaire talmudique parce que, d'une part, il «imposait» en quelque sorte une interprétation de la Bible dont, en fait, chacun devait rester libre, et, d'autre part, parce qu'il avalisait l'exil en adaptant aux conditions de celui-ci les lois de la Torah.

([58bis]) Almohades : souverains berbères qui régnèrent sur l'Espagne musulmane (près de la moitié de l'Espagne) et sur tout le Maghreb pendant plus d'un siècle (1147-1269).

([59]) Sont visés ici les antitalmudistes, principalement donc les karaïtes.

([60]) La postérité d'Agar (la servante de Sarah dont Abraham eut un fils : Ismaël) désigne ici les musulmans, appelés parfois d'ailleurs dans certains textes du Moyen-Age les Agaréniens.

([61]) C'est bien sûr parce que l'islam, tout comme le christianisme ne peuvent être assimilés à des religions idolâtres que la transgression même de l'Alliance en quoi consiste la conversion forcée (nécessairement superficielle au fond puisque forcée) n'est pas punissable, ni considérée comme un péché aux yeux de Dieu.

([62]) Marranisme : attitude des juifs espagnols ou portugais qui, convertis de force ou pour des raisons de convenance personnelle (économique, «patriotique»), judaïsaient en secret. Beaucoup de «nouveaux chrétiens» étaient des juifs convertis, devenus authentiquement chrétiens, mais étant donné le climat de suspicion générale, dans une Espagne raciste (lois de «pureté de sang») et fanatique, même ceux-là aussi étaient soupçonnés de judaïser en secret. C'est dans ce climat d'un pouvoir «totalitaire», malsain et pour les juifs et pour les chrétiens, que les marranes maintenaient une vie juive cachée sous des dehors chrétiens.

([63]) Aux yeux de certains, le christianisme du Christ n'a pas grand chose à voir avec le christianisme (le paulinisme) de Paul. Sans Paul, le christianisme serait vraisemblablement resté une secte judéo-chrétienne au destin imprévisible, non sans doute cet «accomplissement» où ce qui sépare la branche chrétienne du tronc juif est beaucoup plus sensible que ce qui la rapproche. Quoi qu'il en soit le christianisme tel qu'il existe est paulinien ou n'est pas. Qu'il y ait eu mutation du judaïsme au christianisme, ou continuité de l'un à l'autre, le débat reste ouvert et source de polémique.

([64]) Plotin (Lycopolis, Egypte, 205-Campanie, Italie-270). Le plus grand des philosophes néo-platoniciens. Il suivit à Alexandrie les cours d'Ammonios Saccas, considéré comme le fondateur du néo-platonisme (courant philosophique qui opère une sorte de synthèse de l'ésotérisme pythagoricien, de l'«idéalisme» platonicien, de la «théologie» aristotélicienne, des courants mystiques orientaux et des religions à «mystères»). C'est son disciple Porphyre qui publia son œuvre sous le titre *Ennéades* (54 traités, répartis en six livres de neuf traités chacun). La pensée de Plotin a eu une influence considérable non seulement sur la pensée hellénistique mais encore sur la pensée chrétienne en général et notamment sur saint Augustin. Impossible à résumer ici, il importe quand même de savoir qu'au moins par trois thèmes fondamentaux elle consonne avec la théologie trinitaire du christianisme.

1. Tout procède (ou émane) de l'Un, (qui est aussi le Bien).
2. Dans la réalité divine de l'Un, l'Intelligence procède de l'Un, et l'Ame de l'Intelligence.

Ce double engendrement (ou procession) constitue la triade des hypostases (essences individualisées) divines : l'Un, l'Intelligence, l'Ame.

3. L'âme humaine en s'évadant de la prison du corps s'extasie «seule en Lui seul», et rejoint par l'Ame universelle dont elle dérive, l'Intelligence dont elle procède.

([65]) Comme toujours, bien sùr, le discours théologique en tant que tel s'adressait à l'élite cultivée et non au peuple. Si bien qu'on peut très bien s'imaginer que le christianisme populaire se vivait au niveau de la Bonne Nouvelle du salut, de l'amour fraternel et des rites, non à celui du discours intellectuel. Que les objections du peuple, des esclaves ou des femmes en général soient de nature différente que les objections intellectuelles que pose l'élite cultivée, on peut s'en douter, mais orales, actives ou passives, ces objections ne font pas partie du débat d'idées dont le magistère s'occupe.

([66]) La Loi ici signifie évidemment la Torah, traduite communément depuis la traduction des Septante et dans le Nouveau Testament par *Loi*. Ce texte fait aussi allusion à un thème d'apologétique assez courant à l'époque, comme quoi la sagesse grecque s'explique plus volontiers par un «larcin», par un emprunt à la sagesse de l'Ancien Testament (première révélation) plutôt que par les mérites propres d'une quête purement rationnelle.

([67]) La plupart des ouvrages de la patristique tant latine que grecque sont souvent soit des Apologies (défense et illustration du christianisme, calomnié et persécuté injustement), soit des traités contre (contra... ; adversus...) telle ou telle déviation, erreur, hérésie ou hérésiarque.

([68]) **Arianisme :** doctrine d'Arius (Alexandrie, 280-336) niant la consubstantialité du Fils avec le Père, ce qui brisait une certaine vision de la Trinité comme l'Un en trois Personnes. L'arianisme manqua à plusieurs reprises triompher, surtout lorsque des empereurs le soutinrent. Condamné au concile de Nicée en 325, et recondamné au concile de Constantinople en 381, son intérêt aujourd'hui n'est plus qu'historique, alors qu'il fut crucial au IVe s

([69]) **Manichéisme :** doctrine de Mani (Iraq-Iran, 216-277) établissant un dualisme radical : la Lumière en lutte contre les Ténèbres, le Bien contre le Mal. Dans cette doctrine, les Elus, prédestinés au salut, rassemblent par une vie ascétique exemplaire les parcelles de Lumière prise dans la gangue «matérielle» des Ténèbres. Quant aux «auditeurs» qui servent les Elus, ils gagnent par ces mérites de renaître peut-être dans le corps d'un Elu. Cette doctrine eut une très vaste aire d'expansion (jusqu'en Chine) et survécut jusqu'au XIVe s. Au sens culturel devenu, manichéisme signifie découpage simpliste de la réalité en bien et mal, en bons et méchants.

([70]) **Donatisme :** doctrine de l'évêque Donat qui accusait l'église officielle de Carthage d'être invalide pour cause de laxisme. En effet, pour les donatistes, à prêtre indigne, sacrement invalide. Si bien que s'érigea une Contre-Eglise qui se prétendait la vraie Eglise des Purs et des Saints et qui trouva auprès des ouvriers agricoles berbères des sympathisants d'autant plus faciles à convaincre qu'ils étaient eux-mêmes exploités par ces propriétaires romanisés de la «bonne société». Cruellement persécuté par la police impériale qu'avait «requise» Augustin, le donatisme ne connut un bref sursaut de vitalité qu'au moment de l'invasion vandale, pour s'éteindre ensuite définitivement.

([71]) **Pélagianisme :** doctrine du moine breton Pélage (Grande-Bretagne, 360 — Egypte 422) qui défendait l'excellence de la création et le libre arbitre. Cette doctrine fut violemment combattue par Augustin et définitivement condamnée par le concile d'Ephèse (431). C'est d'ailleurs en luttant contre les pélagiens qu'Augustin mit au point sa doctrine du péché originel, de la grâce divine et de la prédestination sur laquelle nous reviendrons, car c'est à celle-ci qu'il doit d'être considéré comme le grand docteur catholique de la prédestination et que l'augustinisme — authentique ou gauchi — est toujours vivant et sujet à polémique. Que le pélagianisme soit de vrai un humanisme chrétien, respectant à la fois la bonté de Dieu et celle de sa création démontre a contrario que l'augustinisme n'est pas un humanisme. Des trois thèmes : Dieu est bon et je suis bon (pélagianisme), Dieu n'est pas bon, je suis bon (Dieu est au-delà de la morale qu'implique la notion de bon qui implique celle de méchant)

Dieu est bon, l'homme n'est pas bon (car vicié par le péché originel) Augustin a choisi la dernière. Ce «pessimisme radical» n'est peut-être pas sans grandeur ni vérité partielle, mais on ne saurait nier que l'orthodoxie officielle et celle de l'Eglise orthodoxe (pravoslave) est quand même plus miséricordieuse.

([72]) Rabelais, dans sa fameuse *Abbaye de Thélème,* parodie en quelque sorte cette formule augustinienne qui chez lui devient : fais ce que tu veux.

([73]) Platon, ici, doit plutôt s'entendre au sens de néo-platonisme (Plotin, Porphyre), et encore plus précisément celui du christianisme néo-platonisant du Pseudo-Denys (connu sous le nom de Denys l'Aréopagite; en réalité auteur anonyme du V-VIe s. dont, entre autres, les Noms divins furent à la source de la renaissance du néo-platonisme au Moyen Age et qui fut abondamment cité et commenté par Thomas d'Aquin). Cette seule citation du Pseudo-Denys suffira à faire saisir l'essence même de la problématique théologique du Moyen Age chrétien : «L'amour de Dieu est force motrice, manifestation de lui et conversion à lui : cercle éternel qui vient du Bien et au Bien retourne».

([74]) La «chrétienté occidentale», mixte à la fois d'arbitraire et de paternalisme seigneurial, comme aussi de christianisme installé, fut, sous les règnes de l'empereur Frédéric II (1215-1250) et du roi Saint Louis (1226-1270), dans l'effervescence du nouvel esprit communal et urbain, travaillée de l'intérieur par de nouveaux apôtres qui voyaient dans cette chrétienté installée une démission de la vocation évangélique. Frères Mineurs (Franciscains; Saint François (1182-1226)) et Frêres Prêcheurs (Dominicains; Dominique (1170-1221)) furent ces apôtres d'un nouveau type qui, quoique réguliers (vivant selon une règle monacale) et partant moines, vivaient avec leur siècle dans un étroit contact qu'impliquait et leur mission de prédication et leur dénuement volontaire. Ayant rompu d'avec la sécurité des riches couvents et monastères, à l'écart des cités, ayant fait vœu de pauvreté, ils furent pendant un certain temps ces «révolutionnaires» évangéliques, en quelque sorte immergés dans le peuple, comme des poissons dans l'eau, dont ils recevaient, en échange du pain spirituel, leur pain quotidien.

([75]) Voir l'épisode biblique des filles de Loth qui privées de mari s'unissent à leur père pour en recevoir descendance, sans laquelle Loth et ses filles, auraient été, seuls «rescapés», inutilement sauvés de la destruction de Sodome et Gomorrhe.

([76]) **Nominalisme :** doctrine selon laquelle d'un côté il y a les individus et de l'autre les termes qui les désignent. Seuls les individus sont des choses, les termes ne sont que des noms. On voit bien telle ou telle table non la «tablité». S'oppose à la fois au conceptualisme (les concepts, distincts des mots, n'ont de réalité que dans l'esprit) et au réalisme (les termes signifient l'essence des individus dont l'existence est acte. Autrement dit : les concepts formés par abstraction à partir du sensible (existence ou essence en acte) ont une réalité propre (essence intelligible)).

([77]) Doctrine selon laquelle toute connaissance, en dernière instance, se ramène aux données de l'expérience sensible.

([78]) Allah signifie tout simplement Dieu, c'est-à-dire le seul Dieu, le Dieu vivant, le Dieu d'Abraham. Un des prénoms arabes le plus répandu est celui d'Abdallah qui signifie littéralement : «serviteur d'Allah».

([79]) Musulman vient de l'arabe «mouslim» qui signifie «soumis», et par extension : fidèle, (vrai) croyant. Mouslim est d'ailleurs de la même racine que islam qui signifie soumission (à Dieu).

([80]) Dans la tradition islamique, Moïse, Jésus et Mahomet sont les trois plus grands prophètes du Dieu vivant.

([81]) Mais, détail significatif, dans la tradition musulmane, ce n'est pas Isaac qu'Abraham s'apprête à sacrifier mais Ismaël, le fils aîné qu'il eut de Agar, la servante de sa femme, Sarah.

([82]) D'où la nécessaire venue de Mahomet comme messager de Dieu pour rétablir la vraie foi.

([83]) Les **chiites** représentent aujourd'hui à peu près dix pour cent du monde musulman. L'Iran est à majorité chiite avec les excès que l'on sait.

([84]) S'unir à la Raison, en tant que celle-ci est principe divin, ou s'unir à Dieu, en tant qu'Il est la vie, marque à tout le moins un même désir d'union mystique. Cette union n'implique pas chez certains la fusion. En effet, il y a union quand les deux «termes» restent séparés, il y a fusion quand le «moins» s'anéantit dans le «plus», ou plus exactement peut-être quand la partie se réincorpore dans le Tout.

([85]) Fârâbi (872-950), celui qu'on a surnommé le «deuxième maître» (c'est-à-dire après Aristote) mériterait beaucoup mieux que cette note en fin de volume, mais comme il est celui dont Avicenne recueillit l'enseignement nous n'en dirons pas plus ici, sauf à reconnaître combien il fut un penseur original et à signaler que la politique occupa une grande part dans son œuvre. Sa typologie des quatre cités (ignorante, immorale, versatile, égarée) mérite encore aujourd'hui, à l'instar de *La République* de Platon, une lecture attentive.

([86]) Ce sont les nestoriens (chrétiens hérétiques) qui ont initié la traduction du grec en syriaque (idiome araméen, langue sémitique) des œuvres d'Aristote et d'auteurs grecs néoplatoniciens. Puis suivirent, souvent à partir du syriaque, les traductions en langue arabe et en langue hébraïque

([87]) Les Persans ne sont pas une ethnie arabe mais une ethnie indo-européenne. La Perse d'alors est l'Iran d'aujourd'hui.

([88]) Courant mystique né au VIIIe siècle. Les soufis (vêtus de laine) faisaient confiance à l'intuition plus qu'à la raison. Tout émane de l'essence divine et tout y retourne. S'anéantir en Dieu c'est retrouver le seul Réel. On décèle dans leur doctrine et dans leurs pratiques des traits zoroastriens (Lumière et Ténèbres), hindouistes (nirvana), chrétiens (union mystique).

([89]) Le monde supra-terrestre était perçu comme (quasi) divin en soi, c'est-à-dire éternel, ordonné, et lieu d'une activité angélique ou rationnelle subtile et sublime.

([90]) Quarante ans après la mort d'Averroès, Cordoue sera «reconquise» par l'Espagne chrétienne.

([91]) C'est pour répondre aux théologiens, et nommément à Ghazâli (1058-1111) qui avait écrit une «Destruction de la philosophie» pour vilipender l'incohérence et l'outrecuidance des philosophes, qu'Averroès écrivit sa «Destruction de la Destruction», dans le droit fil de ce qui motiva la pensée tant des mutazilites, que celle d'Avicenne et de Fârâbi.

([92]) On peut avoir une image analogique d'une telle idée en voyant une toupie qui tourne très rapidement et qui par cela même paraît en repos. Si bien que la logique de la non-contradiction est bien dans le monde fini (indéfini) mais non en Dieu (infini négatif).

([93]) **Hermétisme :** ensemble des doctrines ésotériques formant la «base» de l'alchimie, de l'occultisme, de la Kabbale chrétienne, comme aussi parfois de l'astrologie et de la magie. Selon cette doctrine, puisque «tout est en tout» et que le microcosme est «semblable» au macrocosme, toute transformation est possible et pensable pour qui connaît les secrets de la transmutation, de la purification et de la consolidation. Le nom d'hermétisme vient du dieu Hermès (Mercure) qui, fils de Zeus, est à la fois le messager des dieux, le guide des voyageurs et le conducteur des âmes des morts. Il est aussi la personnification de toute ruse. Il fut aussi appelé Hermès Trismégiste (le trois fois grand) et comme tel «le parrain», à l'époque hellénistique, d'un ensemble de textes de tradition ésotérique, spirituellement complexe mais qui parcourt les siècles et les pays.

([94]) **Kabbale** (de l'hébreu : «réception», tradition) : courant ésotérique du judaïsme, déjà manifeste dans certains livres de l'antiquité juive, mais dont les principaux ouvrages datent de l'époque talmudique (III-Ve s.) et du Moyen Age. Le plus connu est le *Zohar* ou *Livre de la Splendeur* (v. 1300). Impossible d'en dire plus ici, sauf à signaler qu'il s'agit encore et toujours d'interprétation dont le caractère mystique recourt aussi à divers arts de combinaison et de calculs des mots et des lettres d'un texte, et à une symbolique très particulière et complexe.

([95]) Tite-live : historien romain (± 60 av. J.-C. — ± 10 a. J.-C.) auteur d'une monumentale histoire de Rome en 142 livres, ou la «vertu» romaine est magnifiée et illustrée. Commentant Tite-Live, Machiavel y conforte ses propres idées sur la logique du pouvoir constructeur.

([96]) «L'homme est un loup pour l'homme» comme le dira Hobbes au XVIIe s. après Plaute.

([97]) Selon certains l'usage de la bombe n'a pas «économisé» de victimes, sauf dans le camp américain, mais en a accru le nombre dans le camp japonais, car celui-ci était déjà au bord de la défaite et, sinon prêt à capituler sans conditions, du moins prêt à s'avouer vaincu.

([98]) Des indulgences sont mises en vente dans toute l'Allemagne et ailleurs, car comme le dit la chansonnette des collecteurs :
Sitôt que dans le tronc de l'argent résonne
Du purgatoire brûlant l'âme s'envole.
En réalité, ces fonds récoltés serviront en grande partie à finir de payer la construction de la basilique de Saint Pierre. Luther, en tant que docteur en théologie, rappelle par ses «thèses» la doctrine traditionnelle de l'Eglise en la matière : les indulgences ne servent à rien, seul Dieu accorde son pardon. Intérêts, infaillibilité pontificale se mêlent de la partie. Nous laissons cela. Toujours est-il que trois ans plus tard (1520) Luther est excommunié comme hérétique. Six mois plus tard, il brûle la bulle qui l'excommunie, et la rupture entre Rome et Luther est dès lors consommée. En 1521, mis au ban de l'Empire, il est très exactement dans la situation d'un criminel «tuable» à vue.

([99]) En effet, contre la distinction catholique entre l'état écclésiastique et l'état laïque, Luther enseigne le sacerdoce universel; contre le monopole du magistère catholique dans l'interprétation de l'Ecriture, Luther défend l'intelligibilité de l'Ecriture pour tout croyant (et donc un droit au «libre examen» pour qui adhère au Christ en esprit et en vérité); contre le privilège papal pour la convocation d'un concile, Luther définit la coresponsabilité de tous les fidèles dans le gouvernement de l'Eglise et principalement de tous ceux dont l'autorité civile (Princes, magistrats) vient de Dieu.

([100]) Guerre des Paysans (1524-1525) : révolte des paysans prêchant un «communisme évangélique» (sous la conduite de Münzer). La répression fut terrible et atroce, les victimes estimées à plus de cent mille hommes, femmes et enfants.

([101]) Parmi les curiosités terminologiques dont le monde théologique n'est pas avare, relevons, pour la beauté du temps perdu et retrouvé, que cette prédestination calviniste est dite *supralapsaire* («au-dessus de la chute», c'est-à-dire antérieure à la création du monde) pour l'opposer à la prédestination janséniste qui est dite *infralapsaire* («en-dessous de la chute», c'est-à-dire après le péché). On apprend tous les jours!

([102]) Servet (Espagne, 1509-Genève, 1553), médecin, philosophe et théologien. Fut condamné à mort et brûlé vif, certes sous l'instigation de Calvin mais sans doute aussi avec l'accord «tacite» de tous les religieux «orthodoxes» qui ne pouvaient que trouver blasphématoires ses positions panthéistes et en tout cas violemment antitrinitaires. La tolérance à cette époque n'était ni le fait des protestants, ni celui des catholiques, mais de quelques esprits humanistes. Qu'au nom de la prédestination et de la grâce divine on ait pu brûler quelqu'un qui se faisait l'apôtre de la bienveillance divine étendue a tous les hommes de bonne volonté, montre bien le visage hideux de tout fanatisme.

([103]) Joachim de Flore (± 1130-1202), moine mystique italien. Distinguait dans l'histoire de l'humanité l'âge du Père (Ancien Testament, Loi), l'âge du Fils (Nouveau Testament, l'Eglise) et un âge de l'Esprit (l'Evangile universel, la plus grande grâce) où l'humanité enfin définitivement libérée parviendrait à la pauvreté évangélique et au salut.

([104]) Jean Hus (1369-1415), réformateur tchèque. Excommunié pour avoir prononcé des sermons contre les abus de l'Eglise de Rome (indulgences, corruption...) et pour avoir revendiqué certains droits (communion sous les deux espèces,...) il fut condamné et brûlé vif. Il incarne aussi le patriotisme tchèque que les guerres hussites, après sa mort renforceront, autour de sa fière devise : *la vérité vaincra*. Il précède d'un siècle la Réforme proprement dite.

([105]) **Millénarisme** (ou, à partir du grec, *chiliasme*) : doctrine et mouvement eschatologiques («fin des temps»). Doctrine qu'on pourrait résumer comme suit : la fin du monde est proche, les méchants seront exterminés et le petit nombre des justes sauvé grâce à la venue du Messie qui établira son règne pour mille ans (d'où millénarisme qui fait référence, pour ce qu'est le millénarisme chrétien, à un passage de l'Apocalypse de saint Jean (XX, 4-6). Il existe aussi un millénarisme musulman (chiite et sunnite) ainsi que bouddhique.

Le millénarisme fut très présent aux trois premiers siècles de l'ère chrétienne, puis, après une période de «latence» reparut à la fin du Moyen-Age et dans l'anabaptisme du XVIe s. Depuis lors il n'a cessé d'animer de son espérance toutes les sectes chrétiennes et autres. A côté du millénarisme des Adventistes et des Témoins de Jéhovah, signalons aussi le millénarisme «caché» de tous les mythes du progrès, comme aussi le millénarisme paranoïaque hitlérien d'un «Reich pour mille ans»!

([106]) Contre-Réforme : expression polémique pour désigner l'action même entreprise par l'Eglise catholique pour se réformer. Au concile de Trente (1545-1563), l'Eglise procéda au «réajustement» de son enseignement (redéfinition de certains dogmes, canon des Ecritures, traduction officielle de la Bible ou Vulgate, etc.) et des structures ecclésiastiques (notamment, du point de vue disciplinaire, le célibat des prêtres) dénonça les «hérésies» protestantes, mais ne parvint pas à rétablir l'unité de l'Eglise. Elle «copia» même l'esprit militant protestant en lui opposant la Compagnie de Jésus (fondée en 1539 par Saint Ignace de Loyola) dont la mission était précisément de lutter contre le protestantisme.

([107]) **Anabaptisme** : doctrine de ceux qui refusent le baptême des enfants comme contraire à l'évangile et à la pratique de l'église primitive. Les parrains d'un enfant sont, pour les anabaptistes, les faux témoins d'un engagement inexistant, d'une parodie sacrilège. Les anabaptistes ne pratiquent donc que le baptême des adultes consentants et dûment enseignés des vérités et obligations de la foi. Ils rebaptisaient (d'où ce nom d'anabaptisme, «rebaptême») ceux qui, enfants, avaient reçu ce pseudo-sacrement.

Désigne par extension tous les mouvements réformistes radicaux du XVIe s. dont c'était un trait commun, quelles que fussent par ailleurs leurs divergences quant à l'opportunité d'un militantisme violent (Münzer) ou au contraire quant à la nécessité d'une retraite hors du monde dans des communautés de fidèles, fermées sur elles-mêmes (anabaptisme pacifique, sectaire, et non-mondain).

([108]) Thomas More (saint, Londres. 1478-1535). Chancelier du royaume d'Angleterre il s'opposa, en tant que catholique conséquent, au divorce d'Henri VIII. Ce qui lui valut d'être exécuté sur ordre de ce dernier qui ne badinait pas quand son autorité ou sa passion étaient en jeu. Le schisme anglican en résulta.

Humaniste et ami d'Erasme, More est surtout connu pour son livre «L'Utopie», île bienheureuse où règne un «communisme idéal», où tout est ordonné au bien commun, lequel justifie, aux yeux de More, un machiavélisme «défensif» (mercenaires, complots, tueurs à gages) qui n'est pas la partie la moins déroutante de cette œuvre, dont en tout cas l'introduction critique à l'égard de la monarchie parasitaire sonne juste et fort.

([109]) En passant, si nous comparons les dates, nous voyons que Machiavel (1469-1527) et Erasme (1469-1536) sont tout à fait contemporains. Pourtant ils ne sont ni connus, ni lus, ni combattus directement. Aux antipodes l'un de l'autre, ils sont aujourd'hui encore exemplaires.

([110]) Qu'il y ait d'autres planètes habitées, comme d'autres, révélations et Incarnations possibles, ne change fondamentalement rien pour nous quant aux problèmes philosophiques et/ou théologiques. D'être multipliés dans tout l'univers, les rapports terre/«ciel», créatures/Créateur, êtres/Etre ne sont ni moins vrais, ni plus faux.

([111]) Cette femme, remarquable à plus d'un titre, s'était fait couronnée «roi» à l'âge de vingt-quatre ans. Femme de très grande culture elle s'intéressait particulièrement à la théologie. Elle abdiqua d'ailleurs à vingt-huit ans pour se convertir au catholicisme et mener à sa guise une vie «aventureuse» pleine d'intrigues, de drames et de joies, intellectuelles et autres.

([113]) Déjà une dizaine d'annnées plus tôt Uriel da Costa fut flagellé publiquement dans la synagogue d'Amsterdam pour s'être fait le défenseur d'une religion naturelle.

([114]) Il fut , en effet, victime d'une tentative d'assassinat de la part d'un fanatique pour qui le tuer eut été œuvre pie.

([115]) Théodicée : terme créé par Leibniz à partir du grec : *théos*, dieu et *dikè*, justice. Système théorique qui a pour objet de justifier Dieu et quant au problème du mal, qu'il permet sans en être l'auteur et quant à la liberté de l'homme dont sa prescience n'empêche la responsabilité.

([116]) **Déisme** : doctrine qui reconnaît l'existence d'un Dieu créateur origine de ce qui est, mais repousse comme inutiles, illusoires et parfois même dangereux les dogmes des religions révélées. Se distingue du théisme qui comporte en plus la notion de Providence.

([117]) Ce culte de la femme participe d'un système à trois aspects, dont le premier est public (adoration du Grand-Etre ou Humanité) et le troisième domestique (neuf «sacrements» de la «présentation» à l'«incorporation» dans le Grand-Etre, cérémonie qui intervient longtemps après la mort et juge des mérites du mort à être incorporé dans le Grand-Etre).

([118]) Beaucoup de ses disciples n'accepteront totalement que ses Cours et verront dans son Système religieux une rupture et non une continuité ou en tout cas feront de celui-ci une lecture très critique. J. Stuart Mill, qui fut un temps son protecteur l'abandonne. Littré renie la religion positive n'acceptant que la philosophie positive (les Cours), ce que feront de même par la suite les scientistes et les néo-positivistes.

([119]) Titre complet : *Système de politique positive ou Traité de sociologie instaurant la religion de l'humanité.*

Comte fut l'inventeur du mot sociologie, à comprendre, selon lui, comme «physique du social», c'est-à-dire «totalité organique» à la fois statique et dynamique, mais qui n'a pas grand-chose à voir avec la sociologie telle qu'entendue actuellement et «scientifiquement».

([120]) Engels (1820-1895). En tant qu'industriel, Engels acquit une connaissance pratique de l'exploitation capitaliste, et fut aussi en mesure d'apporter une aide financière à son ami Marx, désargenté et fort démuni. En tant qu'intellectuel critique, outre sa collaboration avec Marx, il fut l'auteur de plusieurs œuvres originales (Anti-Dühring, Origine de la Famille, de la propriété et de l'Etat,...). Sa conception matériaslite et dialectique de la nature (ce qui deviendra le «marxisme» du «matérialisme dialectique») est la partie la plus contestée et la plus contestable de son œuvre.

([121]) Connu dans les pays de l'Est sous le sigle «diamat» (dialèktitchèskii matiérialism).

([122]) Dissoute en 1876. IIe Internationale (ou Internationale socialiste (1889-1939)). IIIe Internationale (ou Komintern, fondée par Lénine en 1919, dissoute par Staline en 1943) IVe Internationale (fondée par Trotski en 1937).

([123]) Entropie : au sens strict : principe de la dégradation de l'énergie (deuxième principe de la thermodynamique). Au sens métaphorique «social» : la mort de sociétés impuissantes à lutter contre le désordre qui les travaille.

([124]) **Psychologisme** : doctrine qui se contente de l'observation empirique des états de conscience d'un sujet et prétend, ce faisant, servir de fondement suffisant à la philosophie.

([125]) Le désir incestueux va «normalement» et universellement de l'enfant vers le parent de sexe opposé, et pathologiquement et à titre singulier du parent vers l'enfant.

([125bis]) Pulsion sexuelle dont la source (organes génitaux), l'objet (personne de sexe opposé) et le but (coït), constituent le stade adulte de la libido.

([126]) Néantisation : processus par lequel la conscience rejette l'en-soi pour mieux se faire libre à l'objet de son intentionnalité ou de son projet. Par exemple : en néantisant de ma conscience (toujours conscience de) mon passé (cet en-soi que je ne peux être que derrière moi), je me rends libre, je me fais disponible à un défi ou projet actuels. Autre exemple : c'est sur fond de néantisation de tous les autres volumes de ma bibliothèque que je fais apparaître le livre que je cherche.

([127]) Tout en poursuivant le but du principe de plaisir (réduire toute tension et substituer un état agréable à un état désagréable), le principe de réalité est ce par quoi nous prenons en compte les difficultés d'une réalisation du plaisir et acceptons par là les déplaisirs momentanés, comme les réalisations partielles, sublimées ou différées.

([128]) Ici pris au sens de « configuration mentale ». Tout se passe comme si l'étude historique (archéologie) de certains concepts permettait, d'une part, de rendre compte de leur correspondance avec les mots et les choses de leur époque d'apparition, et, d'autre part, d'avérer leur caractère non pertinent à une autre époque (antérieure ou ultérieure). Ainsi le concept « homme », d'où dérive le concept d'humanisme, ne serait plus pertinent dans l'espace épistémologique de notre mutation actuelle.

Index

Table des matières

IMPRESSION : BUSSIÈRE S.A., SAINT-AMAND (CHER). — N° 161
D. L. JANVIER 1992/0099/38
ISBN 2-501-00386-1
Imprimé en France